障害者相談支援従事者研修テキスト

初任者研修編

日本相談支援専門員協会＝監修

小澤 温＝編集

中央法規

はじめに

　本書は、「相談支援従事者研修事業の実施について」（平成18年障発第0421001号厚生労働省社会・援護局障害保健福祉部長通知）の一部改正により、2020（令和2）年4月1日から適用される相談支援従事者初任者研修標準カリキュラムに準拠し、全国の養成課程で使用されるために編集されたテキストである。

　なぜ本書の作成に至ったのかといえば、理由は四つある。

　一つは、都道府県ごとにさまざまな工夫や志向性をもって実施されてきた養成研修において、統一的なテキストがないために、地域差が生じているという声に応えたかったからである。

　二つ目は、テキストがないが故に、講師一人ひとりが非常に質の高い内容の講義を行っていても、研修全体では講義の重複が生じたり、講義と演習が連動していなかったりして、特に初任者の理解度が向上しない要因となっているとの指摘が多かったためである。

　三つ目は、これまでの標準カリキュラムは2006（平成18）年4月に示されて以来、約13年の間、見直しがされてこなかったことである。当初は「ケアマネジメント技法の伝達」と位置付けられたカリキュラム内容であって、相談支援専門員の直接的な業務を意識したものではなかった。そのため、この養成研修を受講しただけでは、サービス等利用計画を作成するだけの知識や技術が身につかないために質の低下を危ぶむ声も多かったのである。

　四つ目は、相談支援専門員を取り巻く環境は大きく変化しており、位置付けられている制度自体もアップデートがあり、公的なサービスも拡充されていたにもかかわらず、その養成方法や内容についての見直しが遅れていた現状を少しでも改善したかったのである。

　そして、今回のカリキュラム改正において初任者・現任者に共通した大きな変更点が存在する。それは、すべての養成を研修会場のような職場を離れた環境だけで終始しないということである。要するに、実務指導といった現場での育成を強く意識した内容になっている。

　受講者は、講義や演習を通じて知識や技術の基礎を習得する。そして、実

習期間などを活用し実際の現場で、その習得した技術や知識を活用することで、先輩の相談支援専門員のみならず、障害者本人やさまざまな関係者から学ぶ機会を得ることで、知識や技術の定着を図るのである。

「人の支援に答えはない」と言われている。福祉専門職は常に学ぶ姿勢をもち、本書で不足する部分は専門コース別研修など、さまざまな地域や機関で行われているものから学び、得られたものを実践に活かすことで成長してほしい。

したがって、全国の養成課程で使用されるために編集された標準テキストではあるのだが、単なるハウツーやマニュアル的な使われ方だけではなく、実践の場面で迷いや疑問を生じたときに読み返されるバイブル的なものになればと願っている。

本書は日本相談支援専門員協会の会員だけではなく、たくさんの方のご尽力を受け完成したテキストである。相談支援専門員の方々には、各都道府県で養成研修の中心的な立場からご執筆していただき、現場のリアリティを反映していただいた。筑波大学の小澤温先生ならびに東京大学先端科学技術研究センターの熊谷晋一郎先生、沖縄大学の島村聡先生には、研究者からの原理原則、現状の相談支援に必要不可欠なご指摘やたくさんの示唆をいただいたことに深く感謝したい。一方、障害のある方々の立場からの指摘や視点も明瞭に位置付け、実践と同様に質の高いケアマネジメントを目指すべき内容とするため、非常に短期間で本書を編集して刊行してくださった中央法規出版の関係者の方々にも感謝を申し上げたい。

最後に本書が広く全国の法定研修で活用され、障害のある方への相談支援における人材育成が充実するための一助になれば幸いである。

2020 年 7 月

日本相談支援専門員協会
代表理事　菊本 圭一

本書の利用にあたって

1. 本書の構成

「相談支援従事者研修事業の実施について」（平成18年障発第0421001号厚生労働省社会・援護局障害保健福祉部長通知）（以下「部長通知」とする）の一部改正により、2020（令和2）年4月1日より見直しが行われた「相談支援従事者初任者研修標準カリキュラム」（以下「標準カリキュラム」とする）に基づき、次の構成とした。

研修受講ガイダンス

Ⅰ　講義編

　第1章　障害児者の地域支援と相談支援従事者の役割に関する講義

　第2章　相談支援におけるケアマネジメントの手法に関する講義

　第3章　障害者総合支援法等の概要及びサービス提供のプロセスに関する講義

Ⅱ　演習編

　第4章　ケアマネジメントプロセスに関する講義及び演習

Ⅲ　資料

2. 本書の編集方針等

(1)　基本方針

　各地域で開催される初任者研修の均質な実施が担保されるよう、標準カリキュラムに示された学習内容を網羅するとともに、科目間の整合性・連動性に配慮した編集を行った。

　この際、厚生労働科学研究費補助金障害者対策総合研究事業「相談支援従事者研修のプログラム開発と評価に関する研究（研究代表者：小澤温）」（以下「厚労科研」とする）の「平成28年度～29年度総合研究報告書」の資料1に示された教材案を基にした。

(2)　各講義・演習の科目割

　本書で示した各講義・演習の科目割は、平成30年度障害者総合福祉推進事業「相談支援従事者研修ガイドラインの作成及び普及事業（埼玉県相談支援専門員協会）」のモデル研修（以下「モデル研修」とする）の進行日程を参考にした。

(3)　演習資料（書式1～書式14）

　本書に掲載した演習資料のうち、書式1から書式14については、厚労科研で開発された書式及びモデル研修にて使用された書式を一部改変のうえ掲載した。

(4)　各種図表

　本書には、随所に他の文献から引用・転載した図表を掲載した。これらの拠出については、上記(3)の書式のほか、当該図版の直下に逐次出典を明記した。

3. 演習の進め方について

　　本書では、標準カリキュラムに則した演習の進め方について各種書式や参考事例を掲載するとともに、演習の進め方について概略を示した。

　　標準カリキュラムに則した研修は、本書に掲載された進め方に限定されるものではなく、各地域の実情を踏まえた創意工夫を行うことで、より実践的な研修になることを期待している。

4. 現任研修との関係について

　　標準カリキュラムは、同じく部長通知により示された「現任研修標準カリキュラム」と連動する形で構成されている。本書においても、この連動性を強く意識した編集を行い、適宜、現任研修の科目との関係性を側注等において記載した。この際、現任研修の科目区分については、『障害者相談支援従事者研修テキスト　現任研修編』の構成に即して示した。

5. 略称・略語の使用について

　　本書中に頻繁に使われる用語は、次表に掲げる定義に基づき、編集を行った。ただし、文脈によって、略語や略称を用いていない場合がある。

●法令名等の略称定義

障害者権利条約……………………障害者の権利に関する条約（2006年12月第61回国連総会採択／平成26年条約第1号）

障害者虐待防止法…………………障害者虐待の防止、障害者の養護者に対する支援等に関する法律（平成23年法律第79号）

障害者差別解消法…………………障害を理由とする差別の解消の推進に関する法律（平成25年法律第65号）

障害者総合支援法…………………障害者の日常生活及び社会生活を総合的に支援するための法律（平成17年法律第123号）

平成22年整備法 …………………障がい者制度改革推進本部等における検討を踏まえて障害保健福祉施策を見直すまでの間において障害者等の地域生活を支援するための関係法律の整備に関する法律（平成22年法律第71号）

平成24年整備法 …………………地域社会における共生の実現に向けて新たな障害保健福祉施策を講ずるための関係法律の整備に関する法律（平成24年法律第51号）

●その他用語の定義

自立支援協議会……………………障害者総合支援法第89条の3第1項に規定する協議会

（参考）　標準カリキュラムと本書の構成

標準カリキュラム				本書の構成				
大項目	中項目			大項目		中項目		
—	—			研修受講ガイダンス				
1．障害児者の地域支援と相談支援従事者（サービス管理責任者・児童発達支援管理責任者）の役割に関する講義（5H）	相談支援（障害児者支援）の目的（1.5H）			Ⅰ 講義編	第1章	講義1−1		
	相談支援の基本的視点（障害児者支援の基本的視点）（2.5H）					講義1−2		
	相談支援に必要な技術（1H）					講義1−3		
2．相談支援におけるケアマネジメントの手法に関する講義（3H）	相談支援におけるケアマネジメントの手法とプロセス（1.5H）				第2章	講義2−1	第1節	
							第2節	
	相談支援における家族支援と地域資源の活用への視点（1.5H）					講義2−2		
3．障害者の日常生活及び社会生活を総合的に支援するための法律及び児童福祉法の概要並びにサービス提供のプロセスに関する講義（3H）	障害者の日常生活及び社会生活を総合的に支援するための法律及び児童福祉法（以下「障害者総合支援法等」）の理念・現状とサービス提供プロセス及びその他関連する法律等に関する理解（1.5H）				第3章	講義3−1		
	障害者の日常生活及び社会生活を総合的に支援するための法律及び児童福祉法における相談支援（サービス提供）の基本（1.5H）					講義3−2		
4．ケアマネジメントプロセスに関する講義及び演習（31.5H）	相談支援の実際（ケアマネジメント手法を用いた相談支援プロセスの具体的理解）	受付及び初期相談並びに契約 アセスメント（事前評価）及びニーズ把握 （6H）		Ⅱ 演習編	第4章	演習1	第1節	§1
								§2
		目標の設定と計画作成（3H）					第2節	§1
		評価及び終結 （3H）						§2
								§3
	実習ガイダンス（1H）							
	実践研究	実践研究1（実践例の共有と相互評価1）（6H）				演習2−1（実践研究1）		
		実践研究2（実践例の共有と相互評価2）（4H）				演習2−2（実践研究2）		
		実践研究3（実践研究とサービス等利用計画作成）（6H）				演習3−1（実践研究3−1）		
						演習3−2（実践研究3−2）		
	研修全体を振り返っての意見交換、講評及びネットワーク作り（2.5H）					演習4		
5．相談支援の基礎技術に関する実習	相談支援（ケアマネジメント）の基礎技術に関する実習1					実習ガイダンス	実習1−1	
	相談支援（ケアマネジメント）の基礎技術に関する実習2						実習1−2	
	地域資源に関する情報収集						実習2	
—	—			Ⅲ　資料				

障害者相談支援従事者研修テキスト
初任者研修編
目　次

はじめに
本書の利用にあたって

研修受講ガイダンス

I　講義編

第1章　障害児者の地域支援と相談支援従事者の役割に関する講義

Ⅱ 演習編

第4章 ケアマネジメントプロセスに関する講義及び演習

Ⅲ　資料

おわりに

監修者・執筆者

研修受講ガイダンス

研修受講ガイダンス

科目のねらい

- ☐ 相談支援従事者養成研修の狙いや、構造等を把握することで、研修に臨む姿勢や方法を理解する。
- ☐ 本研修が相談支援専門員の人材育成体系の一部であることを理解する。
- ☐ 本研修の位置付けを知り、継続的な学びの必要性を認識する。

学習のポイント

- ☐ 相談支援専門員の役割・ミッション
- ☐ 相談支援専門員に必要とされる力
- ☐ 職業教育の理論と方法
  熟達化モデル（学習理論）／経験学習／協同学習／スーパービジョン／合議の必要性
- ☐ 相談支援専門員の人材育成体系
- ☐ 継続的な学びの必要性
- ☐ 本研修の獲得目標
- ☐ 本研修の構造

講師：藤川　雄一

1. ガイダンスの目的

*1　平成24年厚生労働省告示第227号「指定計画相談支援の提供に当たる者として厚生労働大臣が定めるもの」、同第226号「指定地域相談支援の提供に当たる者として厚生労働大臣が定めるもの」、同第225号「指定障害児相談支援の提供に当たる者として厚生労働大臣が定めるもの」を参照。

　相談支援専門員となるためには、実務経験と法令等に定めた相談支援従事者研修（以下「法定研修」とする）を修了することを制度上必須とする[*1]。

　これは相談支援専門員を養成するための研修であり、障害者相談支援の事業に従事し、相談支援の業務を行うために必要な価値・知識・技術を身につけるための手段の一つである。そのなかでこの初任者研修は、相談支援専門員となるための玄関口となるものである。

　本ガイダンスでは、法定研修等やその入口である初任者研修でどのようなことを学ぶのか（学びの内容）と、それをどのように学ぶのか（学びの方法）について扱う。

　これには大きく二つの目的があり、それを理解することが、みなさんが

研修に臨むにあたっての動機づけとなり、ひいては研修効果を高めるものになる。

目的の一つは受講前に研修体系と初任者研修の全体像を知り、今後の見通しをもつこと、もう一つは、初任者研修修了後も継続的な「学び」（研鑽）が必要であることを理解することである。

「学び」という単語の意味には、特に留意が必要である。本ガイダンスでいう学びは、多くの日本人が一般的に想起する「勉強」「学習」のイメージとは異なり、（専門職としての）成長の過程で行われる営み全体を指し、職業上やその他の経験を含む。これは、特に1970年代以降、教育学や心理学で用いられる概念である。こうした学びを通じて得られる力のことを実践知と呼ぶ。実践知は業務などの実務場面や実地教育・研修などの教育的活動、自己省察などによって磨かれる。

以上の二つの目的は特に重要なポイントであるから、さらに丁寧に説明する。

⑴　研修体系と初任者研修の全体像を知ったうえで、研修に臨む

全体像を知るとは、①研修の狙い（獲得目標）や、構造といった概要を見取り図的に俯瞰して把握することと、②研修に臨む姿勢や方法を理解することである[*2]。

全体像を知ったうえで初任者研修の講義や演習、実習を受講することで、その学びがどのような意味をもつのか、なぜ学ぶ必要があるのか、なぜそのような学びの方法がとられているのかが理解しやすくなる。これにより、研修に臨むみなさんが頭の中を整理することや自らの今後に見通しをもつことができ、安心感や納得、「やる気」の維持や向上へとつなげやすくなる[*3]。

⑵　学びはこれだけでは終わらない。初任者研修は始まりである

職業のなかには、研修等による初期教育を受けた後、すぐには「一人前」に業務を遂行できないものがある。対人援助職である相談支援はその典型的なものである。

相談支援の熟達化には、経験を積むことや実践場面の内外で教育を受けること、自らの取り組みを振り返る機会をもつことなど、複数の機会や方法により学びを継続し、研鑽を積んでいくことが必要である。

研修も研鑽方法の一つである。そのため、相談支援専門員には法定研修（初任者研修・現任研修・主任研修・専門コース別研修）が用意されている。都道府県や職能団体等によっては、さらに相談支援の力を高めるため

*2　初任者研修の構造については、本ガイダンスの後半（4. 職業教育の理論と方法）（6頁）で詳述しています。

*3　このことを心理学の用語で「動機づけ（モチベーションの向上）」といいます。

＊4　OJTについては、4.(4)③（13頁）も参照してください。

講師向け
人材育成の仕組み等については、各都道府県の実情に応じた内容を具体的に紹介してください。

＊5　これらのような場合には、スーパービジョンと呼ばれる取り組みなどが対人援助職では有効とされています。

の階層別やテーマ別の研修、インターンシップ事業などが用意されていることもある。

また、用意された研修等や実地教育(OJT)[＊4]をどのように活用し、どのような姿を目指していくかを描いた「人材育成ビジョン」を作成している都道府県もある。

相談支援において、よりよい実践の追求に終わりはない。一人前になったと思っても、さらに奥深いプロフェッショナルの世界はどこまでも拡がっている。また、「一人前」と自他ともに認める存在になったとしても、「これでよかったのだろうか」と自問自答することも、なかなか解決できない悩みにさいなまれることもある。自分では「できている」と思っても、それだけが「答え」ではないことも多いものである。より幅広い視点や方法や気づく営みにも終わりはない[＊5]。

相談支援の仕事は、障害のある人の人生という旅に、本人のかたわらにいて伴走する役割といわれることがある。旅という表現は、長く続く人生の過程（プロセス）に寄り添い続けることの大事さをあらわしているものである。そして、相談支援という仕事自体も、完成形という終着駅を目指しながらもたどり着かない長い旅路になぞらえることができる。

だからといって、この終わりのない旅に必要以上に不安になったり、プレッシャーを感じ過ぎたりはしないでほしい。相談支援専門員は誰もが完成形の途上にある。「できないこと」「学んだほうがよいこと」は常に誰にでもある。発展途上の自分を認め、だからこそ研鑽を続けつつ、周囲の仲間との支え合いのなかで仕事をしていくことが大切なのである。

初任者研修は相談支援専門員の人材育成体系の一部であってすべてではなく、スタート地点にあることをおさえたうえで研修に臨んでほしい。その後の継続的な学びの必要性は、研修を通じて具体的に感じとろう。

2. 相談支援専門員の役割・ミッション

(1) 常に立ち戻る自らの原点（ミッション）

障害のある人の相談支援はどのような仕事なのだろうか。何を目指し、何を大事にしている仕事なのだろうか。そして、相談支援専門員のミッション（使命）はどのようなもので、どのような役割をしている人なのだろうか。まず入口に立った時には、こうした「そもそも相談支援とは」という命題を考えることが重要である。

とかく職業上の研修というと、学び手の関心は知識や技術に向きがちである。しかし、社会福祉の仕事、ソーシャルワークは、価値を基盤として

いる。その一つである相談支援も同様である。そのため、これらの問いを考えるためには、価値を学ぶ必要がある。

　講義1−1「相談支援（障害児者支援）の目的」では、相談支援の制度や歴史のなかで語られてきた相談支援専門員の役割・ミッションを知り、講義1−2「相談支援の基本的視点（障害児者支援の基本的視点）」ではその視点をより具体的に学ぶ。また、その後の講義2、演習、実習では実践に反映される価値のありようを段階的に体得する。

(2)　ミッションを自分の言葉で説明しよう

　教科書的に障害者の相談支援を説明すると、例えば「障害のある人もその人らしく地域で暮らし続けることができるような支援（生活支援）をすること、あるいは、それを実現する社会を創り出すこと（地域づくり）」となる。これは一体どういう意味なのだろうか。自分の言葉で説明することができるだろうか。

　ここで重要なのは、「省察する」（気づき（感じ）、考える）ことである。研修の内容が受け身の姿勢で記憶するにとどまると、実践場面に反映することができない。講義で知り、演習や実習を通じて体験するなかで、その実際を感じ、自らの頭で考え、自分なりの言葉で他者に説明できるようになることが重要である。

　そして、この「省察」という作業は、実務に就いた際にも継続的に行うことが必要である。日々の実践で体験したことを、時に振り返り、気づきを得、更新していくことで、さらに実践が深まる[*6]。

*6　後述する「コルブの経験学習モデル」（12頁）も参照してください。

3.　相談支援専門員に必要とされる力

(1)　ミッションを達成するために必要なコンピテンシー

　相談支援はどのような仕事で、相談支援専門員にはどのようなミッションや役割があるかを理解したら、次は、それをどのように実践し、実現させていくかを学ぶ[*7]。

　言い換えると、ミッションを達成するために、具体的にどのような仕事をすればよいか、そして、仕事を遂行するためには、どのような力が必要で、その力とは具体的にどのようなものかを理解することである。

　力というと、その個人がもつ能力、才能（ability）に焦点をあてた意味が思い浮かぶ。しかし、ここでいう力とは、ミッションを成し遂げていくための力、業務において運用していく力のことを指し、コンピテンシー

*7　初任者研修では、価値は講義1−1、1−2で、技術は講義1−3で、知識は講義3−1、3−2で学びます。またそれらを現場でどのように実践するかを総合的にイメージづくりするために、講義2−1、2−2があります。

(competency) という。現実に仕事がうまくいく状況に焦点をあて、それを実現可能にする力がコンピテンシーと解することもできる。

⑵　相談支援専門員に必要とされるコンピテンシー

対人援助職あるいはより一般的に職業人のコンピテンシーは、価値・知識・技術の三つの要素で説明される。

価値とは職業倫理を含む、仕事に臨むうえでの指針となるものの見方・とらえ方や規範のことである。ここでは、相談支援におけるミッションを達成するために必要な知識と技術をさらに説明する。

知識には、相談支援のクライエント（対象）である障害のある人のことをよく理解するための生活の実際、本人・家族の心理、障害に起因する生活上の留意点といった人間や生活の特性、法制度、地域生活を支援するためのさまざまな地域の資源に関することがあげられる。

相談支援専門員としてのコンピテンシーの中核をなす技術は、ケアマネジメントである。初任者研修では、その習得を獲得目標として掲げており、研修時間の多くを割いている。ただし、対人援助職に求められる技術はそれだけではない。例えば、相談面接技術、記録技術などがあげられる[*8]。

*8　研修の時間は限られることからも、継続した研鑽は必要です。これらの技術はまた別途学ぶ必要があります。

4.　職業教育の理論と方法

初任者研修は次のような段階的に学ぶ研修の構造をもっている（図1）。

これまで、学びの方法を学ぶことも重要な柱の一つであると強調してきた。本ガイダンスでは、初任者研修がもつ学びの構造とその理由とともに、継続的な学びが必要な理由、すなわち、相談支援専門員として、あるいは職業人として、腕を磨いていくためにはどのようにしたらよいかについて、その根拠となっている理論を学ぶ[*9]。

*9　（職業人として）腕を磨いていくこと、一人前になっていくことを熟達化と呼びます。

⑴　学習観の転換

学び（学習あるいは教育）の方法について述べられたものは、すべからく個人的経験や信条に基づく属人的「教育論」としてとらえられがちである。

そして、職業人として現役世代にある人の多くが、古典的な学習観や学習の方法を中心とした教育を受けてきた経験を有し、このことが当人の学びや教育に対する価値観形成に多大な影響を及ぼしているという背景があ

図1　初任者研修の構造

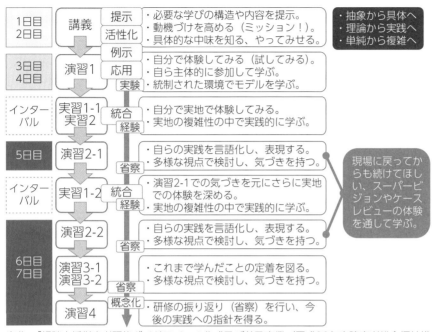

出典：「相談支援従事者研修ガイドラインの作成及び普及事業（平成30年度障害者総合福祉推進事業）」初任者モデル研修資料（1日目）、16頁、2018．を一部改変

る。この古典的な学習観には、①学習者の受け身な態度と立場の前提、②教授者から学習者への一方向の伝達、③学習者と教授者の封建的（タテの）権力関係の存在、④教育内容の知識への偏重があるとされ、また、学びの方法より学びの内容が議論の俎上にのせられてきたといわれている[*10]。

　これに対し、現代では教育学や心理学をはじめとする社会科学や自然科学に基づく各分野の知見が広がり、より一般化された熟達化の理論、学習理論やそれに基づく効果的な熟達化の方法（学びの方法）が編み出されている[*11]。

　多くの人は自身の職業に尊厳をもち、使命感をもって仕事に臨みたいと考えている、あるいは、適切な動機づけ[*12]があれば、多くの人がそのような状態になることが明らかにされている。こうしたモチベーションを維持・向上しながら業務を続ける状態であるためには、①学びの機会があること、②その学びを効果的な方法で行うこと[*13]が効果的であることもさまざまな研究からわかってきている。社会福祉や相談支援において、本人主体が重視されるように、学びの主役も学び手なのである。

　これからの職業教育（人材育成）においては、これらの知見を活用することが求められるが、その際には単に方法や内容を変えるだけでなく、学びや教育といった営みに対する価値観を転換する必要がある[*14]。

*10　日本では学校・家庭・地域などさまざまな教育の担い手のなかで、学校への偏りがあるということも指摘されています。

*11　より広く学際的な分野としては、認知科学などの分野があります。

*12　モチベーションを向上させることを表す心理学の用語です。

*13　学び方を自ら主体的にデザインし、主体的に学びに参加することや、水平的・民主的な学びや教育の機会や場への参加が効果的といわれています。

*14　指導者側の価値観の転換は特に重要です。

⑵　仕事ができるようになっていく過程

①　職業人としての熟達化は段階的に

あなたは初めて仕事に就いた際、どのような（新人）教育を受けてきただろうか。

「仕事（技）は見て盗め」「（経験していれば、）そのうちできるようになる」「わからないことがあったら、何でもきいて」「研修で習ったのだから、これくらいわかるでしょう」等々。このようなことを言われた経験がある人も多いのではないだろうか。

これらはどれも間違いではない。しかし、そのような言葉にとまどう人や、そう言われてもうまくできない人もいる。つまり、誰にでも効果のある万能の方法ではない。

例えば、内容そのものに全く想像もつかない状態の人は、実践的に試してみる前に、まずはそのイメージをもつことが重要である。そのためには、参考となる見本・手本を見たり聴いたりするといった経験が不可欠である。

イメージは湧くけれども、どうしたらそれができるかがわからない場合は、しばらくその方法を自ら考えてみることもよいだろうし、能動的に調べたり、先輩をはじめ熟達者のことを観察することも効果的である。

そして、「いきなり本番（実務）」では課題が複雑すぎる場合、演習のある研修に参加してみるなど、練習問題を解いてみるような段階を踏んだり、先達と一緒に業務をしたり、インターンシップや実習をするなどの方法で慣れていくこともあるだろう。

このように、ステップを踏んで経験を積むことで、独り立ちができるようになっていき、さらに技量を高めていくことになる。

②　指導者の重要性と学習環境デザイン

こうした学びの営みを理論的に整理しておこう。その際に、重要になるのが指導者の存在と役割である。入口に立ったばかりの人が、どのような段階を踏んでいけばよいか、自ら組み立てることができることはまれであり、熟達化の支援をしてくれる存在が必要である[*15]。

ただし、指導者についてもまた、古典的な学習観のイメージからの転換が必要である。「先生」や「職場の教育係」のような存在ばかりを指しているのではない。熟達化の過程での（学ぶ本人の）支援者としての存在を幅広く指導者ととらえる。また、関係もより水平性を意識したものとなる[*16]。

とはいえ、イメージのないものをイメージしようとしても難しく、経験

*15　理論構築においても、学ぶ本人がどう学ぶかという視点に比べ、指導者の観点からの研究や論点が多くみられます。

*16　だからといって、学び手と指導者が完全に水平になれるとは限らない教育における権力性にも、特に研修の指導者となる場合は留意する必要があります。

図2　認知的徒弟制の4段階

モデリング modeling	指導者が学び手に見本を見せる（デモンストレーションする）。
コーチング coaching	学び手が実際にやってみる。指導者は手取り足取りのコーチをしたり、学び手の様子を観察し、本人にとって適切なフィードバックを行う。
スキャフォールディング scaffolding	学び手は段階的に多くの課題に挑戦し、指導者は本人が課題を達成できるよう足場かけをして支援する。
フェイディング fading	徐々に本人に任せるなど自立を促し、指導者はひいていく。

のないことを行おうとすることも困難である。後ろから背中を押してもらうことが効果的なこともあれば、しばらくは手を引いてもらうようなことも重要である[*17]。その過程をブラウンらは認知的徒弟制の4段階として整理し、それぞれの段階に応じた指導者の役割があるとしている（図2）。

　例えば、学びの初期段階（モデリングがそれにあたる）においては、仕事の現場を離れ、研修のなかで学びを深めることが効果的・効率的なことも多いだろう。最初は密な支援から始め、少しずつ必要に応じたかかわりに段階的に変化させていくことも有効である。

　内容とのかかわりでみると、知識のように、講義で効率的に獲得し、細かな運用を経験しながら現場で定着させるほうがよい内容もある。技術のように、演習や実習で疑似体験し、現場で経験しながら定着させるほうがよいこともある。

　このように学びを具体的にデザインしていくことを学習環境デザイン（インストラクショナル・デザイン）と呼ぶ。学びのデザインは学習者本人が自ら行うことが望ましいものであるが、人間の行動や認知特性に基づいた理論（支援ツール）は学習者にも支援者にも参考となる。

　ディビッド・メリルは「インストラクショナル・デザインの第一原理」として整理し、問題・活性化・例示・応用・統合の5要件をあげている（図3）。この原理は初任者研修の構造にも活用されている（図1）。

⑶　その仕事に合った学びの方法、相談支援編

①　一つとは限らない答えを利用者と一緒に探す旅の方法論

　万能の学びの方法がないことはこれまで説明してきた。それでは、相談支援に適した学びの方法にはどのようなものがあるだろうか。相談支援の目的や基本的視点、求められる力から考えてみよう[*18]。

　相談支援とは、「地域社会のなかで人・もの・サービスなど、ありとあらゆるものを使って、本人が希望し、尊厳の確保された暮らしを実現・継続できるように一緒に考え、行動すること。そのために、本人らしさを自

*17　このことは長年入所・入院をしていた障害者の地域移行など、エンパワメントの過程とよく似ています。教育におけるエンパワメントも現代的な視点の一つです。

*18　知識はどの分野にも出てくる話なのでここでは説明しません。

図3 学習環境デザイン

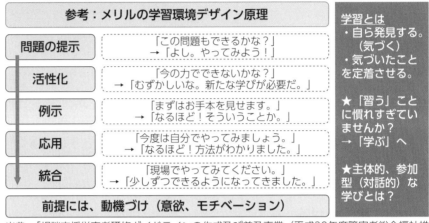

出典：「相談支援従事者研修ガイドラインの作成及び普及事業（平成30年度障害者総合福祉推進事業）」初任者モデル研修資料（1日目）、12頁、2018.

分なりに理解し、本人の経験や選択肢を増やし、その意思決定を支援する活動をすること。そして、そのような暮らしを誰もが実現できる地域社会を創ること」と仮に定義する。

　価値を基盤とするということは、その価値を基盤とした行動ができること（＝実践できること）である。それは、「こういう場合はこうする」といったパターンを学ぶことでではなく、その価値（概念）を理解し、考え、行動に移す方法を学ぶことで実現できるものである。

　例えば「個別性を重視する」ということは、その人がどういう人かを理解すること、人や状況に応じて、一人ひとりの暮らしの組み立てをオーダーメイドで支援することになる。まさにパターンにあてはめるのではなく、個別性を理解し、考え、行動に移すことが求められる[*19]。

　「理解する」という営みは、支援者自らと本人の関係性に影響を受ける。いかに客観的であろうとしても、主観をなくすことはできない[*20]。支援者自身は理解できていると思っても、本人にとってはそうでない可能性があり、また、理解したと思った対象そのもの（本人）は常に変化する可能性がある。

　「地域社会のなかで」の支援をすることは、その社会の関係性のなかで仕事をすることになる。個々との関係性を築くことも必要であれば、人々や社会という複雑でさまざまな要素が絡み合うものを相手にし、さまざまな状況に対応することも求められる。

　こうしてみると、相談支援の文脈において、パターンに人や社会をあてはめることはその価値に合致せず、物事をさまざまな要素を勘案しながら

＊19　どういう人かを理解するとは、その人の情報を多く収集していることではなく、その人の暮らしぶりや言葉・行動の背景にある理由やその人の価値観を理解すること、理解するために必要な情報を得ていることをいいます。

＊20　これは、自分なりに本人の理解をすることであり、解釈をすることにほかなりません。

考え、場合に応じた提案やはたらきかけを個人や社会にしていくことが望まれるということができる。

　一つではなく、(唯一の)正解とは限らず、しかも常に変化するそのような「答え」を追い続ける仕事なのである。個別の障害のある人の支援の場面においては、答えは本人のなかにある。しかし、それが正解かどうかは、本人もわからないこともある。そのため、本人の答え探しに寄り添い、一緒に考えていく必要がある。

② アクティブ・ラーニング

　このような仕事の熟達化には、知識を吸収するだけでなく、本人たちとともに考える力を養うことが必要である。そのためには、学びにおいても、主体的に考え、参加する方法(アクティブ・ラーニング)が最適である。その実現のためには、演習において他者と討議する方法やともに一つの課題に取り組んだりする方法があり、協同学習と呼ばれることもある。初任者研修では、このアクティブ・ラーニングを演習のほぼすべてに取り入れているが、それは以上の理由によるものであり、学びの方法として最適なものの一つであると同時に、相談支援業務の重要な要素である会議や支援を検討する合議の場の展開を実地で体験するものでもある。

③ スーパービジョンあるいは合議の必要性

　そして、オーダーメイドの対人援助の仕事では、研修においてだけではなく、実践場面でも常に複数の視点(人)による検討や協議(合議)が必要である。この取り組みは、自らの業務を振り返り気づきを得ること、自らのミッションを確認することを含め、学びにもなるが、ほかにもさまざまな効果をもたらす。例えば、アセスメントや支援方針等を多角的な観点から検討しチームの支援を受けて方向性を見定めることは、支援の質の担保(維持・向上)につながる。また課題や悩みを抱えている際には、水平な仲間同士の支え合いがモチベーションの維持・向上に寄与したり、その解決の糸口をつかむことにもつながる。

　これらはスーパービジョンの支持・教育・管理の機能に通じる部分がある。

　スーパービジョンの詳細は現任研修・主任研修で学ぶが、初任者研修においては、複数メンバーによるグループ・スーパービジョンを体験する。アクティブ・ラーニングによる演習の協議と方法がよく似ているので、その共通性と社会福祉ならではの現場の展開方法の双方を感じ取ってほしい。

　次に、実践(業務)のなかでの学びや成長について、もう少し詳しくみておくことにしよう。

⑷　経験で人は成長するもの

①　仕事は共同体のなかで、経験のなかで、より現実的に身についていくもの

　職業人は、研修だけでなく、実務のなかで周囲の支援を受けたり、自ら観察したりしながら経験のなかで学び、次第に成長していく。

　具体的には、まずは熟練者のアシスタントをしたり、すぐにできる仕事から一人で行い、徐々にその仕事の全体がこなせるようになっていくなどのように、段階を追ってその仕事内容と仕事の共同体に参加していく。このことは、学びが個人的なものであると同時に、社会的なものであることを意味している。

　その仕事に関する共同体（相談支援でいえば、事業所や法人、地域など）にまずは周縁から参加しながら、徐々に中核的な役割を果たす存在へと成長していくのである。ジーン・レイヴとエティエンヌ・ウェンガーは、この成長の過程こそが学習であるととらえ「正統的周辺参加」という概念で説明した [*21]。

　相談支援の仕事は、対人援助の仕事であり、社会のなかでさまざまな環境調整をしていく仕事である。自身も地域のコミュニティのなかで成長していく＝学んでいくことが求められる。そして、経験は学びそのものなのである [*22]。

②　経験学習モデル

　経験を積めば人は自然と育つかというと、そういうわけでもない。経験は学びであるが、よりその熟達化に資する経験の「積み方」がある。

　その方法はいろいろあれど、重要なのは一定経験を積んだ後に自らの実践を振り返り、さらに向上を図ること、そのサイクルを回し続けていくことである。このことを理論化した一人にデイビッド・コルブがいる。

　コルブは、受け身の姿勢で知識を覚えるのではなく、能動的に経験しながら、それを自己の考え方として概念化していくことこそが効果的な学習であると考え、それに基づき、①具体的に経験し、②それを振り返り（省察し）、③その内容を言語化（概念化）し、④さらに実践に応用することを繰り返すことが効果的であるという経験学習モデルを提唱した（図4）。

　この経験学習モデルの考え方は、職業教育と特に親和性が高いと考えられており、相談支援の熟達化にも応用できる基本的な学びのモデルの一つである（この方法も初任者研修のなかに取り入れられている）。

*21　これは社会構成主義という考え方に大いに立脚した考え方です。

*22　ただし、どのような経験でもよいとは言い切れず、「よい」経験を積むことが重要とされます。

図4　経験学習モデル

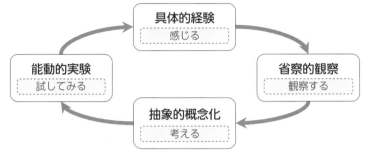

継続的な学びが必要です。
―経験と概念化―

この研修で仕事ができるようになる
全てが網羅されているわけではありません。

この研修を修了しさえすれば、現場に戻ってすぐ
仕事ができるようになるわけではありません。

参考：コルブの経験学習モデル

【研修】でもこのサイクルが重要
・受け身で情報(知識)を一方通行で受け取るだけでも、単に発散するだけでも効果は薄い。
【学び】全体でもこのサイクルが重要：研修が終わってからが重要
・研修も時に必要、現場での実践とその振り返り(スーパービジョン等)も重要。

具体的経験
感じる

省察的観察
観察する

抽象的概念化
考える

能動的実験
試してみる

出典：「相談支援従事者研修ガイドラインの作成及び普及事業（平成30年度障害者総合福祉推進事業)」初任者モデル研修資料(1日目)、13頁、2018.

③　職業における学びは実践のなかで

　また、職業教育においては、業務実践のなかでの学びが重視されている。これをOJT（On the Job Training)といい、実地教育とも呼ぶ。実地教育を最初に整理したチャールズ・アレンは、4段階職業指導法として、似たような考え方を20世紀初頭に提示した。

　Show（やってみせる）– Tell（説明する）– Do（やらせてみる）– Check（その結果をもとに指導する)の4段階のプロセスを踏むことで職能を身につける期間を短縮、効率化し、生産性を上げようとするモデルである[*23]。

　相談支援における実地教育(OJT)は、事業所のベテラン（主任相談支援専門員)が担っていることもあれば、地域全体でのスキルアップを基幹相談支援センターが担っている場合もある。初任者研修には、実習でその体験をする内容が含まれている。

*23　時代背景から教授-学習モデルを色濃く残してはいますが、工業化という産業構造の変化を背景に多くの労働者を短期間に育成することに寄与しました。

5. 相談支援専門員の人材育成体系と初任者研修の位置付け

　そろそろガイダンスのまとめに入ろう。本ガイダンスでは以下のことを学んだ。これまでの内容を振り返り、頭の中を整理してほしい。

　1. 相談支援専門員の人材育成体系と継続的な学びの必要性（図5・表1）
　2. 初任者研修の獲得目標（図5・表2）
　3. 初任者研修の構造（表3）

　これでガイダンスは終了である。これから長丁場となるが、これは受講生のみなさんと講師たちが一緒に学ぶ研修である。一人でも多くのみなさんが早く現場で障害のある人と関わりたい、相談支援をやってみたいと感じて終わる研修となることが、この研修をつくった人たちの目標である。みなさんが学び続け、相談支援のよりよい実践を目指し続けることが、障害のある人の暮らしや地域社会を変えることにつながるからである。

図5　継続的な学びのなかでの初任者研修とその獲得目標

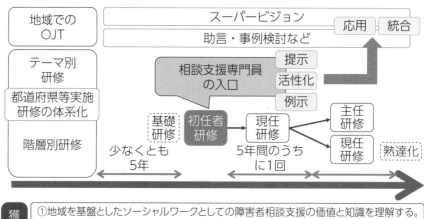

出典：「相談支援従事者研修ガイドラインの作成及び普及事業（平成30年度障害者総合福祉推進事業）」初任者モデル研修資料（1日目）、15頁、2018. を一部改変

表1　相談支援専門員の人材育成体系と継続的な学びの必要性（まとめ）

・初任者研修は相談支援専門員の玄関口である。
・相談支援専門員の人材育成体系、法定研修とその他の階層別・テーマ別のスキルアップ研修、実地教育（OJT）からなる。
・その見取り図を示した人材育成ビジョンが重要である。
・初任者研修は出発点であり、ゴールではない。
・相談支援の熟達化にもゴールはなく、継続的な学びが必要である。

表2　初任者研修の獲得目標（まとめ）

①　地域を基盤としたソーシャルワークとしての障害者相談支援の価値と知識を理解する。
②　基本相談支援の理論と実際を理解し、障害者ケアマネジメントのスキルを獲得する。
③　計画相談支援の実施に関する実務を理解し、一連の業務ができる。
④　地域づくりとその核となる自立支援協議会の役割と機能を理解する。

表3　初任者研修の構造（まとめ）

・学ぶ内容も重要だが、学びの方法も重要である [*24]。
・学びの理論を活用した段階的に学ぶ構造となっている [*25]。
・講義1日目（講義1）では、相談支援に必要な価値・技術を知る。
・講義2日目（講義2・3）では、相談支援に必要な法制度の知識と相談支援の場面に即した業務の実際を知る。
・演習1では2日間で、ケアマネジメントと計画相談支援の業務の一連の流れを模擬体験する。
・実習1－1では、演習で学んだケアマネジメントの流れを自分で実体験する。実習2では、自分の地域の社会資源を知る。OJTを受ける体験をする。
・演習2－1では実習1－1と実習2の振り返りをスーパービジョンの方法で行い、気づきを得る。
・実習1－2では、演習3日目の気づきを踏まえ、さらにケアマネジメントの流れを深める。
・演習最後の2日間では、演習2－1の続きとして演習2－2で実習1－2の振り返りをケースレビューの方法で行うとともに、演習3－1と3－2でケアマネジメントと計画作成の流れを演習し、演習4で研修全体の流れを振り返ることで、気づきの言語化や学んだことの定着を図り、今後への指針を得る。

[講師向け]
具体的な進行スケジュールのイメージについては、巻末資料1（272頁）も参考にしてください。

*24　初任者研修だけでなく、相談支援に関する学び全体にいえることです。

*25　抽象から具体へ、理論から実践へ、単純から複雑へと段階的に実践的業務へと近づく流れをもっています。

参考文献
・金井壽宏・楠見孝『実践知——エキスパートの知性』有斐閣、2012.
・ドナルド・ショーン、柳沢昌一・三輪健二監訳『省察的実践とは何か——プロフェッショナルの
　行為と思考』鳳書房、2007.
・アルフレッド・カデューシン／ダニエル・ハークネス、福山和女監修、萬歳芙美子・荻野ひろみ
　監訳、田中千枝子責任編集『スーパービジョン　イン　ソーシャルワーク　第5版』中央法規出版、
　2016.
・ジーン・レイヴ／エティエンヌ・ウェンガー、佐伯胖訳『状況に埋め込まれた学習——正統的周
　辺参加』産業図書、1993.
・J.S.ブラウン／A.コリンズ／P.ドゥーグッド、杉本卓訳「状況に埋め込まれた認知と学習の文化」
　安西祐一郎・石崎俊・大津由紀雄・波多野誼余夫・溝口文雄編、日本認知科学会協力『認知科学
　ハンドブック』共立出版、36〜51頁、1992.

I

講義編

第1章

障害児者の地域支援と相談支援従事者の役割に関する講義

講義 1-1

相談支援（障害児者支援）の目的

科目のねらい

☐ 基本的人権の尊重のための支援の意味と価値を理解する。

☐ 利用者理解、利用者の自己選択・自己決定の重要性について理解する。

☐ 障害児者の地域での生活の実情について理解する。

☐ 障害者権利条約の趣旨を踏まえつつ、相談支援の基本的価値観を理解する。

学習のポイント

☐ 相談支援の目的

① 障害者の地域生活とその支援

② 障害者の自立と尊厳の確保、社会参加

③ 自己決定（意思決定）への支援・権利擁護（エンパワメント／リカバリー）

④ 障害のある人を含めた誰もが暮らすことのできる地域づくり

講師：小澤　温

1.　相談支援の基本的理解

⑴　障害者権利条約の基本理念——相談支援の前提としての理念

　国連で障害者権利条約が2006（平成18）年に採択され、日本政府は障害者権利条約の批准の条件づくりとして国内における法制度の整備を優先的に進めていくことに力点をおくこととした。2009（平成21）年には、障害者権利条約の批准とそれに対応するための国内法の整備の検討を目的とした「障がい者制度改革推進会議」（以下、「推進会議」とする）が内閣府に設置された。

　その後、推進会議の意見書が2010（平成22）年にまとめられ、そのなかで、障害者基本法の抜本的な改正、「障害を理由とする差別の禁止法」（当時の議論の時の名称）「障害者総合福祉法」（当時の議論の時の名称）の制定などの法改正に加えて、障害者政策関連分野（労働・雇用、教育、所得

保障、医療、障害児支援、虐待防止、建築物・交通アクセス、情報アクセス・コミュニケーション、政治参加、司法手続、国際協力など）の法制度に関しての検討の必要性が指摘された。その後、障害者権利条約の批准に必要な障害者基本法の改正案を含んだ意見書が示された。この意見書では、「社会モデル」の考え方を踏まえた障害の定義の見直し、「地域社会で生活する平等の権利」の確認、必要な支援を受けた意思決定に基づく社会参加の権利の確認、手話等の言語の使用及びコミュニケーション手段の利用を、障害者権利条約の基本理念として重視した。

　相談支援の基本理念に通じる障害者権利条約の基本理念としては、障害・障害者の考え方、用語の定義にその特徴が強く示されているので、ここでは、それに関連する条文を取り上げる。

　第1条では、障害者権利条約の目的を記載しているが、障害者の定義に関して、「障害者には、長期的な身体的、精神的、知的又は感覚的な機能障害であって、様々な障壁との相互作用により他の者との平等を基礎として社会に完全かつ効果的に参加することを妨げ得るものを有する者を含む」としている。この内容は、これまでの「障害者の権利宣言」などの国連文書の定義以上に、障壁となる環境との相互作用を強調していて、「社会モデル」の考えをより強く意識したものとなっている。

　第2条では、この条約における用語の定義（「意思疎通」「言語」「障害に基づく差別」「合理的配慮」「ユニバーサルデザイン」）がなされている。特に、「合理的配慮」では、「障害者が他の者との平等を基礎として全ての人権及び基本的自由を享有し、又は行使することを確保するための必要かつ適当な変更及び調整であって、特定の場合において必要とされるものであり、かつ、均衡を失した又は過度の負担を課さないものをいう」としている。また、「ユニバーサルデザイン」では、「調整又は特別な設計を必要とすることなく、最大限可能な範囲で全ての人が使用することのできる製品、環境、計画及びサービスの設計をいう」とし、「特定の障害者の集団のための補装具が必要な場合には、これを排除するものではない」としている。

　第4条の一般的義務は、条約締結国の一般義務のことを示し、ユニバーサルデザインに関しては、ユニバーサルデザインの製品、サービス、設備及び施設の研究と開発、利用の促進、障害者に適した新たな機器（情報通信機器、移動補助具、補装具及び支援機器を含む）の研究と開発、利用の促進、情報の提供の義務を締結国は負うことになる。

　これらの条文は、これまでの国際人権法における人権規定を踏襲しているものであるが、この条約においては、障害者の権利として明確化し、権利保障を実効のあるものにする点で重要である。また、この条約で特に重要視されていることは、第2条の定義のところで取り上げた「合理的配慮」という考え方である。障害者が権利を行使できない環境におかれている場

講義
1－1

講師向け
　第1条の説明では、環境との相互作用で障害を考える社会モデルを強調してください。障害の医学モデル的な理解との対比的な説明があればよりよいと思います。

講師向け
　第2条の説明では、「合理的配慮」が障害者権利条約における重要な概念ということを強調してください。

合、個々の状況に応じて、その環境を改善したり調整したりする必要がある。個々の状況に応じた環境の改善、調整を怠った場合は差別として位置づけることができる点は重要である。また、条約及び規定の実行のために、第33条で国内モニタリングを行う中心機関を政府内に、第34条で「障害者の権利に関する委員会」を設置することを規定した点は、条約の実効性の面で大きな推進力となる。

(2)　障害者基本法、障害者差別解消法、障害者虐待防止法、障害者総合支援法の基本理念とその概要

①　障害者基本法の基本理念とその概要

　2011（平成23）年に改正成立した障害者基本法の基本理念としては、すべての国民が障害の有無にかかわらず等しく基本的人権を享有するかけがえのない個人として尊重されること、すべての国民が障害の有無によって分け隔てられることなく相互に人格と個性を尊重し合いながら共生する社会の実現[*1]、可能な限り身近な場所において必要な支援を受けられること、社会参加の機会の確保、どこで誰と生活するかについての選択の機会が確保され、地域社会において他の人々と共生することを妨げられないこと、社会的障壁の除去があげられる。

　この法における「障害者」の定義は「身体障害、知的障害、精神障害（発達障害を含む。）その他の心身の機能の障害（以下「障害」と総称する。）がある者であつて、障害及び社会的障壁により継続的に日常生活又は社会生活に相当な制限を受ける状態にあるものをいう」（第2条第1号）としている。また、「社会的障壁」とは「障害がある者にとつて日常生活又は社会生活を営む上で障壁となるような社会における事物、制度、慣行、観念その他一切のものをいう」（第2条第2号）とし、「地域社会における共生等」では、「全て障害者は、可能な限り、どこで誰と生活するかについての選択の機会が確保され、地域社会において他の人々と共生することを妨げられないこと」（第3条第2号）としている。手話等の言語の使用やコミュニケーション手段の利用では、「全て障害者は、可能な限り、言語（手話を含む。）その他の意思疎通のための手段についての選択の機会が確保されるとともに、情報の取得又は利用のための手段についての選択の機会の拡大が図られること」（第3条第3号）としている。

　障害者権利条約のなかで重視された「合理的配慮」に関しては、「社会的障壁の除去は、それを必要としている障害者が現に存し、かつ、その実施に伴う負担が過重でないときは、それを怠ることによつて前項の規定[*2]に違反することとならないよう、その実施について必要かつ合理的な配慮がされなければならない」（第4条第2項）としている。環境のバリアフリーに関しては、第21条において、公共的施設のバリアフリーに関して言及

しており、第22条では、情報の利用におけるバリアフリーに関して言及している。なお、この点に関しては、障害者権利条約では、障害の有無にかかわらないすべての国民にアクセスを保障する「ユニバーサルデザイン」の考え方を強調している。

② 障害者差別解消法の基本理念とその概要

障害者差別解消法は、障害者基本法の理念に基づき、差別の禁止の規定の具体化として位置づけられている。障害者基本法第4条では、第1項で、障害を理由とする差別等の権利侵害行為の禁止、第2項で、社会的障壁の除去を怠ることによる権利侵害の防止、第3項で、国による啓発・知識の普及を図るための取り組み、の3点が示されている。

国は、このための基本方針として、差別解消にかかわる施策の基本方向、行政機関と事業者がとる必要な措置の基本事項を定めることとした。基本方針の検討には、障害者自身の意見反映をする必要があり、（障害者基本法によって定める）障害者政策委員会の意見を聴く必要がある。さらに、政府は、内閣府での関係行政機関の連携の整備推進、行政機関・事業者が適切に対応できる対応要領、対応指針の整備を行う必要がある。

差別解消の措置としては、差別的取扱いの禁止と合理的配慮不提供の禁止の二つがあげられている。差別的取扱いの禁止は、行政機関や事業者が事務または事業を行う際に、障害を理由として不当な差別的取扱いをすることによる障害者の権利利益侵害の禁止である。合理的配慮不提供の禁止は、行政機関や事業者が事務または事業を行う際に、障害者から社会障壁除去の意思表明がある場合、その実施が過度の負担でないときに社会的障壁の除去の実施に合理的な配慮をしないことによる障害者の権利利益侵害の禁止である。

さらに、不当な差別的取扱いの禁止に関しては、行政機関、事業者いずれも法的義務であるのに対して、合理的配慮の提供に関しては、行政機関が法的義務、事業者が努力義務としている。

具体的な対応としては、国・地方公共団体においては対応要領の策定、事業者においては対応指針の策定が必要とされている。差別解消のための支援措置では、①国・地方公共団体における相談及び紛争の防止・解決のための体制の整備、②国・地方公共団体による啓発活動、③国による差別解消にかかわる情報の収集、整理及び提供、④国・地方公共団体における障害者差別解消支援地域協議会の設置、が示されている。

2016（平成28）年度の本格施行に向けて、国では、「障害を理由とする差別の解消の推進に関する基本方針」が2015（平成27）年に定められた。基本方針では、法の対象範囲、不当な差別的取扱い、合理的配慮、行政機関による対応要領、事業者による対応指針、環境の整備、相談及び紛争の

防止体制、啓発活動、障害者差別解消支援地域協議会などに関しての基本的な考え方が示されている。さらに、行政機関では、この基本方針を踏まえた対応要領の策定、また、事業者においては、事業の状況に応じた対応指針の策定が求められている。

　行政機関による対応要領の記載事項では、趣旨、障害を理由とする不当な差別的取扱い及び合理的配慮の基本的な考え方、障害を理由とする不当な差別的取扱い及び合理的配慮の具体例、相談体制の整備、職員への研修・啓発の5点が求められている。

　障害者差別解消法により、新たに設置される障害者差別解消支援地域協議会の役割として、協議会を構成している関係機関から提供された相談事例に対する適切な相談機関の紹介、具体的な対応例の共有・協議、協議会の構成機関における調停・斡旋などの紛争解決があげられている。さらに、これらの事例の蓄積によって関係機関の業務改善、事案の発生防止のための取り組み、周知・啓発に展開していくことも必要とされている。

③　障害者虐待防止法の基本理念とその概要

　障害者の具体的な人権保障に関連する法律では、2011（平成23）年6月に障害者虐待防止法が成立した。この法は、障害者に対する虐待の禁止、障害者に対する虐待の予防と早期発見、虐待を受けた障害者に対する保護と自立の支援、養護者の負担の軽減を図ることにより、障害者の権利利益を擁護することを目的とした。

　障害者虐待の場としては、養護者による虐待（家庭内虐待など）、障害者支援施設における虐待（施設内虐待など）、使用者による虐待（職場内虐待など）が想定されている。この法における虐待の種類は、身体的虐待、ネグレクト、心理的虐待、性的虐待、経済的虐待である。

　障害者の虐待防止に対して国と自治体の責務が定められ、市町村、都道府県の窓口として、それぞれ「市町村障害者虐待防止センター」「都道府県障害者権利擁護センター」としての機能を果たすことが義務づけられた。

④　障害者総合支援法の基本理念とその概要

　障害者自立支援法に代わる法律に関しては、障害者の日常生活及び社会生活を総合的に支援するための法律（以下「障害者総合支援法」とする）として2013（平成25）年度から施行された。この法は、障害者基本法の理念を踏襲し、基本的人権を享有する個人として尊厳を明記した。対象となる障害は、身体障害、知的障害、精神障害、発達障害に加えて、難病の追加により計5分野の障害になった。

　2014（平成26）年度から障害程度区分が障害支援区分に変更され、「障害の程度」ではなく、「標準的な支援の度合を示す区分」に変更した。本来、

障害者自立支援法が目指したものも「標準的な支援の度合を示す区分」を
もとに、支援の必要量を測定することにあったが、使用された障害程度区
分の項目があまりにも機能障害に力点をおいており、この目的が達成され
なかった経緯があった。特に、知的障害、精神障害に関しては支援の必要
性の測定には妥当な項目ではないという批判が多くなされ、障害程度区分
の変更は大きな懸案になっていた。そのため、障害者総合支援法では障害
程度区分の項目の見直しを行い、それに代わる障害支援区分を導入した。

　障害者総合支援法施行後3年目の見直しについては2014（平成26）年度
において社会保障審議会・障害者部会のもとにワーキンググループを設置
して見直しの論点を検討することにした。それを踏まえて、障害者総合支
援法の改正法が2016（平成28）年に成立した。

⑶　ケアマネジメントに基盤をおいた相談支援の理念とその展開

①　ケアマネジメントに基盤をおいた相談支援の基本的理念

　ケアマネジメント[*3]で重要な点は、支援の対象者（サービス利用者）の
社会生活上のニーズの把握があげられる。これは、支援の対象者が社会生
活を推進するうえで何に困っているのか（生活ニーズ）に基盤をおいた
ニーズ把握であり、医学における障害や疾患に重点をおいたニーズ把握と
は異なる点である。これらの生活ニーズは医学的な障害や疾患の理解と異
なり、障害者個々人によって大きな違いがみられることが多い。したがっ
て、ニーズ把握の際には個別性を重視した把握が重要である。

　次に重要な点は、把握されたニーズを充足するために適切な社会資源
（サービス）と結びつける取り組みである。この取り組みはサービス調整と
呼ばれる。障害者の場合は高齢者に比べて、社会資源やサービスが量的に
かなり少ないことが指摘されており、適切な社会資源や社会サービスが現
状では見つからない場合、それらの資源やサービスを開発することがケア
マネジメント実践に求められている。特に、精神障害者の場合は、身体障
害者や知的障害者に比べて著しく社会資源が少ないので社会資源やサービ
スを開発することはきわめて重要である。

　これらの障害者に対するケアマネジメント実践に一貫している考えとし
て重要なことは、①個別性を重視した援助、②サービス利用者のニーズが
中心になる考え（利用者中心）、③生活者として障害者をとらえる考え
（QOL（生活の質）の重視）、④利用者自身が問題解決能力をつけていく考
え（エンパワメント）、⑤意思決定を中心に据えた自立の考え、⑥利用者
の権利擁護（アドボカシー）である。特に、障害者では、このうち、④⑤
⑥の3点が非常に重要であり、障害者のケアマネジメントの特徴である。

　最終的なケアマネジメントの目標としては、意思決定を主とした自立の

*3　障害のみならず、
高齢、児童分野を含め
てケアマネジメントの
全体像を知るには、以
下の本が参考になりま
す。白澤政和編『ケア
マネジメント論　わか
りやすい基礎理論と幅
広い事例から学ぶ』ミ
ネルヴァ書房、2019.

達成、利用者の自己解決能力（エンパワメント）の向上の二つが重要になるが、これに加えて、地域福祉の推進という目標も重要である。具体的には、地域の社会資源（サービス）の質の向上（障害者のニーズに適切に対応することができる点での質の向上）、必要な社会資源（サービス）の開発、社会資源間の連携、これらの取り組みの結果としての社会資源（サービス）の効果的な利用、の4点をあげることができる。

②　相談支援における自立支援の理念

　障害者の意思決定と選択権が最大限に尊重されていることを自立としてとらえると、自立生活[*4]とは、障害者の意思決定に基づいた生活の主体的な営みとして考えることができる。そして、その主体的な営みを生活のさまざまな側面に応じて支援していくことを自立生活支援ということができる。このことは相談支援の基本的な理念の一つとして考えることができる。

　自立支援の具体的な方法は、障害者の自立生活を運動として推進してきた自立生活センターの取り組みのなかで理解することができる。

　自立生活プログラムは、自立生活に必要な技術やサービスに関する知識を学習しながら身につけ、これらの技術と知識を使いこなす主体になることを目的とするプログラムである。その点では、障害者のエンパワメント（自分の問題解決能力の力をつけること）の向上を目的としたプログラムということもできる。

　プログラムの内容は、さまざまな自立生活センターの実践によって異なっており、標準化したプログラムはないが、自己認識、障害の理解、コミュニケーションの方法、社会資源に関する知識、障害関連の法制度に関する知識、権利の知識と行使の方法、介助者管理の方法、金銭管理、健康管理、安全管理、外出の方法などの項目にそって学習を進めることが多い。

　自己認識とは、自分の価値を肯定的にとらえ、障害をもったメンバーを尊重する意識を生み出す取り組みである。障害者が自立生活をしようとするとき、最も大きな障害は、「わざわざ苦労して自立生活をしなくても、決められた施設やサービスのなかでおとなしく生活すればよいのに」といった従来の障害者福祉の価値観である。この価値観を超えて、自立生活こそ最も尊重されるべき価値であるといった意識改革が最初に必要になる。これは、自立生活の動機づけで最も重要な点である。

　障害の理解は、自分の障害の理解と同時に、自分と異なる障害の理解を含んでいる。自己認識と同様に自分の障害を肯定的にとらえ、ほかの障害をもった人も尊重することは重要である。ここでの障害のとらえ方は、医学的なものではなく、障害と社会とのかかわりや社会によって生み出され

*4　障害者の自立生活の運動、理念、歴史を含めて理解を深めるには、以下の本が参考になります。北野誠一・石田易司・大熊由紀子・里見賢治編『障害者の機会平等と自立生活 定藤丈弘 その福祉の世界』明石書店、1999.

ている障害者観を中心になされる。

コミュニケーションの方法は、自分の思いや感情を的確に相手に伝える技術を身につけるプログラムで、言語以外の方法も活用される。障害者の場合、言語障害、視覚障害、聴覚障害といった障害以外でも、知的障害や脳卒中や事故による脳の障害といった的確に相手とコミュニケーションできない悩みも多いので、この技術は非常に重要である。

自主生活プログラムでは、先にふれた「自己認識」「障害の理解」を進めていくうえで、ピアによるグループワークなどの取り組みが有効である。「ピア」とは仲間、同僚などと訳される言葉であり、障害をもった人同士のことをピアとすることが多い。ただし、ピアは、障害をもった人同士というよりは、障害によって生じた同じような経験をもった人同士という意味のほうがより近い。

ピアカウンセリングは、障害をもった人同士が対等の立場で話を聞き、支え合っていく取り組みをいい、カウンセリングよりもピアで行うことを重視している取り組みである。ピアカウンセリングによって、ピアカウンセラーとクライエントが問題や悩みなどを共有しながら、クライエントの問題解決のゴール設定、問題解決に立ち向かう力の獲得をしていくことから、同じような経験に共感できる感性がピアカウンセラーに求められる。

③　ケアマネジメントに基盤をおいた相談支援の展開

日本の障害者福祉の歴史のなかで、障害者ケアマネジメントが政策的に注目されてきたのは、1990（平成2）年以降のことである。この時期に、1990（平成2）年の福祉関係八法の改正以降、障害者福祉に関連する制度改革が進み、1993（平成5）年の障害者基本法、1995（平成7）年の精神保健及び精神障害者福祉に関する法律（以下、「精神保健福祉法」とする）、1995（平成7）年の国の障害者プランの公表、1997（平成9）年の「今後の障害者保健福祉施策の在り方について（中間報告）」、1998（平成10）年の「社会福祉基礎構造改革について（中間まとめ）」、1999（平成11）年の「今後の障害保健福祉施策の在り方について」などの一連の改革や試案の提起によって、高齢者の領域だけでなく、障害者の領域においても障害者の地域生活の支援施策の整備の必要性が認識されてきた。特に、「社会福祉基礎構造改革について（中間まとめ）」と「今後の障害者保健福祉施策の在り方について」の二つの審議会報告書では、障害者に対してケアマネジメント手法による効果的なサービス提供の必要性について論じている点で、その後の障害者の保健福祉制度改革に大きな影響を与えた。

これらの報告書とほぼ同じ時期に、ケアマネジメントの具体的な実施にあたって、身体障害者、知的障害者、精神障害者の3障害者用のケアガイドラインが国から公表され、それぞれの障害特性に応じた基本理念、介護

講義
1
-
1

の原則、ケアマネジメントの具体的な進め方などの点が示された。さらに、2002（平成14）年には、3障害分野に共通した障害者ケアガイドラインが公表された。これに基づいて、障害者ケアマネジメント従事者養成研修が都道府県において実施された。2006（平成18）年の障害者自立支援法（現・障害者総合支援法）の施行からは、障害者相談支援従事者研修として、都道府県により実施されている。

　障害者総合支援法における相談支援の位置づけを考えると、障害者総合支援法の利用手続きの入り口、ケアプランの位置づけとケアマネジメントシステム、の2点に課題を整理することができる。

　障害者総合支援法の利用手続きの入り口の課題に関しては、身体障害者福祉法、知的障害者福祉法、精神保健福祉法の対象者を障害者自立支援法の対象者にしていたことから、これらの3法の対象になりにくい障害者の場合は、制度の谷間として問題視されてきた。そのため、障害者総合支援法では、難病を対象として追加した。

　ケアプラン（サービス等利用計画）の位置づけとケアマネジメントシステムの課題では、2003（平成15）年の支援費制度導入期からケアマネジメントによるサービス利用計画とサービス調整とサービス提供が重視されてきた。障害者自立支援法では、支給決定後に、制度上かなり限定された条件の利用者に対してしかサービス利用計画作成が行われなかったため、ケアプラン作成実績がきわめて少ない現状がみられた。ケアプラン作成のための制度的な誘導のないことは、実践現場でのケアマネジメント推進の大きな障壁になっていた。

　このため、平成22年整備法による障害者自立支援法の一部改正により、2012（平成24）年度から3年間かけて徐々に対象者を拡大し、2015（平成27）年度より、通所、入所、居宅サービスの利用者全員に対して、「サービス等利用計画」を作成することが義務づけられた。また、同改正により、あわせて地域移行・地域定着支援のための相談支援事業が創設され、精神科病院からの退院促進と入所施設からの地域移行促進を強化することになった。

2. 障害者のおかれている状況の理解と相談支援

ここでは、知的障害、身体障害、精神障害のある人の地域生活における
ニーズ把握と支援を学ぶにあたって、具体例を紹介して障害のある人の生
活の状況とそこから生じる生活における支障について理解を深める。

(1) 例1：知的障害のある人の生活ニーズと支援

① Aさんの概要

男性。23歳。知的障害（療育手帳A判定、重度）。父親、母親、妹の4
人家族で、主たる介護者は母親である。

保健所の3歳児健診で言葉の遅れの可能性を指摘される。その後、さま
ざまな医療機関や相談機関に行くが、きちんとした助言もなく不安を増幅
させた。5歳の時に知人の紹介で病院の小児精神科に行き、自閉的精神遅
滞の診断を受け、以来、ずっとその病院の小児精神科にかかっている。小
学校は普通学校の特別支援学級に通うが、その後、特別支援学校中等部、
高等部に通う。特別支援学校高等部卒業後は、知的障害者の就労継続支援
B型事業所に通い、現在に至る。

この就労継続支援B型事業所では、紙器の組み立てなどの軽作業グルー
プ、刺繍、木工などの作業グループなど通所者に合わせて、いくつかの作
業グループに分かれている。Aさんは通所にあたって、家族と一緒に施設
の担当者と面接した。

② Aさんの生活ニーズの把握と具体的な支援

特別支援学校中等部、高等部時代は、放課後、外出徘徊、放浪がひど
く、しばしば警察に保護されることがあった。特に、地下鉄の駅スタンプ
や高速道路のサービスエリアのスタンプにこだわり、休みになると、家の
中でじっと過ごすことはなく、地下鉄に乗ったり、父親に車を運転しても
らい、高速道路のサービスエリアに行ったりする。父親、母親は、休日
(特に夏休み、冬休み)は心身ともに疲れるので困っている。また、Aさん
の自閉的傾向が強く対人関係がとりにくいので、家族は就労継続支援B型
事業所でのプログラムになじめるかどうか不安を抱いている。

施設の担当者は、これらの相談内容から、家族を含めた全体的な生活
ニーズを、Aさんの外出徘徊、放浪に関する不安、見守りの負担の問題、
休日・休暇時の介護負担の問題、本人に合った施設内活動の3点に整理し
た。Aさん自身の生活ニーズ把握は、言語での意思表現が困難なため、母
親からある程度、本人のやりたいこと、好きなことを把握し、施設に通所

講義 1-1

講師向け
　ここにあげる例はあく
まで参考例です。障害の
特性以上に、生活に焦点
をあてて、当事者講師を
含めて検討する必要があ
ります。

してから行動を観察しながら時間をかけてＡさん自身の思いを把握することにした。

　具体的な支援としては、外出時の見守りのためのガイドヘルプサービスの申請、休日・長期休暇時では家族の息抜きのためのレスパイトサービスの利用、施設内では、グループ作業にある程度なれるまでの別室で個別の作業プログラムの実施などの支援を行った。ガイドヘルプサービスとレスパイトサービスの二つは、この施設の担当職員が行政や地域のレスパイトサービス提供機関と結びつけを行った。この3点の生活ニーズに対応した支援によって、4年間ほど経過し、Ａさんは家庭でも施設でも全体的にかなり落ち着いてきており、生活にリズムが出てきた。施設内では個別作業からグループ作業に移行し、施設内の対人関係はかなり安定的にもてるようになってきた。

(2)　例2：入所施設から地域生活移行する重度障害者の生活ニーズと支援

①　Ｂさんの概要

　女性。46歳。脳性麻痺による四肢体幹機能障害と言語障害（身体障害者手帳、1種、1級）。

　3歳の時に脳性小児麻痺の診断を受け、身体障害者手帳の交付を受ける。12歳の時に母親の精神状態が悪くなり、障害児入所施設に入所し、20歳まで過ごす。その後、児童相談所の指導で、障害者支援施設に移動し、45歳までそこで過ごす。幼少時に父母が離婚し、兄弟もいないので、母親が唯一の家族であった。2年前に母親が死亡し、Ｂさんは地域で生活することを強く望むようになった。

　Ｂさんが施設から出て地域で生活することを強く望み始めたのを施設職員が把握し、どのような過程で退所させるか検討会を施設内で開催することになった。その際、施設職員のみでの検討では不十分なことがわかり、Ｂさんが地域生活に移行していく場合にかかわりの必要な地域の自立生活センター、社会福祉協議会などの機関からの職員を交えて検討することとした。

②　Ｂさんの生活ニーズの把握と具体的な支援

　Ｂさんの強い要望から始まったので、生活ニーズ把握に加えて、地域のなかで、自立生活ができるために何が必要なのかについての具体的な支援の検討が始まった。

　具体的な支援としては、自立生活センターでのピアカウンセリング、自立生活プログラムへの参加を最初に行った。次に、施設職員、自立生活センター職員、社会福祉協議会職員が共同して住宅の確保と必要な住宅の改

造を検討した。言語障害があるので、コミュニケーション手段としてコミュニケーション機器の導入を検討した。介助はホームヘルプサービスだけでは、限界があるので、社会福祉協議会に登録されているボランティアや学生などのボランティアを募ることにした。

　6か月間にわたる自立生活センターでのプログラムを終えて、その間に住宅の確保と改造を行い、最初の1か月は試験外泊として実施した。その後、18名のボランティアを確保することができ、ホームヘルプサービスと併せて在宅支援体制が整い、施設から退所し、地域生活に移行した。

　Bさんはその後安定した地域生活を送っており、これらの支援体制づくりは成果があったと思われる。最初、相談を受けたのは、支援施設職員であったが、施設職員だけでは不十分であることがわかり、自立生活センターや社会福祉協議会の職員を巻き込んで体制づくりを行ったことが、地域での自立生活を実現した。

(3)　例3：長期入院経験のある精神障害のある人の生活ニーズと支援

①　Cさんの概要

　男性。48歳。統合失調症（精神障害者保健福祉手帳1級）。アパートでの単身生活。28歳から46歳までの18年間、精神科病院に入院する。2年前に退院し、父親と同居する。1年後、父親が病気で死亡し、以後、単身生活になる。外出は月2回の通院だけである。

　近所の民生委員が、単身で生活しているCさんのことで、基幹相談支援センターに相談をした。民生委員はCさんの父親と以前から親しくしており、父親が亡くなった後、単身のCさんの日常生活が心配になり、市役所に問い合わせたところ、地域に新しくできた基幹相談支援センターを紹介された。

　長期入院後の単身生活のため、Cさんは、買い物、食事づくり、掃除などの基本的な家事がほとんどできない。火の管理や金銭管理、薬の管理も一人ではかなり困難がある。日中、通うところがないので、一日中家の中に閉じこもっている生活が多い。

②　Cさんの生活ニーズの把握と具体的な支援

　基幹相談支援センターの担当者は、Cさんの生活ニーズを、基本的な家事、火の管理や薬の管理、日常的な金銭管理といった日常生活に関するニーズと外出、社会参加に関するニーズの二つに分けて検討した。

　日常生活に関するニーズに対しては、ホームヘルプサービス（居宅介護）の適用を考え、サービス等利用計画の作成を行い、市に申請することにした。外出や社会参加に関しては、地域における就労継続支援B型事業

所での受け入れの可能性の検討を行った。

　市に申請した結果、ホームヘルパーが週3回、派遣されるようになり、基本的な家事や薬の管理、日常的な金銭管理に関する支援体制ができた。外出や社会参加に関しては週4回、就労継続支援Ｂ型事業所に通所することは、心身にかなり負担になると考え、保健所で実施されている週1回のデイケアに参加をしながら様子をみて、就労継続支援Ｂ型事業所に移行することにした。

　1年間、この支援体制でやってきて、ホームヘルパーとの会話が出てきたり、自主的に部屋の中を片づけたりすることも多くなり、日常生活が安定してきた。保健所にもきちんと通っており、生活に幅が出てきた。

講義 1-2

相談支援の基本的視点（障害児者支援の基本的視点）

科目のねらい

☐　エンパワメントや本人を中心とした支援を実施するにあたり、相談支援（障害児者支援）の基本的な姿勢を理解する。

☐　利用者等の意思及び人格を尊重し、常に当事者の立場に立った支援を行う必要があることを理解する。

学習のポイント

☐　相談支援の基本的視点

① 個別性の重視

② 生活者視点、QOLの重視、リカバリー

③ 本人主体、本人中心

④ 自己決定（意思決定）への支援

⑤ エンパワメントの視点、ストレングスへの着目

⑥ 権利擁護、スティグマ

講師：熊谷　晋一郎

1. はじめに

　本章は、1. 相談支援の目的（Aim）、2. 相談支援の基本的視点（Basic concepts）、3. 相談支援に必要な技術（Competency）という三つの講義から成り立っている。A、B、Cの頭文字から始まるこれらの内容は、相談支援が単なるマニュアル化された業務の遂行に陥ることなく、障害のある人にとって真に意味のあるものになるために不可欠な知識である。このうち一つ目の相談支援の目的については、支援という営みを、マクロな歴史やミクロな事例といった文脈のなかにおくことで解説した。本講では二つ目の、相談支援の基本的視点を解説する。

　本講では、相談支援を行う際に、常に頭の隅に置き続けてほしいキーワードを解説する。キーワードは、現場で困難な状況に直面し、どのよう

に考え行動すればよいか迷ったときに、道しるべとなるものである。本講で解説するキーワードをまとめると、以下の六つに分類される。

Ⅰ　個別性の重視

Ⅱ　生活者視点、QOLの重視、リカバリー

Ⅲ　本人主体、本人中心

Ⅳ　自己決定（意思決定）への支援

Ⅴ　エンパワメントの視点、ストレングスへの着目

Ⅵ　権利擁護、スティグマ

　まず最初に、それぞれのキーワードの大まかな理解をするために、あらためて相談支援とはどのような営みなのかについて、上記のキーワードを用いながら説明する。また、以下本講で関連部分には(I)～(Ⅵ)を付す。

(1)　障害とは：社会モデルとスティグマ

　相談支援とは、障害のある人の意思やニーズと、それを満たす社会資源をつなぐ仕事だといえる。ニーズと社会資源をつなぐ専門性は、一般的にソーシャルワークと呼ばれているので、相談支援の専門性は、障害のある人を対象にしたソーシャルワークということができる。

　建物にしろ、道具にしろ、サービスにしろ、世の中の社会資源は、大なり小なり、平均的な身体をもった、いわゆる多数派にとって使いやすいようにデザインされている。だから多数派は、わざわざ相談支援を受けなくても、自分の意思やニーズを満たす社会資源を容易に見つけることができる。しかし、目の見え方や耳の聞こえ方、情報処理の仕方、身体の動かし方、内臓の機能などの面で、多数派と異なる身体をもつ人々は、なかなか自分のニーズを満たす社会資源を見つけ出すことが困難な状況におかれている。後ほど詳しくみるように、多数派向けの社会資源と少数派との間に生じるミスマッチとして障害を理解する仕方を、障害の社会モデルと呼ぶ。さらに障害のある人に対する世の中のスティグマ（差別や偏見）(Ⅵ)は、グループホーム建設に対する地域住民の反対や、就労における差別などを通じて、住まいや仕事といった基本的な社会資源へのアクセスを奪う。

(2)　障害のある人の権利擁護：エンパワメント

　社会資源が少ないと、なけなしの社会資源から支配される危険性が高まる。例えば、食事や入浴、家事や移動など、生存権にかかわる生活の基礎的な活動の部分で、24時間介助が必要な障害のある人の場合を考えてみよう。

　もしも、介助をお願いできるのが家族や少数の介助者だけだとしたら、

家族や介助者の事情に合わせて障害のある人は自分のニーズを抑え込むしかなくなる。あるいは、過度の介助負担に追い詰められた家族や介助者が、障害のある人に暴力をふるった場合でさえ、ほかに生きていく術のない障害のある人はそのような人権を奪われた虐待的な状況に甘んじなければならない。このように、多くの社会資源をもつ人と、少数の社会資源しかもたない人の間には、力の差（権力勾配）が生じる。

　相談支援には、障害のある人が支配や虐待から逃れ、自由と尊厳をもって生きるために、豊かな社会資源とつなぐ役割が求められる。そしてそのことは、力を奪われた障害のある人が力を取り戻し、権力勾配を是正する営みであり、エンパワメントの視点やストレングスの視点(V)を必要とする権利擁護(Ⅵ)にほかならない。

(3)　障害のある人の権利擁護：意思決定支援

　意思やニーズと、社会資源をつなぐためには、障害のある人の意思やニーズがどのようなものかについての知識と、どのような社会資源が世の中に存在しているのかについての知識の二つが必要になる。もしも、あらかじめこの二つの知識が明らかで、その間をつなぐことが仕事のすべてなら、それほど難しいことではないし、コンピューターでマッチングさせれば事足りるだろう。しかし実際には、相談支援は単につなぐだけの仕事ではない。そしてそこにこそ、コンピューターには任せられない、相談支援の専門性があるといえる。

　まず、意思やニーズが何なのか、すぐにははっきりしない場合がある。例えば、知的障害や発達障害、精神障害などのために、情報の入力やその処理、行動表出の仕方が、多数派の人々と異なったスタイルをもっているために、どのような意思やニーズをもっているかがすぐにはわからないような場合や、社会資源の選択肢を知らないために選び取れない場合、何らかの葛藤を抱えているためにそもそも自分が何を望んでいるのかわからない場合などである。

　本人の意思やニーズを踏まえずに社会資源とつなぐことは、時に本人の人権を奪うことになり、ソーシャルワークとは呼べない。こうした状況で本人主体、本人中心の相談支援(Ⅲ)を行うために必要なのが、自己決定（意思決定）支援(Ⅳ)である。意思決定支援を行ううえでは、「障害のある人」というカテゴリーでくくらずに、唯一無二の身体と歴史をもち生きてきた○○さんを深く理解する、個別性の重視(Ⅰ)という視点が欠かせない。また、○○さんを対象として外側から理解するだけでなく、○○さんの主観的な視点から世界を理解する、生活者視点、QOLの重視、リカバリー(Ⅱ)という視点も不可欠である。

⑷　障害のある人の権利擁護：社会資源の創出

　現状で手に入れることのできる社会資源が限られている場合、妥協とあきらめによって意思やニーズを抑え込んでしまうこともあるだろう。例えば、本当は家族や友人と地域のなかで暮らしたいと思っていても、施設しか暮らしていける場所がないので、「施設に行きたいです」と意思表明する場合などである。しかも、やがて意思やニーズを抑え込んでいること自体に慣れてしまうこともある。そのような場合には、本人が表明している意思やニーズのみから社会資源を組み立てるのではなく、機会の平等という人権の視点から、本人が抑え込んでしまっている潜在的なニーズを支持し、場合によっては、世の中にまだ存在していない新しい社会資源の創出を行うのも相談支援の仕事である。社会資源の創出については、多職種連携・チームアプローチ(Ⅶ)、地域づくり（コミュニティワーク)(Ⅷ)というキーワードで別の講義で取り上げることになる[＊1]。

＊1　Ⅶの視点は講義2－1第2節、Ⅷの視点は講義2－2で学びます。

　先ほど、相談支援の専門性は、障害のある人を対象にしたソーシャルワークだと述べた。では、ソーシャルワークとは何だろう。2000年7月27日に、国際ソーシャルワーカー連盟総会において採択されたソーシャルワークの定義は次のようなものである。

　　「ソーシャルワーク専門職は、人間の福利（ウェルビーイング）の増進を目指して、社会の変革を進め、人間関係における問題解決を図り、人びとのエンパワーメントと解放を促していく。ソーシャルワークは、人間の行動と社会システムに関する理論を利用して、人びとがその環境と相互に影響し合う接点に介入する。人権と社会正義の原理は、ソーシャルワークの拠り所とする基盤である」（下線は筆者）

　特に下線部分は、①社会変革をも射程に入れていること、②差別や社会資源の欠乏によって力を奪われ隔離された人々が力を取り戻し（エンパワメント）、解放される支援をすること、③本人が明言した意思やニーズを超えて人権と社会正義の原理に基づいて行動することなど、ソーシャルワークが単に「つなぐ」だけの専門性ではないことを意味している。以下では、「社会モデルとスティグマ」「エンパワメント」「意思決定支援」という三つの項目建てで、さらに詳しくキーワードを解説していく。

2. 社会モデルとスティグマ

(1) 障害と機能障害の区別

　日本政府は、障害者権利条約に、2007（平成19）年に署名、2014（平成26）年に批准した。そして、障害者権利条約と矛盾しないように、改正障害者基本法、障害者差別解消法、改正障害者雇用促進法、障害者総合支援法などの国内法が、新たにつくられたり改正されたりした。高齢者というカテゴリーを対象にした介護保険制度や、そのもとでソーシャルワークを行う介護支援専門員の専門性とは異なり、障害のある人を対象とする相談支援専門員は障害についての国際条約や国内法に基づいてソーシャルワークを展開しなくてはならない。常に、自分の相談支援がこうした条約や法にかなったものになっているかを意識し続けることが、権利擁護の視点(Ⅵ)にほかならない。特に、障害をめぐる法体系の最上位に位置する障害者権利条約に関しては、最低限の知識を有しておこう[＊2]。

　障害者権利条約を理解するうえで最も重要なキーワードのうちの一つは、「障害の社会モデル (social model of disability)」である。障害者権利条約の前文では、「障害が、機能障害を有する者とこれらの者に対する態度及び環境による障壁との間の相互作用であって、これらの者が他の者との平等を基礎として社会に完全かつ効果的に参加することを妨げるものによって生ずることを認め」る（下線は筆者）と宣言されている。ポイントは、「障害 (disability)」という概念と、「機能障害 (impairment)」という概念が明確に区別されている点である。相談支援にかかわる人は、最低でも、障害と機能障害という二つの概念の違いを理解していなくてはならない。以下では、イラストを用いてこの違いを説明しよう。

　図1-1を見てみよう。車いすに乗った男の子が、階段を前に困っている。おそらく、階段の上には男の子が行きたいと思っている場所があるのだろう。この状況で、「障害」はいったいどこに宿っていると考えられるだろうか。ある人は、階段を上れない男の子の体の中に障害が宿っていると考えるかもしれない。また別の人は、階段を上ろうと訓練する意欲のない、この男の子の心の中に障害が宿っ

＊2　障害者権利条約の基本的理念については、講義1－1の1.（1）（20頁）でも学びましたが、以下、「障害の社会モデル」に焦点を当てた説明を行います。

図 1-1　医学モデルと社会モデル

出典：厚生労働省「令和元年度相談支援従事者指導者養成研修会」初任者研修講義資料2、8頁、2020.

ていると考える人もいるかもしれない。このように、男の子の心や体の中に宿っている障害がニーズの充足を妨げる根本原因であるという考え方のことを、「障害の医学モデル (medical model of disability)」という。そして、多数派とは異なる心理面・精神面・身体面の機能のことを機能障害 (impairment) と呼ぶ。機能障害とは、本人の皮膚の内側にあるものとして障害をとらえた概念なのである。

　一方で、階段の側に障害が宿っている、あるいは、困っている男の子を見て見ぬふりをする周囲の人々の態度の側に障害が宿っているという考え方もできるだろう。実際、建物や道具、制度やサービスといった環境は、機能障害のない多数派にとって使い勝手がよいようにデザインされているし、人々の常識的な価値観や態度は、多数派にとって快適なものが広まる傾向にある。したがって、多数派向けの態度や環境と、機能障害のある少数派との「間」にミスマッチが起き、「生存」「健康」「移動」「教育」「就労」などの基礎的なニーズが多数派と同程度には満たされないという現象が起きる。この現象が、障害 (disability) であり、このような障害のとらえ方を「障害の社会モデル (social model of disability)」と呼ぶ。

　機能障害は皮膚の内側にあるものだが、障害は皮膚の外側、態度・環境と本人の「間」に発生するものであるから、全く違う概念である。医学モデルでは、「障害は、機能障害が原因で発生する」と考えるが、社会モデルでは、「障害は機能障害と、態度・環境の相互作用が原因で発生する」と考える。医学モデルは暗黙のうちに、人々の態度や社会環境は変えられないという前提をおいているために、機能障害がすなわち障害をもたらすととらえ、機能障害を取り除くことが唯一の障害の解決法だと考える。そこでは、機能障害は無条件に「取り除くべきもの」とみなされるために、機能障害のある人々への差別や偏見が蔓延しやすくなる。一方、社会モデルでは、人々の態度や社会環境を変数ととらえ、機能障害があるからといって必ずしも障害が発生するわけではないと考える。例えば、図1-1の男の子の場合、エレベーターを設置するなど、環境の側が変化すればニーズは満たされ、障害は消失するだろう。社会モデルのもとで機能障害は必ずしも「取り除くべきもの」ではなくなり、ジェンダーや性的志向、エスニシティなどと同様、人間の多様性として認められることになった。

⑵　社会モデルにおける医学の位置づけ

　障害者権利条約は、医学モデルではなく、社会モデルを採用した。それは、機能障害が人間の多様性の一つであるということと、人々の態度や環境は定数ではなく変数であるということ、そして、機能障害ではなく障害を取り除くことが至上命令であるということを認めたということである。

しかしこのことは、社会モデルが、機能障害を減らそうとする医学を全否定したという意味ではない。社会モデルが否定したのは医学モデルであって、医学ではないという点は重要である。医学モデルと医学はまるで別物である。前者は人々の態度や環境が定数であると考えるが、現代の医学は、人々の態度や環境が変数であることを理解している。

　例えば、骨折によって歩けなくなっている人に、骨折を治すという医学的なアプローチを禁止するというのは間違いである。治るまでの間、周囲の態度や環境の調整を図りながら、同時に、骨折の治療を行うのが合理的だ。障害は、機能障害と態度・環境との「間」に発生しているずれであるから、ずれを減らすためには、機能障害を減らす医学的なアプローチと、態度・環境の障壁を減らすアプローチの両方が採用される。問題は、この二つのアプローチをミックスする際の割合である。骨折のように、時間や努力、経済的な面でのコストがそれほどかからずに治療できる機能障害の場合は医学的なアプローチの割合を増やしてもよいだろう。しかし機能障害のなかには、脳性麻痺や脊髄損傷など、現代の医学水準においても取り除くことが困難なものが多くある。そのようなケースで、医学的なアプローチの割合を多くすると、本人に過大な負荷をかけてしまうことになるから、態度・環境の障壁を減らすアプローチの割合を増やす必要がある。社会モデルは、二つの割合のベストミックスを通じて、機能障害のあるなしにかかわらず平等な機会が保障される社会の実現を目指すものである。

　医学は1970年代以降、さまざまな研究を通じて、医学的なアプローチの限界を明らかにしてきた。それは、エビデンスに基づきながら、自らの限界設定をしたということを意味する。専門職が自らの限界を自覚しないことは、負えない責任を無理に負って暴力的になるリスクを伴うから、この限界設定は極めて重要だった。そして、専門職が過度に背負ってきた意思決定権と責任を、当事者に返していくエンパワメントへの道を拓いてきた。エンパワメントの視点、ストレングスへの着目(V)という視点は、専門職が自らの限界を自覚し、障害のある人のなかにある力を信じて実践していくということでもある。

⑶　スティグマ

　さて、先述した社会モデルに関する障害者権利条約の説明には、障害(disability)は「機能障害を有する者とこれらの者に対する態度及び環境による障壁との間の相互作用」と書いてあった。つまり、建物や道具、サービスや制度といった「環境」だけでなく、人々の「態度」も障壁となり得るということである。例えば、地域のなかにグループホームを建設しようとしたところ、住民から反対運動が起きたという場合、地域住民がもっ

ている障害のある人への差別的な態度が障壁となっている。こうした、態度のレベルで起きる障壁を理解するには、スティグマ（stigma）という概念(Ⅵ)を理解する必要がある。

　私たちは、「障害のある人」「同性愛者」「女性」「医師」「教師」など、さまざまな属性を使って人々を分類する（ラベリング）。本当は障害のある人と十把一絡げにはできず、一人ひとりは個性をもっているのに、障害のある人全体を一くくりにした典型的なイメージ（ステレオタイプ）をもちがちである。さらに、一部の属性に対しては偏ったネガティブな価値観（偏見）をもち、その人たちを地域社会から隔離したり、社会的ステイタスを奪ったりといった形で、差別的に扱ったりすることさえある。スティグマとは、権力のもとで、一部の属性に対してこうしたラベリング、ステレオタイプ、偏見、差別が起きる現象のことである。ラベリング、ステレオタイプ、偏見は心の中にあるスティグマだが、差別はスティグマが行動を伴って現れ出たものである。スティグマと差別の違いを理解しておこう。

　スティグマ現象は、その属性をもった人から、住居を奪ったり、雇用や収入を奪ったり、教育機会を奪ったり、人間関係を奪ったり、心身の健康を奪ったりすることが証明されている。図1-2にあるように、スティグマは社会資源へのアクセスを妨げ、当事者を社会的に孤立させ、頼るもののないなか、消去法で適応的でない対処行動へと水路づけ、その結果、機会や健康の不平等を引き起こすものである。人権と社会正義の原理を重んじ、社会資源とつなぐ使命をもつ相談支援専門員は、このスティグマ現象に対しても立ち向かわなくてはならない。

　スティグマには3種類ある。一つ目は、家族や親族、同僚、医療関係者など、周囲の人々が当事者に対してもつスティグマで、これを、公的スティグマ（public stigma）と呼ぶ。障害のある人の多くは、日々の体験を通してこの公的スティグマを自己の内面に取り込んでしまい、「私は社会

図 1-2　スティグマと機会や健康の不平等

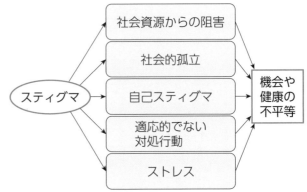

出典：Hatzenbuehler, M.L., Phelan, J.C., and Link, B.G. (2013). Stigma as a fundamental cause of population health inequalities. American Journal of Public Health, 103, 813-821.を参考に作成

的に劣った恥ずべき存在だ」という自己批判を行うようになる。二つ目は、このようにして当事者自身がもつスティグマであり、これを自己スティグマ（self-stigma）と呼ぶ。図1-2にもあるように、この自己スティグマは社会参加の機会や健康を奪い、症状の悪化や社会的活動の減少を招く。その結果、多数派が当事者と接する機会が減少してしまい、多数派の側で「障害のある人は異質な存在である」という考えがはたらきやすくなり、公的スティグマが強化されてしまう。つまり、公的スティグマが自己スティグマを引き起こし、自己スティグマが公的スティグマを強化するという、悪循環が成立しているということを理解しておこう。

三つ目は、この悪循環を維持させている、障害にまつわる法令や政策、文化的規範などの社会構造であり、これを構造的スティグマ（structural stigma）と呼ぶ。例えばアメリカの研究では、非異性愛者への包括的な支援政策をもつ州の非異性愛男性は、同じ州の異性愛男性と同程度の健康状態だったが、限られた政策しかもたない州の非異性愛男性は、同じ州の異性愛者よりも健康状態が悪いことがわかった。このことは、政策によってマイノリティの健康格差を少なくすることができることを示唆するデータといえる。

では、世の中に蔓延するスティグマをなくすには、どのようにしたらよいだろうか？　一つには、構造的スティグマに介入するために、法令や政策をスティグマを助長しないものへと改正することが必要である。それ以外にもこれまでの研究では、精神障害や薬物依存症に対する公的スティグマや自己スティグマを減らすのに最も有効な介入法の一つは、当事者から「異議申し立て」や「教育」を施されるのではなく、当事者が正直かつ等身大の経験や思いを語る「contact-based learning（交流に基づく学習）」に触れる機会をもつことだといわれている。交流に基づく学習を促進する最もよい方法は、障害のある人が子どもの頃から、隔離されることなく地域社会のなかで、周囲の住民と顔の見える関係を築いていくことである。

相談支援専門員は、長期的目標としてこうした共生社会を目指しつつ、短期的には、さまざまな交流の機会——当事者の自己スティグマを減らすために自助グループにつないだり、公的スティグマを減らすために有効性の確認された交流プログラムを企画したりなど——を提供する必要がある。また、相談支援専門員のなかに一定割合以上、多様な機能障害をもつ当事者が存在することは、利用者の自己スティグマを低減するうえでも極めて重要なことだろう。

講義
1
－
2

3.　エンパワメント

⑴　自立と依存

　次に、エンパワメント(Ⅴ)について説明するが、エンパワメントという言葉は多くの日本人にとって聞きなじみのないものだと思う。そこでまず導入として、エンパワメントと密接な関係にあり、より日本人になじみ深いと思われる「自立」という概念を考えるところから始めてみようと思う。

　障害者権利条約の前文には、「障害者にとって、個人の自律及び自立（自ら選択する自由を含む。）が重要であることを認め」ると書かれている。相談支援においても、自律や自立を重要な価値として意識し続ける必要がある。しかし、そこでいう自立とは、いったいどのような状態なのだろうか。

　一般的に、自立 (independence) の反対語は、依存 (dependence) とみなされがちである。つまり、何かに頼らず、自分で考えたり決定したり行動することが自立だと一般には受け止められているということである。しかし、少し振り返ってみればわかることだが、思考にしろ、決定にしろ、行動にしろ、私たち人間は膨大な人や物や情報に頼ってようやく成し遂げられる存在である。皆さんが食べているお米は、誰がつくっているだろうか？　皆さんが着ている服は誰が縫ったのだろうか？　皆さんが通学や通勤、旅行などで利用する公共交通機関は、誰が稼働させているだろうか？　思考や決定のためには、さまざまな情報や他者とのコミュニケーションが必要ではないだろうか？　ほかの動物と比較してみても、人間は、自分一人で思考・決定・行動する力が弱く、依存度の高い存在である。そのような人間にとって、社会資源に依存しないことが自立だととらえてしまうと、自立している人など一人もいないことになってしまう。自立と依存は反対語ではないのである。

　この問題に関連して、相談支援専門員や医療者が、自立を促すためによかれと思って「自分でできることは自分でしましょう」と促すことがあるが、注意が必要である。自分でできることとできないことの境界線は曖昧で、過度な時間や労力をかければできることは一般にたくさんある。例えば、2時間かければ自分で入浴することができるからといって、それをすべて自分でやらなくてはならないとしたら、一日が24時間では足りなくなってしまう。そもそも多数派も、過度な時間や労力をかければ、稲作をしたり家を建てることはできるはずだが、分業と相互依存のネットワークによって、各々は自分が得意な領域に専念し、得意でないことは他人に頼ることをしている。できることも含めて依存することは人間の最大の強み

であり、機能障害のある人もまた同じ権利を有している。

　さて、依存と自立が反対語ではないとして、では、自立とはどのような状態なのだろうか。自立を支援する相談支援専門員にとって、このことは大変重要な問題である。架空のシナリオを通じて、この問題について考えてみよう。

　　車いすに乗った機能障害のある人が、6階建ての建物の5階にいた。そのとき、大きな地震が起き、急いで避難しなくてはならなくなった。その人は、エレベーターを使って避難しようとしたが、大きな揺れによってエレベーターの自動安全装置が作動したために、エレベーターが停止してしまった。ほかの人々は、階段などを使って速やかに避難することができたが、機能障害のあるその人はレスキュー隊が到着するまで避難することができずに、怖い思いをした。

　図1-3は、このシナリオにおける多数派がおかれていた状況と障害のある人がおかれた状況を比較したものである。多数派も障害のある人も、「速やかに避難しなくてはならない」というニーズは同じだった。しかし、そのニーズを満たすために必要な社会資源の数に違いがあったのである。多数派は、階段で逃げることも、エレベーターで逃げることも、体力があればロープを使って逃げることもできた。逃げるために頼れる社会資源が三つもあったのである。ところが障害のある人は、逃げるために頼れる社会資源がエレベーターだけしかなかった。図1-3の左側の図で、矢印が3本あるのは、多数派の場合、依存できる社会資源が三つあったことを意味する。右側の図で矢印が1本しかないのは、障害のある人の場合、依存できる社会資源が一つしかなかったことを意味する。一般に、社会資源は多数派向けにデザインされる傾向があるので、依存できる社会資源の数は多数派のほうが多いことになる。数で比較すると、障害のある人よりも多数

図 1-3　多数派と障害のある人

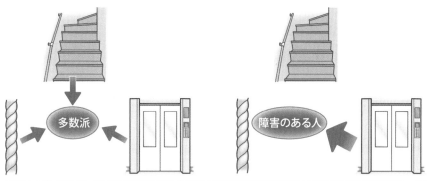

出典：厚生労働省「令和元年度相談支援従事者指導者養成研修会」初任者研修講義資料2、35〜36頁、2020. を一部改変

派のほうがより依存しているのである。

　次に、矢印の太さに注目してみよう。多数派の3本の矢印と比べて、障害のある人の1本の矢印は太いことがわかるだろう。この矢印の太さは、「この社会資源なしにはニーズが満たされない度合」、言い換えれば、社会資源への「依存度」を表している。依存度が深いということは、その社会資源から支配されている度合が大きいということを意味する。エレベーターでしか逃げられない障害のある人にとって、エレベーターが止まってしまうことは「もうおしまいだ！」と追いつめられるような状況だが、階段やロープにも依存できる多数派にとっては、「ほかがあるから大丈夫」という事態になる。つまり、矢印の本数（依存できる社会資源の数）と矢印の太さ（社会資源への依存度）は、おおよそ反比例の関係にあるということである。すでに述べたように、機能障害のある人は依存できる社会資源の数が少ない傾向にあるので、なけなしの社会資源への依存度は深くなるのである。

　では、図1-3の左右の図を比較したときに、どちらのほうがより自立した状態といえるだろうか。自立するための条件として、最低でも、社会資源から支配される度合が低く（矢印が細く）、選択肢が十分にある（矢印の本数が多い）必要があるから、当然、左側のほうがより自立した状態であるといえる。自立とは、社会資源に依存しないことではなく、むしろ、たくさんの社会資源に依存することなのである。

　このことは、相談支援において重要な意味をもっている。社会資源を奪って自分でやらせることではなく、なるべくたくさんの社会資源とつなぐことが自立支援だということを忘れないでほしい。そしてすでに述べたように、豊かな社会資源を開発したり、それを機能障害のある人のニーズとつなぐことが相談支援の専門性なのだから、まさにその延長に自立が実現するのである。障害者権利条約第9条「施設及びサービス等の利用の容易さ」にも、「締約国は、障害者が自立して生活し、及び生活のあらゆる側面に完全に参加することを可能にすることを目的として、障害者が、他の者との平等を基礎として、都市及び農村の双方において、物理的環境、輸送機関、情報通信（情報通信機器及び情報通信システムを含む。）並びに公衆に開放され、又は提供される他の施設及びサービスを利用する機会を有することを確保するための適当な措置をとる」とある。相談支援専門員は、常にアクセシビリティの問題を意識しておく必要がある。

⑵ 養育者・支援者の共依存

図1-4　人的環境と自立までの過程

出典：厚生労働省「令和元年度相談支援従事者指導者養成研修会」初任者研修講義資料2、38頁、2020.

　ここまでは、エレベーターや階段など、主に物理的環境を例に、自立が、依存できる社会資源の数を多くもつことだということを見てきた。同じことは、人的環境においても成立する。図1-4は、人的環境に注目しながら自立までの過程を表したものである。多くの場合人は、生まれたばかりの頃、ニーズの大部分を、愛情深い親や養育者に満たしてもらっている（図1-4の左）。したがって、依存できる人的資源はほとんど養育者に限られている状況である。一見愛情深く幸せな関係に見えるが、別の見方をするとこうした状況は、子どもが依存先を養育者に独占されることで、養育者に支配されている状況ともいえる。意図のあるなしにかかわらず、「相手の依存先を自分が独占することで、相手を、自分なしには生きていかれない無力な状況にすること」を共依存と呼ぶが、誰しも幼いころは、養育者に共依存されている無力な存在である。

　しかし成長するに従い多数派は、近所の人や友人、先輩後輩や同僚など、徐々に依存できる人的資源を増やしていく（図1-4の中央）。そして、養育者への依存度が浅くなっていき、養育者なしでも自らのニーズを満たすことができるようになっていく。やがて多くの場合、養育者は自分よりも先に他界するが（図1-4の右）、養育者亡き後も生きていくことができる。このように自立に至る発達過程も、依存できる人的資源を増やしていくプロセスとしてとらえることができるのである。

　しかし人的環境についても、社会に流布している常識的な価値観や態度、サービスの面で、多数派向けにでき上がっている。したがって、多数派は図1-4のような過程がスムーズに進行するが、機能障害をもつ子どもが成長する過程は、養育者に代わって依存できる人的資源が乏しいため、何歳になっても養育者が共依存する関係が続きやすい状況にある。やがて養育者が年老いて、子どものケアをし続けられなくなったときに、唯一代わりに依存できる社会資源が、隔離的な施設のみという状況（施設が共依

存している状況)も、いまだに完全に過去のものになったとはいえない。

　ただし、共依存は必ずしも、養育者や施設が悪いから起きているわけではないということも理解しておく必要がある。養育者は、「子どもを育てたい」というニーズを満たすための社会資源が施設しかなく、施設もまた「地域の中で障害のある人のニーズを満たしたい」というニーズを満たすための社会資源を地域から調達できず、丸投げされている状況にあるのである。すべての上流には、地域の中における社会資源の不足がある。したがって、障害のある人を支援するだけではなく、その家族を支援する家族支援や地域のなかに社会資源を開発する地域支援の視点をもつ必要がある。

⑶　共依存と虐待

　障害者権利条約前文にも、「障害のある女子が、家庭の内外で暴力、傷害若しくは虐待、放置若しくは怠慢な取扱い、不当な取扱い又は搾取を受ける一層大きな危険にしばしばさらされていることを認め」ると書かれている。また第16条では、「締約国は、家庭の内外におけるあらゆる形態の搾取、暴力及び虐待(性別に基づくものを含む。)から障害者を保護するための全ての適当な立法上、行政上、社会上、教育上その他の措置をとる」とある。家族や施設に共依存されることは、機能障害をもつ子どもや大人が虐待の被害にあうリスクを高める。相談支援専門員は、障害のある人の虐待に、最初に気づき得る専門職の一つであるから、障害のある人の虐待についても基本的な知識をもっておくことが大切である。

　これまでの研究によれば、機能障害をもつ人々への暴力が発生する条件は、①障害のある人に帰属される要因、②加害者に帰属される要因、③環境要因の三つに大別される。

　まず、①障害のある人に帰属される要因には、「移動能力の低さ(虐待から避難しにくい)」「言語障害(虐待の事実があったことを伝えられない)」がある。後者については、障害のある人が虐待の証言をできないことや、証言を周囲が信用しにくいことを加害者が見越しているという証拠も報告されている。また、発達障害などの見えにくい障害は、見えやすい障害よりも虐待を受けやすいという報告がある点は重要である。見えにくい障害は医療者によって診断されにくく、養育者に必要な情報やサポートを提供するタイミングが遅れやすいだけでなく、わざと反抗していると周囲に誤解されやすいのである。以上を要約すると、移動とコミュニケーションが制約され、家族や支援者に共依存されている密室状態で、虐待が起きやすくなるといえる。

　次に、②加害者に帰属される要因として、まず家族や支援者など、障害

のある人に対するケアの責任を過度に課せられている者が加害者になりやすいという点は、極めて重要である。また、養育者や支援者が、ストレス、経済的困窮、パートナーとの不和、職場でのストレス、疲労、孤立を経験していると、虐待のリスクが上昇する。特に、経済的困窮に関しては、障害のある人を家族にもつ世帯の約30％が、就労時間を減らしたり離職したりせざるを得ない状況を踏まえると、家族のみで障害のある人のケアを引き受けるのではなく、家族以外に地域資源とつなぐことの重要性がみえてくる。つまり、加害者もまた、過度なケア負担を軽減してくれるような依存先を地域から調達できず、孤立したときに虐待をしてしまう様子がみて取れる。

　最後に、③環境要因としては、地域の外部にある施設や病院など、隔離的な専門機関に囲い込まれた支援環境では、虐待のリスクが高まり、発見もされにくくなるということがわかっている。また、利用者とサービス提供者との間に力の不均衡がある施設や、利用者を人間的に扱わない体質をもつ施設、地域との交流の少ない施設、虐待の報告とモニタリングが手続き化されていない施設では、暴力が発生しやすいことも知られている。地域から隔離され、ケアの依存先が、民主的な運営のなされていない専門化された支援環境に独占されている状況で、虐待が起きやすくなるということを知っておこう。

　障害者権利条約第19条「自立した生活及び地域社会への包容」には、「この条約の締約国は、全ての障害者が他の者と平等の選択の機会をもって地域社会で生活する平等の権利を有することを認める」とある。本人が選択するか否かとは関係なく、地域社会で生活する選択肢が確保されている状態を実現することは、締約国の義務である。機能障害をもつ人々にアクセス可能（依存可能）な地域の社会資源を開発し、それをニーズとつなぐという相談支援専門員の仕事は、自立という観点だけでなく、権利擁護や虐待防止(VI)という観点からも極めて重要なものであることを押さえておこう。

⑷　セルフケアマネジメントとエンパワメント

　共依存することが、機能障害のある人々の力を奪うことになるという点は、相談支援専門員も気をつけなくてはならない点である。相談支援は、生活のある部分を一定の期間、本人の希望に添って支援するものであり、利用者が、相談支援専門員以外にもさまざまな社会資源に支えられながら主体的に生きていける状態を目指さなくてはならない。頼れる社会資源が、いつまでも一人の相談支援専門員だけしかない状況は共依存にほかならない。相談支援専門員は、徐々に自分が支援する領域を縮小させ、公

式、非公式な多様な社会資源とつなぐことで、自立を促していく必要がある。

　さらに、すべての障害のある人が相談支援を必要としているわけではない、という点は重要である。例えば、すでに公式、非公式なサポートが受けられており、自分で必要な社会資源を調整し使いこなせる状況にある人には、相談支援は必要ない。このような場合、相談支援専門員の手を借りずに、セルフプラン[*3]を自分で作成することになる。相談支援を受けながらサービス等利用計画を作成するか、それともセルフプランを作成するか、どちらを選択するかは、原則として本人の意思による。実際には、一部はセルフプランで一部は相談支援、または支援を受けつつ相談支援を利用しながら作るケアプランからセルフプランへ移行していくなど、セルフプランと相談支援を利用しながら作るケアプランは明確に二分されるわけでもない。相談支援とは決して、障害のある人の全生活を相談支援専門員がマネジメントするものではなく、利用者が、少しでも自分でサービスを選択し、調整して決めていきたいという意思があるなら、それを尊重し、その部分をセルフマネジメントしてもらうことを基本とすべきものである。

＊3　「セルフプラン」については、講義2－1第1節2. ⑷②（96頁）にも記述があります。

⑸　ソーシャルワークにおけるエンパワメント

　本講の冒頭で、相談支援は、障害のある人を対象にしたソーシャルワークだと述べた。しかし、そのソーシャルワークも、日々、進化している。ここでは、ソーシャルワークの進化の歴史を4期に分けて振り返り、現代的なソーシャルワークがどこまで来ているのかを把握しておこう。

　1960年代以前は第1期である。1930年代までは、ソーシャルワークの母のうちの一人ともいわれるアダムズらの、ソーシャル・ケースワーク・モデルの流れをくむ、「診断」や「症状」を重視した「診断派」が主流だった。しかし1940年代に入ると、これを批判する形で、本人の意思やニーズと、社会資源としての相談機関の機能とをつなぐことを重視する「機能派」が台頭してきた。さらに1950年代には、診断派と機能派の両者の折衷を図る試みが登場し、パールマンの提唱した「問題解決アプローチ」に至る。

　1960年代は第2期である。1950年代から1960年代にかけて、ベトナム戦争、人種問題、公害、失業、貧困などの社会問題が噴出した。このような社会背景のなかで、障害者運動を含むさまざまなマイノリティの解放運動が活発化し、社会問題を個人の問題にすり替えてしまいがちなソーシャルワークが、社会変革による解決を求める当事者を抑圧しているという批判がなされた。そのような問題意識のなかでソーシャルワークは反省

を迫られ、①心理社会的アプローチ、②問題解決アプローチ、③機能派アプローチ、④行動修正アプローチ、⑤家族療法、⑥危機介入、⑦成人の社会化など、多様な実践モデルが乱立した。

1970〜1980年代は第3期である。この時期は、生態学やシステム論に基づき、当事者や、当事者のおかれている状況を全体的・統合的に把握し、問題を単純的な因果関係でとらえるのではなく、さまざまな要因の複雑な関係性の問題としてとらえるソーシャルワーク論が登場し、主流となった時代である。ゴールドシュタインの「一元化アプローチ」、ピンカスとミナハンの「統合理論」、ジャーメインやギッターマンの「生活モデル」などが代表的である。1980年代に入ると、メイヤーやジョンソンらのエコシステム論に基づき、問題のアセスメントを重視する「ジェネラリスト・アプローチ」が注目され、アメリカの社会福祉の学部教育における標準的教育内容として位置づけられるようになった。

1990年代以降は第4期である。システム理論は抽象的で、実践現場に応用するには困難であるという批判や、多数派と少数派の権力の格差、少数派固有の生活世界や生きられた経験（lived experience）を軽視しがちなジェネラリスト・アプローチを補完する形で、フェミニズム・アプローチ、ストレングス・アプローチ(V)、解決指向モデル、エンパワメント・アプローチ(V)、ナラティブ・アプローチなど新しいソーシャルワークの実践モデルが発展した時代である。これらに共通しているのは、当事者の力を尊重し、当事者による主観的な問題の定義づけや、状況の意味づけ、目標の設定を重視する点にある[*4]。

いずれにせよ、現代的なソーシャルワークは、システム理論に基づいて全体を俯瞰し、客観的・中立的な立ち位置から支援をしようとする第3期ではなく、力と責任を奪われたマイノリティと、力と責任をもちすぎている多数派を見分け、個別性(I)と生活者視点(II)を重視し、マイノリティの主観的な世界観に寄り添いながら、本人を中心(III)におきつつ力と責任の不均衡を是正しようとする第4期にある。主観的世界に寄り添うナラティブ・アプローチと、力の勾配の是正を重視するエンパワメント・アプローチは、第4期を特徴づけるものである。これまで述べてきた社会モデルの視点、自立と虐待防止の視点、意思決定支援は、いずれも現代的なソーシャルワークと共鳴するものである[*5]。

⑹ 精神保健領域におけるエンパワメント

2000年代以降は、こうしたエンパワメント・アプローチに基づくソーシャルワークが、精神保健の領域にも広がってきた。世界の精神保健サービスがどのような方向を向いて変革しつつあるかについて、リカバリー・

*4 講義1－3の冒頭（59頁）で紹介する「バイスティックの7原則」も、こうした当事者中心のソーシャルワークを特徴づけるものです。

*5 ソーシャルワークの具体的な手法については、講義1－3の2.⑴（60頁）で詳述します。

アプローチ（Recovery　Approach）(Ⅱ)というキーワードに沿って説明する。

　社会学者の猪飼周平は、20世紀は医療に対して「健常な状態に戻ること」を期待する人々が多かったが、21世紀になると、治らない病気を抱える高齢者の大集団が形成されたために、「健康」の定義が、「治療不可能であっても健やかに生活すること」へと変化していったと述べている[*6]。これは、医師によって定義される健康観から、当事者の討議によって民主的に定義される健康観への移行を引き起こした。医学モデルから社会モデルへのパラダイムシフトも、そういった変化の嚆矢といえるだろう。

　精神保健サービスの領域でも、同様の変化が起きつつある。これまでは、製薬産業、医療テクノロジー産業、学術界が、新しい研究や治療法開発において先導的な役割を果たしてきたが、それらの優先順位は必ずしも、当事者の優先順位と同じではない。その結果、ウェルビーイングのみならず、経済合理性の観点からも、有益な研究領域の多くが無視されているという批判が、2000代年以降なされるようになった。

　精神障害のある当事者の価値観に基づく回復の過程を「リカバリー」（あるいは主観的リカバリー）と呼び、リカバリーを重視して行われる支援のことを「リカバリー・アプローチ」と呼ぶ。日本語に対応する概念のないリカバリーという考え方は、精神疾患をもつ当事者の手記の公開をきっかけに、1980年代あたりからアメリカで普及した概念で、当事者の語りの質的分析を行った研究、数値化できるリカバリー尺度の作成を試みた研究、当事者の語りをもとにリカバリーの理論構築を試みた研究、こうした当事者の語りをもとにしたリカバリーの先行研究をまとめ、共通する要因をCHIME（Connectedness、Hope、Identity、Meaning、Empowermentの頭文字）としてまとめた研究などによって世界的に注目されるようになった。Cは地域社会や社会資源、ピアとのつながり、Hは未来に対して「なんとかなるさ」と楽観的に考えられる状態、Ｉは自己スティグマに汚染されていない等身大の価値あるものとしての自己認識、Mは過去や現在の困難に意味を感じ取れること、Ｅはエンパワメント、すなわち決定や社会資源の活用といった力を取り戻し、そこに伴う責任を引き受けることである。仮に幻覚や妄想といった医学的な症状が消えていなくても、地域に出て、スティグマをもたない仲間や隣人とともに、自己決定権と責任をもって生き、生きる意味を感じられることを目指して支援しようというのがリカバリー・アプローチの骨子であり、そのために相談支援専門員が行えることは、もしかすると医療関係者以上に多いかもしれない。こうしたリカバリー概念には多様な解釈があるものの、結果ではなくプロセスを示し、その焦点は「人生の新しい意味と目的」の創造にあるという点は共通している。

＊6　猪飼周平『病院の世紀の理論』有斐閣、２１７〜２１８頁、2010. を参照してください。

　当事者が定義した望ましい状態に向けて支援を組み立てるリカバリー・アプローチは、ここ1990年代後半以降に生じたメンタルヘルス領域におけるパラダイム転換を象徴する概念といわれている。当事者の意思やニーズから出発するソーシャルワークにおいてさえ、かつては、精神障害の場合は例外とされ、本人のニーズに基づかない支援が行われることがあったが、現代的なソーシャルワークにおいては、リカバリー・アプローチに基づき、例外なく、精神障害も含めて当事者主導の支援を組み立てることの有効性が確認されていることを理解しておこう。

4. 意思決定支援

(1) 意思決定支援とは

　依存先としての社会資源が十分に提供されたとしても、今、どの社会資源を利用するかについて、考え、選択することなしには十分にエンパワメントされたとはいえないだろう。思考や選択の領域についても、支援は必要になるケースがある。

　ここで重要な点は、あらゆる人間は、行動の段階だけでなく、思考や選択の段階においても、ほかから情報を得たり、信頼できる誰かに相談したり、試しに選択肢を経験してみたりと、たくさんの社会資源に依存しており、自分一人でやり遂げたりなどしていないという事実である。いやむしろ、情報も得ず、相談もなく、経験もないのに考えたり選択したりすれば、その思考や選択は視野の狭い独りよがりなものになってしまうだろう。「思考・選択は自分でやるが、実行は社会資源を使う」という間違った発想はすぐに捨てよう。

　機能障害といっても多様性がある。例えば、行動や運動のレベルでは機能障害はあるけれども、情報の取得や情報処理のレベルでは多数派とそれほど変わらない障害のある人もいる。彼らは、社会資源の利用プランを考え、選択するために必要な情報やコミュニケーションには、多数派と同じようにアクセスできるかもしれない。彼らは、社会資源に依存せずに自分で考え、選択しているのではなく、多数派と同様、豊かな社会資源に非公式に依存しながら、サービス等利用計画を作成しているにすぎない。豊かな資源に依存できている人は、自分が依存していること自体を忘れがちで、自分一人で決めていると錯覚しがちなので注意が必要である。

　しかし、情報の取得や情報処理のレベルで機能障害をもつ人の場合、サービス等利用計画を作成するのに必要な非公式な社会資源にアクセスできず、思考や選択に困難を経験することがある。そのような場合に必要と

なるのが、意思決定支援、あるいは支援付き意思決定（supported decision making：SDM）である。意思決定支援⑷とは、次のように定義される。

> 　知的ないし発達障害、精神障害、認知症、後天的脳損傷その他、認知に影響しうる他の障害をもつ人々が、平等に社会参加できるように、意思決定の手助けをすること。

　意思決定支援において押さえておかなくてはならないのは、意思決定支援は、日常的にすべての人が利用しているものであるという点である。意思決定支援とは特別なことではない。健常者も含む誰もが、夕食を何にするか、進路をどうするか、転職をするか、誰と暮らすかなど、毎日の意思決定を行ううえで膨大な支援を受けている。ここでいう支援とは、本やインターネットなどで自分に理解できる情報を得ること（情報保障）、自分と類似した状況にある人に相談すること（ピア・サポート）、試しに選択肢を体験してみること（選択経験の保障）、顔色や言動から周囲の人が自分も気がついていない自分のニーズについてアドバイスをもらうこと（身体反応のフィードバック）などがなければ、健常者といっても意思決定できない。

　しかし、社会に流布している情報のやり取りの仕方や、コミュニケーションのスタイルは、多数派が使い勝手がよいようにデザインされているために、意思決定に必要な上記のような情報やコミュニケーションにアクセスできず、決定が困難になる少数派がいる。彼らがアクセス可能な形式で、情報やコミュニケーション、相談や選択肢の体験を提供し、意思決定のサポートをすることが意思決定支援である。

⑵　意思決定支援の法的根拠

　障害者権利条約第12条「法律の前にひとしく認められる権利」には、以下のように、意思決定支援の法的根拠が述べられている。

> 2　締約国は、<u>障害者が生活のあらゆる側面において他の者との平等を基礎として法的能力を享有すること</u>を認める。
> 3　締約国は、<u>障害者がその法的能力の行使に当たって必要とする支援を利用する機会を提供するための適当な措置</u>をとる。
> 4　締約国は、法的能力の行使に関連する全ての措置において、濫用

を防止するための適当かつ効果的な保障を国際人権法に従って定めることを確保する。当該保障は、法的能力の行使に関連する措置が、障害者の権利、意思及び選好を尊重すること、利益相反を生じさせず、及び不当な影響を及ぼさないこと、障害者の状況に応じ、かつ、適合すること、可能な限り短い期間に適用されること並びに権限のある、独立の、かつ、公平な当局又は司法機関による定期的な審査の対象となることを確保するものとする。当該保障は、当該措置が障害者の権利及び利益に及ぼす影響の程度に応じたものとする。

5　締約国は、この条の規定に従うことを条件として、障害者が財産を所有し、又は相続し、自己の会計を管理し、及び銀行貸付け、抵当その他の形態の金融上の信用を利用する均等な機会を有することについての平等の権利を確保するための全ての適当かつ効果的な措置をとるものとし、障害者がその財産を恣意的に奪われないことを確保する。

（下線は筆者）

これまで知的ないし発達障害、精神障害、認知症、後天的脳損傷などをもつ人々は、認知機能を測る検査に基づいて、法的能力が否定されることがあった。これは、認知機能の評価者によって、法的人格が否定され得るということを意味する。一部の研究者は、認知を正確に評定することは極めて難しいこと、そして、認知機能が意思決定において果たす役割ははっきりわかっていないことから、これはきわめて危険なことだと警鐘を鳴らしてきた。その意味がはっきりしない、認知機能の評価結果なるものにより、契約を結んだり、結婚したり、投票したり、家庭を築いたりする権利の喪失が生じ得るからである。実際に、意思決定支援のプロセスは個人の能力において定義されるべきではなく、支援を受ける人が入手可能な支援の質と量において定義されるべきだという提案もなされている。また、認知機能評価と法的能力の短絡的な結びつきは、認知レベルの機能障害をもつ人々に「社会の完全で価値のあるメンバーになることができない」という形で、さらなるスティグマ(Ⅵ)を与える可能性がある。

障害者権利条約第12条は、国際的な人権関連の法律文書において初めて、法的能力への権利をはっきりと書いたものである。重要なのは国連が、後見人制度など、本人の法的能力を認めず、本人以外の人が意思決定をする代理型の意思決定を廃止し、意思決定支援に置き換える責務を締約国に求めたという点で、障害者権利条約を批准した日本が今後どのように対応すべきか、考えておく必要がある。

　では実際に、どのような方法で意思決定支援を行えばよいのだろうか。残念ながら、認知レベルの機能障害をもつ人々の意思・好み・権利を守るうえで、どのような支援が本当に必要とされているのかについては、十分な研究がされていないのが現状である。しかし、意思決定支援の重要性は世界的に広く認識されており、各国で野心的な実践や研究が展開しつつあるから、相談支援専門員は資格を取った後も常に最新の研究にアンテナを立てておく必要がある。ここでは簡単に、アメリカでの研究と実践について紹介する。

　アメリカでは2013年、マーガレット・ジェニー・ハッチという知的障害をもつ若い女性が、1年にわたる法的闘争に勝利し、後見人制度に従うのではなく、意思決定支援を利用することで、「人生に関して自分自身の意思決定を行う」という権利を勝ち取った。一度は両親の要求に応じて、裁判所はジェニーを一時的に後見のもとにおき、グループホームで生活させるように命じた。そこでは、ジェニーは携帯電話とノートパソコンを取り上げられ、友人たちを訪ねることも許されなかった。

　ジェニーの裁判での勝利を受けて、バートンブラット研究所（BBI）と障害者のためのクオリティ・トラスト（QT）という二つの機関は、「ジェニー・ハッチ司法プロジェクト」（JHJP）をつくった。これは、知的障害や発達障害をもつ人が、意思決定支援を利用して自分自身の意思決定を行う法的権利を保護・推進するためのプロジェクトである。2014年、QT、BBIとカンザス大学発達障害センター（KUCDD）は、アメリカ共同体生活庁からの資金を受け、アメリカ支援付き意思決定資源センター（NRC-SDM）を設立し、理想的な意思決定支援に関する5か年の研究プロジェクトを開始した。このプロジェクトでは、認知機能や法的能力は測定されず、意思決定支援の社会・経済的モデルに基づいた「意思決定支援目録システム」（SDMIS）を使って、提供された意思決定支援の中身が測定される。そしてそれを踏まえて、以下のような四つの内容が研究されている。

1．個人因子、環境因子、意思決定支援の関係
2．意思決定支援、自己決定の関係
3．意思決定支援が生活の総合的満足度や共同体のアウトカムをどれだけ予測するか。
4．「自決意思決定モデル」（ＳＤＤＭＭ）という支援法の有効性を調べるために、ランダム化比較試験（ＲＣＴ）を用いて、知的ないし発達障害者が、自分主導の問題解決、目標設定、目標達成に取り組めるようにどれくらい支援できるか。

　この研究プロジェクトは近いうちに終了し、間もなく、その研究結果が公開されると予測される。意思決定支援にかかわる専門職は、試行錯誤的な意思決定支援の技法を習得するだけでなく、国内外のこうした研究もフォローしておく必要があるだろう。

⑶　意思決定支援におけるピア・サポートの重要性

　以上、意思決定支援の概念、法的根拠、研究や実践についてみてきた。障害者権利条約第12条が後押しとなって、意思決定支援が急速に重要視されつつある状況は歓迎すべき事態である。しかし、意思決定支援を急いで実行に移そうとするあまり、かえって第12条の目的が見失われるのではないかという懸念もまた急速に広まっている。例えばアーシュタイン–カースレイク（Arstein-Kerslake, A.）は、その懸念について以下のように述べている。

　　「意思決定支援がどのように実践されているかについての力学によく注意を向けなければ、また新たなチェックボックス作業を生み出すことになるだけで、障害者に本物の選択とコントロールを与えるというよりも、官僚的目的に資するだけになってしまうリスクがある」

　アーシュタイン–カースレイクは、こうしたリスクから逃れるための一つの方法は、意思決定支援の研究と実践を、当事者が主導していくことだと主張している。言い換えると、ピア・サポーターや当事者研究者（ユーザー・リサーチャー）の存在が重要だということである。

　意思決定支援においてピア・サポーターが不可欠な理由をもう一歩深く理解するために、ここで、「自伝的記憶（autobiographical memory：AM）」という概念について説明しよう。私たちは、日々、さまざまな経験をしている。それらの経験は、膨大な、断片的出来事の記憶（エピソード記憶）として刻み込まれる。しかし、断片的なエピソード記憶のまま、前後のつながりや脈絡が与えられていないと、まるで床に散らばったスナップ写真のように、一つひとつのエピソード記憶の意味が把握できなくなる。物語を読むときも、段落が順不同にシャッフルされたら、意味を把握することは困難なように、個々のエピソード記憶も、前後のつながりや脈絡が与えられて初めて、意味が把握できるようになる。私たちは、出来事をバラバラのままただ記憶しているのではなく、それらを組み立てて一冊の自伝的な物語のような構造をつくり上げているのである。こうしてできた自分物語を、自伝的記憶と呼ぶ。

　自伝的記憶がうまく組み立てられず、エピソード記憶がバラバラなままだと、さまざまな形でウェルビーイングが低下するといわれている。例えば、自殺傾向、大うつ病性障害、心的外傷後ストレス障害、摂食障害、季

節性感情障害などの状態において、自伝的記憶が十分に組み立てられておらず、思い出したくもない過去の嫌な出来事の記憶が意思に反して思い出されてしまったり、逆に意図的に思い出そうとすると、過去の出来事を具体的に思い出せない傾向（overgeneral autobiographical memory：OGM）が生じることが知られている。加えて、望む未来を具体的に想像し、そこから逆算した長期的視点に立って意思決定をすることが困難になるともいわれている。自伝的記憶が組み立てられているかどうかが、ウェルビーイングのみならず意思決定にも深くかかわっているという点は、1990年代以降ソーシャルワークの領域で注目されるようになったナラティブ・アプローチを理解するうえでも重要である。

　では、自伝的記憶の組み立てを支援するにはどうすればよいのだろうか。これまでの研究では、幼少期から、どういう人と、どのようなコミュニケーションをとってきたかに大きな影響を受けることが知られている。例えば幼少期から、経験を詳細に分かち合うことを目的としたコミュニケーションではなく、「要するに何が言いたいの？」「要するにどうしたいの？」と、要約した趣旨や意図を迫るコミュニケーション空間のもとで育った子どもは、OGM傾向になる。このことは、「要するにどうしたいの？」が優先されがちな計画相談支援だけではなく、ただ経験や思い、現状を詳細に共有することを目的とした基本相談支援に時間をかけなければ、ウェルビーイングや意思決定が損なわれる可能性を示唆する。また、周囲の人々が、「そういうこと、あるよね」と、よくある話として共有してくれるかどうかも、自伝的記憶が組み立てられることを支援する。

　多数派と少数派では、経験の内容に違いがある。多数派同士では分かち合いはうまくいき、自伝的記憶は組みあがりやすいが、障害のある人や民族的少数派、虐待経験者など、周囲には多数派しかおらず、似た経験をもつ他者と出会いにくい少数派の場合、少数派固有の経験の分かち合いをする機会が失われるために、自伝的記憶が統合されにくくなる可能性がある。相談支援専門員のなかに一定割合以上、多様な機能障害をもつ当事者が存在し、なおかつ、ピア・カウンセリングの手法なども取り入れながら、問題解決ではなく経験を分かち合うこと自体を目的とする基本相談支援に十分な時間を割くことが、自伝的記憶の組み立てを介して、ウェルビーイング向上や意思決定支援につながる[*7]という点を、理解しておこう。これを自立生活センターなどでは、心理的エンパワメント支援と呼び、ピア・サポートの中心的な役割として位置づけられてきた。

　また、意思決定支援には、アクセス可能な形式での情報提供とコミュニケーション、過去や現在の経験の分かち合いに加え、複数の選択肢から本人が自分のニーズに合ったものを選択するサポートも含まれる。しかし、機能障害の有無にかかわらず、私たちは、体験したことのない選択肢を選

*7　医師養成の分野では、ジェンダー、性的指向、エスニシティなどの面で、医師と患者の属性が一致していることが、より質の高い医療提供につながるという、医師―患者一致効果（physician-patient concordance effects）が注目されており、医療人材のダイバーシティ＆インクルージョンを推進する根拠とされてきています。最近では障害の領域における医師―患者一致効果も強調され始めました（参考文献9を参照）。ソーシャルワーカーにおいても同様の研究が望まれます。

ぶのは困難である。例えば、地域で暮らしたことのない当事者にとって、地域でアパートを借りて一人暮らしをするという選択肢は、選び取ることの困難なものだろう。ニーズに合った選択をするためには、試しにその選択肢を体験してみることが役に立つ。これは体験的エンパワメント支援などと呼ばれ、自立生活プログラムなどで実践されてきた。

参考文献

1　熊谷晋一郎「当事者の立場から考える自立とは」『リハビリテーション研究』170号、8〜10頁、2017.

2　熊谷晋一郎「共同性と依存先の分散：当事者、家族そして教師へのメッセージ」『LD研究』25号、157〜167頁、2016.

3　熊谷晋一郎「発達障害当事者の「自立」と「依存」」藤野博編『ハンディシリーズ発達障害支援・特別支援教育ナビ第7巻　発達障害のある子の社会性とコミュニケーションの支援』金子書房、63〜73頁、2016.

4　熊谷晋一郎「自己決定論、手足論、自立──概念の行為論的検討」田島明子編『「存在を肯定する」作業療法へのまなざし──なぜ「作業は人を元気にする！」のか』三輪書店、16〜35頁、2014.

5　熊谷晋一郎「依存先の分散としての自立」村田純一編『知の生態学的転回2　技術：身体を取り囲む人工環境』東京大学出版会、109〜136頁、2013.

6　熊谷晋一郎「スティグマと健康格差」『治療』101号、1346〜1349頁、2019.

7　熊谷晋一郎「支援付き意思決定：その法理・実践研究・当事者性について」『障害学研究』14号、67〜84頁、2018.

8　熊谷晋一郎「自閉スペクトラム症の社会モデル的な支援に向けた情報保障のデザイン：当事者研究の視点から」『保健医療科学』66号、532〜544頁、2017.

9　Iezzoni, L.I. (2016). Why increasing numbers of physicians with disability could improve care for patients with disability. AMA J Ethics, 18(10), 1041-1049.

講義
1
-
2

講義 | 1-3

相談支援に必要な技術

┌─────────────────────────────────────┐
　科目のねらい

□　本人を中心とした支援（本人の選択・決定）を行ううえで必要となる相談支援技術について理解する。

　学習のポイント

□　ソーシャルワークの理論
　ミクロ（ケースワーク）／メゾ（グループワーク）／マクロ（コミュニティワーク）／　ジェネラリスト・ソーシャルワーク
□　ケアマネジメント
□　相談面接技術と記録
└─────────────────────────────────────┘

講師：島村　聡

1. 対人援助とは何なのか？

⑴　相談援助の構成

　ここでは、対人援助の構成と専門的援助関係を形成する技法、援助対象とは何かについて述べる[*1]。対人援助を構成しているのは「援助対象」「援助関係」「援助方法」である。それらを援助目標に向けて組み立てていく（図1-5）。

　援助対象とは何らかの生活課題（生活のしづらさ）を抱えた人である。この生活のしづらさは社会の構造的な問題や、差別や不平等といった社会的不正義から生じるものすべてを指し、制度的に設定された対象者に留まるものではない。生活課題は単に障害があるから存在するというものではなく、個人のもつ因子と環境のもつ因子との交互作用で生じるものである（ICFの考え方）。

　援助関係を示したものに信頼関係を基礎とした専門的援助関係という言葉がある。実際の援助過程では、信頼関係の構築そのものが大きな目的と

*1　本文では、対人援助、相談援助、相談支援という言葉が使い分けられています。各々使われる分野により語義は異なりますが、相談支援という意味で読み取っていただければ幸いです。

ICF International Classification of Functioning, Disability and

図 1-5　相談援助の構成

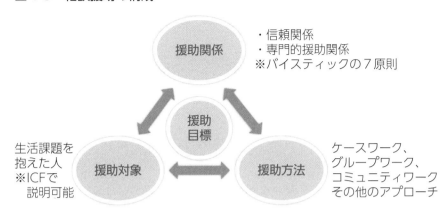

生活課題を抱えた人に対して、専門的援助関係を
結び、さまざまな援助技術を用いて、援助目標に
向けクライアントとともに課題を乗り越えていく

出典：「相談支援従事者研修ガイドラインの作成及び普及事業（平成30年度障害者総合福祉推
進事業）」初任者モデル研修資料（1日目）、84頁、2018.

もなり得ることから、これらの関係は同時並行的に構築されていく。つま
り、対人援助とは、何らかの生活課題を抱えた個人・組織・社会（援助対
象）に対して専門的援助関係（援助関係）を結び、さまざまな援助技術を用
いて、援助目標に向けクライアントとともに課題を乗り越えていく過程で
ある。ここにいう専門的援助関係とは何かを示したものとしてバイス
ティックのケースワークの原則（援助関係を形成する技法）が著名である
ので示しておく。

バイスティックの7原則

① 個別化の原則（Individualization）

② 意図的な感情表現尊重の原則（Purposeful expression of feelings）

③ 統制された情緒的関与の原則（Controlled emotional involvement）

④ 受容の原則（Acceptance）

⑤ 非審判的態度の原則（Nonjudgmental attitude）

⑥ 自己決定尊重の原則（Client self-determination）

⑦ 秘密保持の原則（Confidentiality）

援助方法については本講2.（1）（60頁）にて詳述する。また、援助目標
については本講2.（2）（63頁）で説明する。

Healthの略。世界保
健機関（WHO）によ
る国際生活機能分類で
す。障害の有無にかか
わらずすべての人たち
が生きること（生活機
能）について、心身機
能・構造（生物レベ
ル）、活動（生活レベ
ル）、参加（人生レベ
ル）があり、それらが
物的・人的・社会的環
境因子と年齢や性別、
価値観といった個人因
子の交互作用によって
規定されていると説明
するものです。参考：
上田敏『ICFの理解と
活用』萌文社、2007.

(2)　相談支援専門員はソーシャルワーク活動を行う

　ここではソーシャルワークとは何かについて概説する。ソーシャルワークは、社会福祉活動全般を指す。もう一つの意味は、対人援助を通して、環境へのさまざまなはたらきかけを行い、利用者の社会生活を充実させていく社会福祉援助技術である。ソーシャルワーク専門職のグローバル定義には、「ソーシャルワークは、社会変革と社会開発、社会的結束、および人々のエンパワメントと解放を促進する、実践に基づいた専門職であり学問である。社会正義、人権、集団的責任、および多様性尊重の諸原理は、ソーシャルワークの中核をなす。ソーシャルワークの理論、社会科学、人文学および地域・民族固有の知を基盤として、ソーシャルワークは、生活課題に取り組みウェルビーイングを高めるよう、人々やさまざまな構造に働きかける。この定義は、各国および世界の各地域で展開してもよい」とある。

　社会変革と社会開発、社会的結束、及び人々のエンパワメントと解放を促進するという点から、相談支援専門員も利用者とともに社会へのはたらきかけを行うことが想定されている。その際、相談支援専門員は、利用者に寄り添うのであり、利用者の人生を主導するものではないことに注意しなければならない。

　また、ソーシャルワークの目的は「一人ひとりの福祉（幸福）が実現される社会をつくること」にある。相談支援専門員は、障害のある人とその周辺の幸福の実現をともに目指すことが使命である。それは、生活のしづらさを抱えた利用者のエンパワメントと権利擁護の達成を目的とした活動である。よって、すべての障害者を対象としておらず、パワレスな状況にある者に焦点をあてて、そこに向き合い、ともに考え、権利侵害の状況から抜け出すことを支援する。

2.　ソーシャルワークの意義

(1)　ソーシャルワークの相談援助技術の体系とは何か？

　ソーシャルワークの介入領域は個人・家族（ミクロ）、集団・組織・地域（メゾ）、社会・制度（マクロ）にわたる。その領域によって、さまざまな援助技術が駆使される（図1-6、図1-7）。

　ミクロ領域では、個人や家族に対して、個別的に対応するケースワークが用いられる。個別のニーズを受け止め、アセスメントを行い、エンパワ

メントを指向して、個人や環境の調整に必要な支援を行うという相談援助方法である。

　メゾ領域では、集団や組織に生じるプロセスと相互作用を成長と変化の促進のために利用するグループワークが用いられる。組織の状況をアセスメントし、あるいは社会調査を行ってデータを集め、必要なメンバーや他組織との協議を行ってネットワークを構築していくという方法である。ケースワークとグループワークは利用者に直接はたらきかけるため直接援助技術と呼ばれる。

　マクロ領域では、地域社会のために組織的・計画的な活動を行うコミュニティワーク（コミュニティ・オーガニゼーション）が用いられる。ケースワークやグループワークとは違い、間接援助技術と呼ばれ、地域の課題を発見して、それに対応する住民や専門職の組織化を図り、それらの人々の参加と地域のNPOなどの団体との協働により対応力の高い地域づくりを行うものである。具体的には、自立支援協議会を通じた社会資源の開発やマスコミやロビー活動を通じたソーシャルアクションにより政策提言や制度要望を行っていくことである。

　1990年代以降は、ケアマネジメントや**生態学的アプローチ**といった新

生態学的アプローチ　利用者の問題は、利用者個人だけが原因で起こっているのではなく、利用者とそれを取り巻く環境との間の相互作用で生じているととらえる考え方です。そのため、相談支援専門員は利用者（例：不登校となった発達障害児と親）と環境（例：学校）との接点（例：スクール・ソーシャルワーカー）にはたらきかけ、双方の改善（親のエンパワーと学校の受け入れ環境の整備）を図ることを目的に活動します。

図 1-6　ソーシャルワークの介入領域と援助技術の例

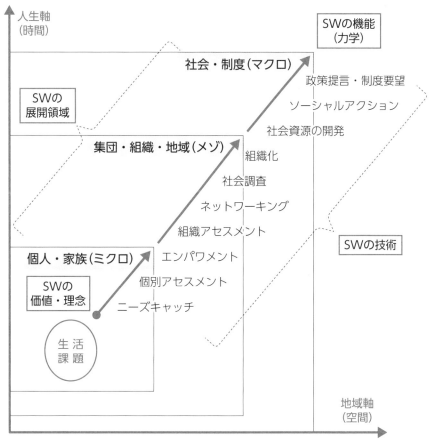

出典：長野県社会福祉協議会『地域共生・信州』創刊号、7頁、2019. を改変

図 1-7　社会福祉援助技術の体系

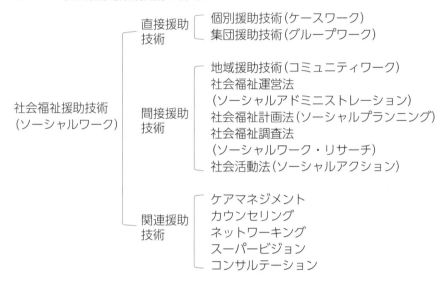

たなアプローチの影響を受け、上記の三つの領域の技術等を一体的かつ体系的に構造化した**ジェネラリスト・ソーシャルワーク**が主流となっている。

　なお、ソーシャルワークの間接援助技術にはほかに以下のようなものがある。

> ソーシャルアクション：社会へ直接はたらきかけ課題の解決に向け市民の力を引き出す
> 社会福祉調査：地域内の障害者の生活実態などを調べ、それを根拠として合意形成を図る
> 行政計画策定：行政職員が計画づくりを通して住民福祉の向上を図る
> 社会福祉運営管理：福祉事業や施設の運営を通して利用者はもちろん地域住民の福祉向上に寄与する

また、ソーシャルワークの関連技術として以下のものがある。

> ネットワーキング：地域の社会資源となりそうなヒト・モノ・カネの情報を結びつけ、地域を支える枠組みを創り出す
> スーパービジョン：支持的機能、教育的機能、管理的機能により職員の資質向上を図る
> カウンセリング：心理的アプローチを通して利用者の行動背景を読み取り支援の向上につなげる
> コンサルテーション：福祉活動に関する相談にのったり、情報提供を

ジェネラリスト・ソーシャルワーク　地域で生活する利用者の視点に立ち、ケースワーク、グループワーク、コミュニティーワークという相談援助技術の枠にとらわれることなく、それらの技術を総合して対応するソーシャルワークのことをいいます。

行う

⑵ ソーシャルワークの相談援助過程はどのようなものか？

　相談援助の過程は以下のとおりである。ここではそれぞれの段階での注意点について簡単に説明する。

① 相談受付（緊急性の判断、窓口判断、情報提供）
　相談に入る前の最初の段階を相談受付という。相談にはさまざまな経路で利用者がつながってくるが、生命にかかわるとか自分以外に対応が難しい状況であるなど緊急性の高い場合はとりあえず対応を優先する。そうでない場合は、所属機関で対応すべき事案なのかどうかの判断を行う必要がある。所属機関の機能を超えるときやほかの機関で対応したほうが適切であるときには他機関と連絡を取りあいながら同行するなどして丁寧につなぐ。また、事案によっては単に情報を提供すればよい場合もあるので、わかりやすい説明を行う。利用者が自ら窓口に来ることが難しい、あるいはこちらから出向くことでしか対応が困難な場合にはアウトリーチによる訪問をすることが必要である。いずれの場合でも、相談支援事業の内容や限界について利用者に丁寧に説明し、理解を得ておくことが大切である。

② アセスメント（情報収集、面接、見立て）
　アセスメントは利用者の支援に必要な情報を利用者本人や家族との面接、関係者からの聴き取りなどを通して収集し、利用者の想いや課題に向き合う力、利用者を取り巻く環境のもつ力を見立てるものである。利用者の状況は支援の過程において逐次変化していくので、アセスメントは相談援助の過程で何度も繰り返されることになるが、相談支援専門員は最初に行ったアセスメント結果にとらわれず、利用者の行動や態度の背景を考えながら柔軟に見立てをやり直すことが重要である。

③ 契約（方針決定、支援決定）
　相談支援専門員は見立てに基づいて利用者に対してどのような支援を行っていくかを決めて、利用者にそれを伝えて了解をとる。利用者はその方針に対して疑義があるときは質問したり、利用者自身の希望を述べるなどして支援を受けることがよいと判断したときには利用契約を結ぶ。これにより支援が決定となる。この段階での課題は、重度の知的障害など利用者の意思確認が困難な場合にどのようにして支援内容を詰めていくかである。実際には親や後見人との調整が行われるが、本人がこれまで示してき

最善の利益　本人にとって最善の利益となる支援が求められていますが、この判断の基準は必ずしも明確ではありません。意思決定支援（講義1－2の4.（51頁）参照）を前提として、模索することが求められています。

＊2　ケアマネジメントプロセスにおいては、「ケアプランの実施」が介入に該当します。

た態度や選好に着目し、本人の**最善の利益**となるかどうかを基準に判断していくことになる。

④　援助目標の設定と計画策定（計画案、関係者会議）

　支援方針が固まったら、それを計画案（障害者総合支援法ではサービス等利用計画案）にまとめ、利用者本人・家族、支援にあたる関係者のなかで確認と共有を行うために関係者会議を開催する。本人や家族には計画案の内容をあらかじめ丁寧に説明しておくのは当然だが、関係者にも事前に情報を提供し、参加者全員で本人や家族を支える雰囲気をつくり、会議の当日に利用者に不安を与えないように配慮する。また、援助目標（何を、いつまでに、どの程度まで達成する）をどこにおくのかについては、あくまで利用者本人が設定するものであり、支援者側が一方的に設定してはならない。利用者や家族と調整し、無理のない範囲で、かつ達成可能なレベルの目標にして、利用者が最初に越えるハードルを下げておくことが大切である。

⑤　介入（支援提供）[＊2]

　関係者との調整が整えば、サービスの提供などの支援を開始する。サービスやその他の支援を導入したり、変更したりした当初は、本人に不安が生じやすいだけでなく、サービスを提供する側にも戸惑いが起こる。この時に相談支援専門員はサービスが利用者に与える影響を早めに確認し、利用者が不安を訴えていたり、サービスに対する不満が生じているときには直ちにサービス管理責任者及び担当者と調整を行う。

⑥　評価（モニタリング、経過観察）

　支援が一定時間続いたら機をみて経過観察を行う。支援開始当初は頻繁に本人から呼ばれたり様子を見に行くべき事案もあるが、その後慣れるに従って期間を延ばして訪問するなどしてモニタリングを行う。モニタリングの結果によってはあらためてアセスメントを行ったり、サービスの内容を練り直す必要が生じるので、利用者本人のもとに関係者を集めてのモニタリング会議は支援内容を相互に評価する機会として重要な機会となる。利用者の声を聴き、関係者の見立てを共有することで、チームとしての取り組みを確認するのである。

⑦　終結（一応契約終了）

　利用者との支援関係は、利用者が死亡や転出した場合、利用者が別の支援者を選択した場合、契約時の支援の目標を達成した場合にそれぞれ終了する。契約時の支援目標を達成したとしても、新たな課題が見つかったと

きには、相談支援専門員は新たな計画案を策定して再契約を結んで支援を
再開する。

⑶ 相談支援専門員に求められる地域を基盤としたソーシャルワークとは何か?

相談支援専門員は地域で生活する利用者を支援する。現時点で施設入所
や入院をしている利用者も、地域で生活することを想定しつつ相談支援専
門員としてかかわることになる。このように、相談支援専門員は利用者が
求める地域生活を実現することを本旨としなければならないが、地域で相
談支援を展開するためにどのようなことに留意しなければならないのだろ
うか。

ここでは、地域を基盤としたソーシャルワークの特質と機能について岩
間の論説を援用して解説する。岩間は、地域を基盤としたソーシャルワー
クの特質を次の4点で説明した[*3]。

*3 岩間伸之・原田正樹『地域福祉援助をつかむ』有斐閣、15〜18頁、2012. を参照。

① 本人の生活の場で展開する援助

各専門職が介護、子育て、疾病、所得、家族・近隣関係といった各部面
へのアプローチを、それぞれの専門性に依拠して個別にはたらきかけるの
ではなく、まずクライエント本人の生活を中心に据え、多様な専門職が連
携してトータル(本人とともにその環境にも、長期的継続的に)にかか
わっていくことが求められる。

② 援助対象の拡大

社会的孤立や社会的排除といったテーマが大きな関心を集めている。自
殺、孤立死、ひきこもり、虐待、DV、無職・失業、生活困難な外国籍住
民や刑余者、多重債務者、自然災害による被災者など、さまざまな人たち
が「生活のしづらさ」に直面し、何らかの援助を必要としている。

③ 予防的かつ積極的アプローチ

問題が深刻になる前に対応することにより、援助の選択肢が広がり、ク
ライアント側に立った有意義な援助の可能性が拡がることになる。また、
援助を受けることに前向きでない人やニーズ・課題に気づいていない人た
ちに対して、ワーカーが常時、ニーズに目を向けて積極的にはたらきかけ
ていくことが求められる。

④ ネットワークによる連携と協働

地域での生活課題は複合化しており、特定の機関の特定の援助者による
支援だけで対処できる範囲を超えることになる。複数の援助機関、複数の

図 1-8　地域を基盤としたソーシャルワーク

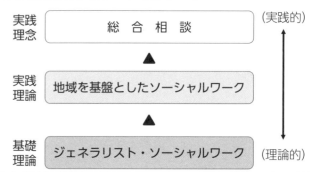

出典：岩間伸之「地域を基盤としたソーシャルワークの特質と機能——個と地域の一体的支援の展開に向けて」『ソーシャルワークの研究』第37巻第1号、7頁、2011.

専門職、さらには地域住民等がネットワークやチームを形成し、連携と協働によって援助を提供することが求められる。

＊4　岩間伸之「地域を基盤としたソーシャルワークの特質と機能——個と地域の一体的支援の展開に向けて」『ソーシャルワーク研究』第37巻第1号、7頁、2011. より引用

　総合相談の考え方は、

① 　対象別に専門機関が機能するのではなく、地域生活のニーズに広く対応する
② 　予防的支援から継続的支援までの総合的な支援
③ 　一人のクライエントあるいは世帯に対し、長期的な展望をもって支援する
④ 　多様な担い手による総合的なはたらきかけ
⑤ 　クライエントと地域との関係を重視し、総合的かつ一体的に変化を促す

と整理されている。

　障害者の地域生活支援を本旨とする相談支援専門員の活動において、これらの考え方は極めて重要な視点となる。

3.　ケアマネジメントの活用

＊5　「障害者ケアガイドライン」（2002（平成14）年3月31日厚生労働省社会・援護局障害保健福祉部）

(1)　なぜケアマネジメントが使われるのか？

　障害者ケアガイドライン[*5]では、ケアマネジメントを「障害者の地域における生活を支援するために、ケアマネジメントを希望する者の意向を

踏まえて、福祉・保健・医療・教育・就労などの幅広いニーズと、様々な地域の社会資源の間に立って、複数のサービスを適切に結びつけて調整を図るとともに、総合的かつ継続的なサービスの供給を確保し、さらには社会資源の改善及び開発を推進する援助方法である」と定義している。

　同ガイドラインでは、障害者ケアマネジメントの必要性について、障害者が地域で支援を受けようとする際に、地域ではサービスが広く散在しているため、サービスを利用しにくい状況にあること、障害者のエンパワメントを高める視点から福祉・保健・医療・教育・就労等のさまざまなサービスを提供する必要があることをあげ、生活ニーズに基づいたケア計画にそって、複数のサービスを一体的・総合的に提供することができる障害者ケアマネジメントの援助方法は障害者の地域生活を支援するために不可欠としている。また、障害者ケアマネジメントは、障害者の生活ニーズと合っていないサービスが提供されたにもかかわらず、障害者自身がサービス提供者と調整するのが難しかったり、自分自身の意思を伝えられなかったりする不利益のないように、障害者の権利擁護の観点に立って、生活ニーズと社会資源を適切に結びつけることができる。障害者の自己決定・自己選択を尊重するためにも、障害者ケアマネジメントの援助方法を導入する必要があるとしている。

　さて、海外に目を向けて、ケアマネジメント[*6]が導入された経緯を確認する。1950年代のアメリカで、入所施設や精神科病院の解体のなか、当初はグループホーム等で生活していた多くの精神障害者、知的障害者が、適切な援助がないためにホームレス状態となり、それらの人々が社会的なトラブルを起こし、留置所や刑務所に入所するようになった。それまでは各々の機関がバラバラにケースごとに対応するものであったが、対象者はいわゆるたらい回しとなりがちで、サービスを積極的に活用することが困難であった。こうした人々に対して、医療提供、住居支援、行政サービスの紹介などサービスをパッケージ化して提供する動きが出てきた。これがケアマネジメントの始まりといわれている。この動きは高齢者の在宅介護分野にも拡がり、また、イギリスでは全国的制度として拡がった。

　ケアマネジメントがもっている「ニーズを明確化し、適切な社会資源と結びつける」という性格が、サービス提供型制度の運用に適していることから、介護保険制度や障害者総合支援法のように制度的にサービスメニューが規定されている場合には特に適用されやすいといえる。これについて、ケアマネジメントはソーシャルワークの方法としてではなく、効率的なサービス提供の仕組みとして発展したという観点もある。オースティン（Austin, C. D.）によると、そこには、利用者の自立のため幅広くニーズをとらえる「利用者指向モデル」と限りある地域資源をコントロールして配分する「システム指向モデル」が想定される。どちらかが主目的とさ

講義
1
|
3

＊6　アメリカでは「ケースマネジメント」といいますが、ここでは「ケアマネジメント」と同義として扱います。

れる可能性があり、相談支援専門員としては、利用者指向でありながら、限られた資源の調整を行うという点で、利用者へのかかわりに難しさがある。

さらに、制度にあるメニューを利用者に押し付けたり、制度にない支援策を講じずにいると、相談支援専門員としての資質が問われる。本人のニーズを中心にせず、自分の事業所のサービスを薦めたり、制度にないからといってインフォーマルな地域の資源につなげないなら、それはソーシャルワーカーの倫理に反することになるのである。

つまり、地域を基盤としたソーシャルワークの感覚が試されている。ソーシャルワーカーの原点に戻って、本人の立場から課題の解決に統合的な力を発揮することが求められる。障害者ケアマネジメントの評価のポイントは、利用者が「自分でうまくできそう」と感じたり（自己効力感の向上）や「自分らしい暮らしになった」と感じること（権利擁護）にある。そのため、相談支援専門員は、意思決定支援による利用者の主体性発揮や社会とのかかわりによる自己実現などを目指すことになる。

なお、障害者ケアガイドラインでは、ケアマネジメント従事者に求められる資質が以下のように列挙されている。

① 信頼関係を形成する力
② 専門的面接技術
③ ニーズを探し出すアセスメント力
④ サービスの知識や体験的理解力
⑤ 社会資源の改善及び開発に取り組む姿勢
⑥ 支援ネットワークの形成力
⑦ チームアプローチを展開する力

(2)　障害者ケアマネジメントの構造と理念

ケアマネジメントの構造は利用者のニーズを必要な社会資源に結びつけるという極めてシンプルなものである（図1-9）。これは、先述したように複数のニーズをいかに効率的に複数の支援に結びつけるかという必然性から生まれたためであるが、逆の見方をすれば、ニーズは個人によって全く異なるものが想定され、社会資源はヒト・モノ・カネ・制度・情報など何でもありの状態であり、実際の運用は大きな幅をもつ。相談支援専門員としてはこの幅の広さを「可能性」としてとらえ、利用者の想いや強さを引き出し、より魅力的な社会資源を探し出し、あるいはなければ創るという

図1-9　ケアマネジメントの構造と理念

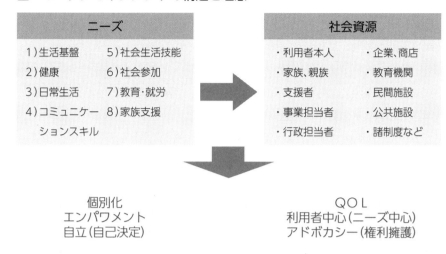

出典：「相談支援従事者研修のプログラム開発と評価に関する研究（研究代表者：小澤温）」平成28年度～29年度総合研究報告書、37頁を一部改変

姿勢で臨む必要がある。

　障害者ケアマネジメントの理念について6点をあげて説明する。

①　個別化

　個人各々の思いは、個別にしっかりと受け止めることが重要である。母親が介護不安や将来不安を訴え子どもの施設入所を相談支援専門員に求めるが、本人は施設入所を拒否しているというような事例でも、親には介護負担の軽減というニーズがあり、本人には他人介護を受けたいというニーズがあることが明確になると、居宅介護の導入が問題解決につながることになる。

②　QOL

　その人らしい生き方を支援することでQuality of life（生活（人生）の質）を高めることが支援の目標である。ハッとするような絵を描くことができる利用者が、リハビリを理由に自力で車いすを動かすよりも、電動車いすを使ってできるだけ多くの個展を開くほうが質の高い生活であるとするなら、そうした生活支援を進めるべきである。

③　利用者中心

　利用者の生活ニーズに合わせて必要な調整を行う、あるいは社会資源は開発するという姿勢が大切である。所属する組織のもつサービスが生活介護しかないので、利用者に生活介護を適用するといったサービス中心の考え方は否定されるべきである。

④　エンパワメント

　利用者が課題解決の主体として対人関係を構築し、社会へのはたらきかけを行うなどして、自己の課題解決に積極的に対応していけるように寄り添う形で支援する。課題があっても先回りせず、利用者のかたわらから必要なときに支えながら、一方で、関係機関や事業者など地域資源ネットワークと利用者がかかわる機会をつくっていく。

⑤　自立（自己決定）

　自立とは決して何もかも自分で行うことではない。むしろ、利用者が多くの人たちとの関係や多くの頼れる場を確保して自立した生活を送れることが大切である。たとえ意思が明確にわからない利用者であっても、観察をして丁寧に意思決定支援[＊7]を行うことでその希望の実現を目指す。

＊7　意思決定支援については、講義1−2の4.（51頁）を参照してください。

⑥　権利擁護

　相談支援専門員の最大の仕事でもある。その人らしい暮らしを実現するために、あらゆる分野で起きている搾取や介護放棄といった権利侵害やグレーゾーンの対応に対して利用者とともに毅然とした対応をとる。ソーシャルアクションやマスコミに訴えることにより世論や行政を動かしていくことも必要な技術である。

(3)　ケアマネジメントの機能

　ケアマネジメントにはいくつかの機能があるが、ここでは四つの機能について説明する。

① 　アドボケート（代弁・権利擁護）機能

　ケアマネジメントにおいては、あくまで利用者のエンパワメントにより、本人が自ら身を守る力をつけることで権利侵害を予防していくことを目指しているが、そうした対応が難しい人には代弁や法的制度の利用により相手先に介入することもある。

　知的障害者や精神障害者を担当した相談支援専門員は、多くの場面で代弁や権利擁護的な動きを求められているはずである。この機能を使っていないということは、ケアマネジメントを必要としていないといっても過言ではない。

② 　自己開発（エンパワメントを目指した支援）機能

　ストレングスモデルに基づき、①熱望、②能力、③自信に焦点を当て強化していく。あらゆる場面（ケアマネジメントの全プロセス）でエンパワ

ストレングスモデル　利用者の強みに焦点を当てて、その強みを活かすための直接的援助や環境調整を行うことです。利用者が課題に囚われて苦手な面を克服しようとすることよりも効果的に自己肯定感を向上させ、主体性を引き出すことができるとされています。

メントに配慮をするべきであり、あきらめてしまえば、その時点で人間としての尊厳が大きく揺らぐことになる。重たい障害をもっていても何らかの形で向上を図っていく発達保障の考え方を基本において考えなければならない。

③　社会開発（社会資源の開発や改善）機能

利用者個々の課題に対して、ケア会議などを通して社会にはたらきかけて資源の開発改善を積み重ねていくことが、やがて利用者の住む地域の変革につながっていく。社会資源の開発を進めるためには仕組みが必要であるので、ケア会議と自立支援協議会を機会として利用する。また地域においては、福祉にかかわる人たちの組織化を通して地域組織の福祉化を図っていくのが基本的な流れになるため、日頃からそれらの人たちとのネットワークづくりが大切になる。

④　評価（プロセスの検討による支援の評価）機能

支援の評価にはプロセス評価と結果評価があり、段階を踏みながら振り返り最後に終結を判断する。しかし、評価法が確立していない、または未修得とする事業所が多くあるため、評価の実践が不足している。簡単な自己評価でも実践されると、ケアマネジメントの各プロセスごとの評価が可能になり、相談支援のレベルの向上につながる。これにより、どこの時点で問題があったのかをフィードバックさせることができる。

⑷　ケアマネジメントのプロセス

ケアマネジメントは、インテーク（相談受付）から終結に至るまでのプロセスが明確である。おおむね先述の相談援助の流れと同じであるので、ここではケアマネジメント独自のポイントを中心に説明をする。なお、側注には、相談支援専門員としてもつべき技術的視点について記しておく。

①　相談受付（緊急性の判断、窓口判断、複数のニーズの確認）

インテークの段階では、ケアマネジメントの必要性の判断が特徴的である。ケアマネジメントは、複数の生活課題を抱える利用者に対して複数の支援策を組み合わせて提供することに意義があるので、一つだけの対応で解決することが明確な事案については適用しないのが原則である。生活課題が複数あるかどうかが不明確な場合は、相談受付を行ってアセスメントし、その後に進めるかどうかをあらためて判断する[＊8]。

＊8　相談に来るのを待つだけでは、在宅の障害者の声なき声を聴くことができません。行政や他機関と同行しての自宅訪問や関係職種からの積極的な聴取、本人の出入りしている場所での面談などアウトリーチが必要なことも少なくありません。

② ケアマネジメントの契約

　ケアマネジメントの過程は複数の生活課題を解決していくことになるため、長時間を要することも多く、さまざまな調整が増えて複雑になりがちである。利用者や家族には十分に時間をかけて、ケアマネジメントに関する説明を行う必要がある。また、対象となる本人がパワレスな状況にあることがほとんどであることから、利用者本人からの情報収集が難しく、また、支援を受けることに消極的な本人からケアマネジメントの同意を取り付けることも難しい。そのため、ケアマネジメントの契約は利用者本人以外の家族や後見人などと交わすことがある。どうしても契約が難しい場合には、緊急度に応じて必要なサービスを提供するなかで利用者の理解を得ることからスタートすることもある〔*9〕。

③ アセスメント（情報の収集・整理、評価・分析・解釈、問題の構造の理解）

　アセスメントについては、先述の相談援助過程の場合（63頁参照）とほとんど変わることはない。ただし、ケアマネジメントの構造でも述べたが、ケアマネジメントではニーズを社会資源に結びつけるのであって、その逆となってはならない。つまり常に主訴から出発することを心がけることが重要である。本人に直接会って、想いを確認してから、ニーズを整理する。ニーズの整理は、主訴からその背景を探り、さらに背景から考えられるさまざまな可能性（本人や環境の強み）を描くという作業を利用者本人や家族、ほかの支援者とともに行うものである。いわゆるストレングスモデルに基づいた想いの実現につながるアプローチである〔*10〕。

④ プランニング（目標の設定と支援計画作成）

　ニーズの整理を終えるとそのニーズに優先順位をつけて、とりあえずの目標を設定する（短期目標の設定）。長期目標を設定することもあるが、ニーズには、あるニーズを達成するとほかのニーズが不要になったり、変更が必要となったりするという性質があるため、あまり長期間の目標は意味を失う。また、知的障害など時間的な把握が難しい障害のある場合は、むしろ短い目標設定を積み重ねるほうが有効である。

　支援計画の作成にあたっては、すべての事案を対象としてプランを作成することになる。その際には、利用者の意見を十分に反映させたうえで、同意を得ていくことが重要であり、本人の想いに基づくニーズの実現を支援者との協働で進めるという確認がされるべきである〔*11〕。また、プランの内容には障害者総合支援法におけるサービス以外の地域生活に必要な支援が含まれる。いわゆるインフォーマルな地域資源の活用が求められるため、相談支援専門員としては、そうした地域の資源となっている人たち

*9　本人自身が抑圧されたり、自己表現が難しいことを前提に相談支援専門員は本人の想いを引き出す努力をする必要があります。これは意思決定支援の入口にもあたり、本人との信頼関係構築の鍵でもあります。

*10　アセスメントは支援の始まりだけでなく、支援過程のなかで常に行われる不断の行為です。アセスメントでは、現在の本人の障害・経済・社会状況、地域社会との関係性、過去から将来にわたる履歴と希望を確認します。

*11　誰のための計画なのかを踏まえ、計画を見ると本人の意思形成の跡がわかるくらい、本人が見て自分の想いを感じられるものにする必要があります（ex.想いのマップ）。

や場との関係づくりも必要となる。

⑤　ケア会議（個別支援会議）

　支援計画を実行する際には、サービス事業所や地域の資源となる人たちとのチームアプローチが求められる。その起点となるのがケア会議である。利用者の主体性を発揮させ、エンパワメントを目的としているケアマネジメントにとって、ケア会議はそれを具現化する格好の場である。相談支援専門員は、本人や家族がその会議の主宰であるように、その他のチームメンバーに入念に連携方法を調整しておき、当日には全員が本人に向かって発言と応答をする。こうした本人中心の会議を開催することで利用者には自ら支援をコントロールする主体となることへの自信が生まれる[*12]。また、チームにも支援計画を通して本人の生活を多面的に理解するという姿勢と、これから協働して本人の支援にあたるチームとしての一体感が生まれる。さらに、地域の資源となっている人たちと専門機関との相互理解によるネットワークづくりもここでの大きな意義である[*13]。

⑥　モニタリング（支援計画の見直し、追跡）

　モニタリングの意義については、ケアマネジメントにおいても先述の相談援助過程のところ（64頁参照）で述べたとおりである。相談支援専門員としては、障害者総合支援法における計画相談支援のモニタリングの時期が設定されていること、サービス提供機関からの間接的な情報だけで状況をつかむだけでは不十分であり、自ら出向いて利用者と会って現況を把握することの重要性を理解しておいていただきたい[*14]。

*12　個別支援会議の主役は本人であり、どのような重度の障害があっても参加して、参加メンバーも本人を意識して意見を述べ合う場とします。この機会を経て、本人が大きくパワーアップすることが多いです。

*13　相談支援専門員が地域のなかにある元気な事業所や頼れる支援者、居場所、団体などとしっかり関係を築くことで、本人の地域生活支援の可能性が大きく拡がります。

*14　モニタリングはさまざまな機会で可能です。ポイントは本人のパワー（自己効力感）がどう変化しているかを見立てることであり、それは関係している人たちと機会あるごとにコミュニケーションを図っていれば可能となります。

講義
1
-
3

4.　相談支援における記録の意義

⑴　記録の目的とは

　相談支援における記録には多くの目的がある。ここでは7点をあげて説明する。

①　相談過程の点検（振り返り）
　自分の発言や利用者、他機関とのやり取りを点検すると同時に、自己の支援を内省するための振り返りの契機となる。

②　利用者や関係者との情報共有（アカウンタビリティ、コミュニケーションツール）
　利用者との相互理解や協働しているチームで、利用者の経過や現況を確認するために必要である。

③　支援方針の決定の根拠（想いやニーズの可視化）
　利用者の支援会議などで活用され、援助の方法やサービスの内容を決めるための根拠となる。

④　相談過程の証明（苦情対応）
　苦情への対応や問い合わせに応ずるため、これまでの相談過程がいつ、どのような形で行われたかを残しておく必要がある。

⑤　助言・指導の資料（スーパービジョン、コンサルテーション）
　事例検討会などのスーパービジョンを受ける際に提供する資料となる。

⑥　相談体制向上のための資料（調査・研究）
　支援の流れや対応方法を積み重ね、調査研究の資料とすることで相談体制の客観化とレベルアップにつなげる。

⑦　政策的な提言のための根拠（ソーシャルワークアクション）
　利用者を取り巻く環境や制度の改善のための根拠として利用される可能性がある。

　このように、記録にはさまざまな活用目的がある。それを種類別に整理したものが表1-1である。記録は、一定の手続きを経て後年に当初の作成

表 1-1　記録の活用目的と種類

	個人・家族を対象にした内容	組織・地域を対象にした内容	社会を対象にした内容
援助実践の自己内省	援助内容の内省作業	把握状況の検討 面接情報・アセスメント・モニタリング・援助計画	
管理・確認	援助計画見直し 援助・会議の準備作業	管理体制の把握 会議結果の把握 確認作業体制の把握 スーパービジョン	社会への説明責任 第三者評価 行政監査 外部監査
教育・訓練	面接記述方法の取得	スタッフ研修の企画 実習指導方法の企画	

出典：社会福祉士養成講座編集委員会編『新・社会福祉士養成講座⑦相談援助の理論と方法Ⅰ（第3版）』中央法規出版、273頁、2015. を参考に作成

者の意図とは別のところで活用される可能性もある。それだけに取り扱いや保管に気を配り、法人内での規約など周辺環境も整備しておきたい。

⑵　よい記録を作成するために

　このように相談記録は多くの場面で活用される可能性がある。活用しやすいよい記録は当初から情報共有されることを意識して作成され、支援方針の明確化に寄与したり、スーパービジョンの資料としても使える明快かつ簡潔でしっかりとポイントを押さえたものとなっている。明快かつ簡潔でしっかりとポイントを押さえた記録とするためには、①正確性を保つため、日付や時刻、場所、回数、時間数、身長や体重などでき得る限り正確な数字で表現する、②客観性を保つため、明確な事実を書き、主観的な想像は入れない、③論点を明確にするため箇条書きにしたり、見出しをつけて論点別に整理する、④事実関係を明らかにするために、誰が、いつ、何のために、何をどれだけどのようにしたかという関係性を明確に書くといった点に留意をしてほしい。

5.　基本的面接技法とコミュニケーション

　相談援助の場面で必要な基本的な面接技法について説明する。面接技法といっても大切なのは利用者とのコミュニケーションをいかに良好に図るかである。相談支援専門員の場合は問題を抱えている障害者やその家族が

相手であるので、障害によって引き起こされた過去からのつらさや経験を含んでいたり、物事を決断することが難しかったりという状況にあることを踏まえて面接に臨むことが大切となる。また、利用者がリラックスできるよう面接を行う場所や部屋の環境、時間帯や、複数で行う場合は参加者の選定にも気を配る必要がある。特に聴力や視力に不安のある利用者の場合には、手話や点字といった情報保障も併せて考えておく。以下に、よく使われる具体的な技法について説明する。

(1)　受け入れ

　利用者がこの場に来てよかったと思ってもらえるように、あいさつから始まる最初の言葉がけから緊張を解く工夫をして第一印象をよくすることが大切である。面談が始まったら、利用者がどこに視線を合わせようとしているかをみながら、困っているようなら興味をもちそうなものを机上に出してそこに視線を逃がすなどをする。利用者の手の動きや体のぶれなど体全体から感情を感じ取り、相談支援専門員自身も自分の表情や姿勢、態度がきちんと利用者を受け入れる前向きなものになっているかを確認する。話したいことは自由に話してよいという点を述べ、質問から入るのではなく、相手が関心をもっていそうなことを話題にして傾聴していく。

(2)　共感

　利用者の話に関心を示し、利用者の考えや感じたことを肯定的にとらえる言葉や態度を示すことである。「なるほど」「そうですよね」という言葉や、前に傾いて話を聴く姿勢がそれにあたる。

(3)　促し

　利用者の気持ちを引き出すために、話を進めていく言葉や態度を示す。「それで？」「それから？」といった言葉や「ふんふん」とうなずきながら聴く姿勢である。あまり頻繁に行うとわざとらしくなるので反射と併用するとよい。

(4)　反射

　利用者の気持ちを引き出すために、利用者の発した言葉の一部を繰り返すことであり、二つの使い分けが考えられる。上記の促しの意味であれば単純に利用者の言葉を返す。

　利用者：「B型事業所が合わないんですよ。」

　相談支援専門員：「B型が合わないのですね。」

　利用者の気持ちの背景を引き出したいのであれば利用者の感情の入った言葉を返す。

　利用者：「亡くなった母に申し訳ない。」

　相談支援専門員：「申し訳ない？」

　利用者：「母には以前、家族を大切にすると誓っていましたから。」

⑸　要約

　利用者の話が長くなり、前後の関係が複雑なときなどに、話を要約してポイントを整理して返す。

　利用者：「周りの目が気になって福祉の事業所を利用することに抵抗があるなんて言えないし、かといって一般で雇用されると人間関係に自信はないし、無職も嫌だし。」

　相談支援専門員：「就労を希望しているけれど、どのようにすればよいか迷っているのですね。」

⑹　明確化

　利用者の話のなかで重要な感情表現が出てきたときに、その気持ちを整理して返すことで、利用者の前向きな気持ちに気づいてもらう。

　利用者：「事業所の職員ともめてしまい、どうも気持ちが収まらなくて…。どうしてこんな施設を紹介したと親に文句を言ったら…。親に謝りたいし、施設にも迷惑かかるし。」

　相談支援専門員：「職員さんともめてしまったけれど、どうにかしたいと考えていて、ご両親にもそれを伝えたいのですね。」

　利用者：「ああ、そうなのかもしれません。」

参考文献
・稲沢公一・岩崎晋也『社会福祉をつかむ 改訂版』有斐閣、2014.
・久保紘章・副田あけみ『ソーシャルワークの実践モデル──心理社会的アプローチからナラティブまで』川島書店、2005.
・東美奈子・大久保薫・島村聡『障がい者ケアマネジメントの基本──差がつく相談支援専門員の仕事33のルール』中央法規出版、2015.

講義
1
3

第2章

相談支援におけるケアマネジメントの手法に関する講義

講義 2-1

相談支援におけるケアマネジメントの手法とプロセス

第1節　ケアマネジメントとプロセス

講師：岡西　博一

1.　相談支援におけるケアマネジメントの手法

⑴　相談支援の具体的な実践を展開するケアマネジメント

　相談支援の目的は、「個別の相談」と「地域づくり」の2点に整理される。個別の相談では、本人が自ら希望するその人らしい生活を送ることができるよう、ニーズに基づいた生活支援が提供されること、また、社会参加が可能になること、そして自分のことは自分で決めることができる、といった自己決定（意思決定）への支援、権利擁護の実践がその具体的な中身となる。これらを展開するうえでは、個別の相談と同時並行的に、生活者である本人が暮らし、活動する地域や環境との相互作用や影響を踏まえた地域へのはたらきかけ（地域づくり）も重要になる。本節を進めるうえで、ケアマネジメントがこれらの目的を達成するための手法であることをあらためて確認しておきたい。

　さらに、相談支援の基本的視点である、「個別性の重視」「生活者視点、QOLの重視」「本人主体、本人中心」「自己決定（意思決定）への支援」「エンパワメントの視点、ストレングスへの着目」「権利擁護」は、ケアマネジメ

ントにおいても同様に、支援を展開するうえではその随所に留意しておく
必要がある。これら相談支援の目的や基本的視点を踏まえ、ケアマネジメ
ント手法のプロセスを説明する。

⑵　ケアマネジメントプロセスとサービス等利用計画

　ケアマネジメントは、支援対象者の社会生活を基盤としたニーズを充足
するために適切な社会資源（フォーマルサービス・インフォーマルサービ
ス）を結び付けていく手法である。本節の「2. ケアマネジメント及びサー
ビス等利用計画の展開」で詳しく解説するが、相談支援専門員は、イン
テーク、アセスメント、プランニング／介入[*1]、モニタリング／評価、
終結といったケアマネジメントプロセスに沿い、次のとおりサービス等利
用計画を作成し、支援を展開する（図2-1）。

　計画相談支援・障害児相談支援において、ケアマネジメントプロセスの
インテーク（受付・受理）、アセスメントの過程は、支援対象者との関係
性を構築し、相談面接等から得た主訴や情報を社会生活ニーズへと整理
し、明らかにする重要な局面である。これらを踏まえ、プランニングで
は、サービス等利用計画（案）を作成し、支援対象者やサービス提供事業
所等の関係機関によるサービス担当者会議を経て、サービス等利用計画に
基づいた支援が提供される（介入）。ただし、当初の支援計画どおりに支
援が展開し、ニーズが充足されるとは限らず、支援対象者のニーズや生活
環境が変化することもあり得る。そのため、モニタリングでは、支援対象
者のニーズの充足やサービス提供の状況等について確認、評価することが
重要となる（継続サービス利用支援）。

*1　ここでいう「介入」
　　は「ケアプランの実
　　施」を意味します。

計画相談支援・障害児相
　談支援　計画相談支援
　は障害者総合支援法、
　障害児相談支援は児童
　福祉法に規定されてい
　ます。サービス等利用
　計画・障害児支援利用
　計画を作成し、チーム
　アプローチにより支援
　を展開することです。

講
義
2
-
1

第
1
節

図 2-1　ケアマネジメントプロセスとサービス等利用計画の展開

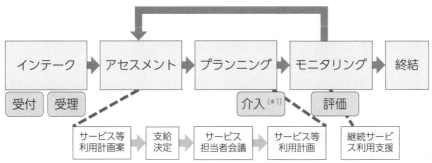

出典：「相談支援従事者研修ガイドラインの作成及び普及事業（平成30年度障害者総合福祉推
　　　進事業）」初任者モデル研修資料（2日目）、119頁、2018. を一部改変

2.　ケアマネジメント及びサービス等利用計画の展開

＊2　「相談支援従事者
　　研修ガイドラインの作
　　成及び普及事業（平成
　　30年度障害者総合福
　　祉推進事業）」初任者モ
　　デル研修資料（2日
　　目）、120～140頁、
　　2018.の事例を用い
　　ます。

「1.　相談支援におけるケアマネジメントの手法」では、ケアマネジメント、計画相談支援・障害児相談支援の展開について概略を説明した。ここでは、相談支援の目的や基本的視点を基礎としたケアマネジメントの各過程について事例を参考として用いながら説明したい。事例[＊2]の概要については、以下を参照。

氏　名	山田あさみ さん（仮名）　　　　　　男・女
年　齢	20歳（初回相談当時）
障　害	外傷性くも膜下出血、頸椎損傷
相談経路	入院中のリハビリ病院医療相談室MSWより入電
相談概要	（MSWからの入電時に受けた事例と相談の概要） ・A市在住のA大学教育学部2年生（1年留年）。事故後から休学中。A市には、19歳から住民登録をし、アパートで単身生活。実家は青森県。 ・半年前の冬、大学2年次（20歳）にスノーボード中の事故により受障。急性期病院を経て、リハビリを目的に現病院に転院する。下半身まひで自操式車いすを使用している。リハビリを終え、退院後のことを考え始めたいと思っている。 ・MSWとしては、今後は自立訓練を利用し、大学を退学、実家に戻るのが妥当と考え、家族ともその方向で話をしている。

(1)　関係性の構築とインテーク（初期相談）

相談支援を展開するうえでは、支援対象者との信頼関係を構築することが前提となる。相談支援専門員は、支援対象者への共感的理解と生活者視点による本人理解の価値観を大切にし、相談及び面接技術を活用しながら実践することが重要である。これを基礎とし、初期相談の留意点について概説する。なお、次の①から⑥はインテークの留意点として参考にされたい。

①　主訴の把握
②　相談の経緯、支援経路、課題感の主体
③　スクリーニング（受理判断・緊急性の判断・支援方法）
④　事業説明　※対等性と利用契約
⑤　個人情報保護　※守秘義務とプライバシー尊重

⑥ 初期段階における関係性構築

　本事例の相談経路は、事例が入院をしているリハビリ病院のMSWであり、現段階では、スノーボードの事故が原因で入院している女性がいて、そろそろ退院に向けた話が出ているらしいという程度の内容しかわからない。インテークでは、この相談に対する「受理の判断」が求められるが、相談支援事業所（相談支援専門員）として協力したいと考えても相談の主役である事例本人の主訴は不明であり、必要なサービス内容やその提供ができるのか否かについても判断することは難しい。そのため、さらなる情報収集が必要になる。「個別性の重視」や「本人主体、本人中心」「自己決定（意思決定）への支援」の基本的視点から考えれば、相談支援は本人の想いから始まるのだと理解することができる。実際に家族や関係機関から相談につながる場面は多いが、本人と直接会い、話を聴くことが相談支援、ケアマネジメントの第一歩になる。お互いに顔を合わせて話を聴くことは、「人となり」を知るきっかけになり、周辺環境、今回の相談でいえば入院生活の状況を確認することも可能にする。留意しておきたいことは、本人も相談支援専門員がどのような人物かをみており、その印象は、相談者である本人との関係性を構築するうえで大きく影響すると認識してほしい。

事例の経過

　初回面接は、病院の病棟ラウンジで面談を行う。本人に落ち込んだり、怒ったりする様子は見受けられなかったが、退院をうれしがる様子もあまり見られず、「学校、どうしよう？」「今後どうするかと言われても…。」という話から、今後への不安と突然、人生が一変してしまったことへの戸惑いが見て取れた。初回面談では、何か話がまとまったというわけでなかったが、これからに向けて継続して話をしていくことで本人と合意した。

　インテークは、相談の受付と**受理の判断**、受理した場合には、本人を理解するうえで必要な情報を収集する局面となる。しかし、前述のとおり、インテークは支援対象者と相談支援専門員の「出会い」の機会であることから、関係性に留意し、信頼関係が構築できるようにかかわることが重要である。相談支援専門員が本人の想いや緊張、感情などに配慮せず、確認したいことを一方的に聞くようなかかわりでは、よい関係性を構築していけるとは考えにくく、まずは本人が話したいこと、伝えたいことを聴き、本人のことを知ろうとする姿勢が大切になる。

　これを実践するうえでは、「面談や相談」のスキルが必要となる。面接は、単なる会話ではなく、相談支援専門員が意図をもって場面を構成し、

受理の判断　組織（事業所）によって異なります。担当者の判断に任せる場合や組織（所内）での会議に諮るなどのルールを設けている場合などがあります。

話を聴き（傾聴）、話の要点や課題を整理し、一緒に向かうゴール（課題）を共有することが求められる。初任者研修では、これらすべてを獲得していくことは難しいため、相談や面接等の研修と実践の振り返り（SV）の機会を活用しながら、専門職としての継続的なスキルアップに努めてほしい。また、コミュニケーションに支援を必要とする人については、困難さに応じた配慮が必要になる。視覚障害、聴覚障害のある人、知的障害や発達障害がある人など、理解しやすい言葉遣いや情報の視覚化、面接する環境づくりといったさまざまな配慮が求められることに留意されたい。

事例の経過

　初回相談以降、関係性の構築に留意し、病室や院内のほか、院外での散歩なども取り入れながら本人と何度か面接を継続して行う。本人は、「やっぱり大学を卒業して東京で仕事をしたい」という希望がある様子。しかし、現実味としては薄く感じている様子であり、希望を話した後には必ず「そうは言っても、もうダメだよね」と付け加える。相談支援専門員からは、本人へ「今後の具体的な道筋を一緒に考えましょう」と提案し、面接と並行しながら、両親が維持してくれていた自宅アパート付近への外出や自宅近くの散策、中途障害者の自宅を見学、ピアサポーターとの面談などを行った。

　このアプローチでは、本人が話しやすい内容から面接を進めていること、併せて、院外への散歩を取り入れるなど、話を聴く環境にも工夫しながら面接を重ねている。また、面接と並行し、本人が表出した希望を具体的にイメージし、考えていけるような情報と体験の機会が提供されている。これは、相談支援専門員が、本人の「自己決定（意思決定）」を支援する立場にあり、どうしたいかを決めるのは本人であるという姿勢を示している。

　インテークでは、このように本人との関係性を構築しながら面接等によって多様な情報を収集していく。相談支援専門員は、この情報を記録し、活用できるように整理・構成しながらアセスメントを進める。後述するが、客観的事実としての情報と相談支援専門員がとらえた主観とを混同させないように、「①客観的な事実（本人の言葉や事実）」「②相談支援専門員の所見（主観）」「③今後の見通し」に分けて記録し、整理・分析に役立てるとよい。

⑵ アセスメント

① アセスメント

　ここではアセスメントを、「本人の夢、希望の実現や課題の解決に向け、必要な根拠（情報）をおさえ（収集し）、整理・分析すること」[*3]と定義する。広義には、前項のインテークにおける情報収集と情報の整理・分析を行うニーズ整理を含むものとしてとらえる。具体的には、本人の人となり、本人の夢や希望、軽減・解消したい課題、本人や環境に関する多角的・総合的な情報、支援者の理解や解釈、ニーズを充足するための手立てなどを把握し、明らかにすることと考えてほしい。

　アセスメントで行う本人や家族、関係者からの情報収集は、支援者の興味本位ではなく、本人の希望する社会生活ニーズの把握やその実現に向けて必要な支援を考えるために行うものである。本人の想いや言葉に加えて、さまざまな客観的情報を整理・分析してニーズを把握し、プランニング（手立て）につなげることを意識してほしい。

　情報収集の留意点として、支援対象者から表出された言葉や想い、好きなこと、嫌いなことなどの「意味や背景を探る」、そのための「問い」を支援者はもてるとよい。筆者が相談支援の駆け出しの頃、上司からのアセスメントに関するSVで、支援対象者から得た情報に対して「なぜ？」という問いをもつことの大切さを教わった。なぜ、この人は〜をしたいのだろう、〜になりたいのだろう、〜が苦手なのだろうという極めて単純な思考であるが、この「なぜ？」は、先述した「問い」を生み出してくれる。これは本人理解を深めるアセスメントを展開するうえで非常に重要である。もう一つは、本人像を多角的にとらえるために多様な手段や情報源を活用することである。面接場面における言語・非言語的コミュニケーションから得る情報、支援対象者とともに行う見学や体験など経験の共有から得る情報、家族や関係機関から得る情報などを能動的に収集していくことが求められる。特に発語がないなどコミュニケーションに困難のある人である場合、その表情や反応、行動を観察することによって得られる情報や気づきは重要である。

　アセスメントで得た情報は、アセスメント票に記録する。参考としては、本人や家族の意向や希望、生活歴（ライフストーリー）、本人や環境に関する領域ごとのストレングスを含めた情報（生活基盤、健康面、ADL、コミュニケーション、社会生活技能、社会参加、教育や就労、家族等）などが項目として様式化されている。相談支援専門員は、定型化されたアセスメント票を用いることで、自身の得意とする項目や興味関心による、あるいは経験値の差による影響を抑え、先述のとおり本人の希望を

＊3 「相談支援従事者研修ガイドラインの作成及び普及事業（平成30年度障害者総合福祉推進事業）」初任者モデル研修資料（2日目）、127頁、2018.より引用。

アセスメント票　組織（事業所）により書式や名称が異なります。本人や環境など領域ごとに情報を整理し、記録されます。

実現するために必要な情報を網羅しながら収集することが可能になる。ただし、アセスメント票の項目すべてを埋めることに終始してはならない。ある程度、本人や生活全般を把握することは必要であるが、本人を理解すること、ニーズを整理すること、プランニングに反映させることが目的である。加えて、本人との関係性やかかわりの過程により、得られる情報が変化することにも留意されたい。アセスメントは、ケアマネジメントプロセスの一つの局面であるが、初期相談以降もさまざまな場面において情報を得る機会はある。支援者は、本人や家族、関係者等とのかかわりのなかで、本人の想いを実現する新たな情報を能動的に収集し、アセスメント情報を更新、深化させていくことが必要である。

事例の経過

　インテーク、アセスメントにて本人との面接を進めるなかで、今後のことが少しずつ具体的な目標へと整理されてきた。本人は、「大学に戻りたいけど、それはいったんおいておき、まずは家に戻りたい」という目標をもち、それに向かい取り組んでみることとなった。しかし、両親や医師は大反対し、「そんなことはできるわけがない」との意見が強かったが、本人の想いに対して完全否定というわけでもなかったため、「とにかくできることから前向きに取り組んでみよう」と最終的には本人の意向に合意した。コメディカル（PT、OT）も本人が希望する暮らしに向けたプログラムを立案したことで、本人にとっても目標が明確になり、今まで以上にリハビリに取り組むようになった。病院は、入院期間が終了するがもう少しリハビリを続けたいとのことで今後のことを検討することとなった。相談支援専門員は、目標が定まってきたところでこれまでの本人の意向やさまざまな情報を整理、分析することとし、それをもとにしたプランニングを行い、本人に提案しようと考えた。

・相談支援専門員と両親との面談

　　両親との面談では、「どうしてこんなことに？」「娘をA市にやらなければ…」「退院したら実家に戻るように言っているのですが」「娘とどう接してよいかわからないときがある」など、後悔やあきらめ切れない気持ち、また、本人を手元におきたい気持ちが強い様子であった。相談支援専門員にはまだ話をしていないが、本人は青森には帰りたくないと言っている様子もうかがえた。

・医療スタッフからの情報

　　（医師）リハビリでどの程度機能が回復するか、医学的に明確なことは言えない。しかし、年齢も若く、経験則からリハビリを継続することで機能向上の期待はできると考える。本人次第の部分も大きい。入院中の現段階で問題は出ていないが、今後、社会生活を営むうえで脳外傷の影

響が出る可能性は否定できない。そのときはあらためて専門医を受診し、評価を受けたほうがよいと思われる。

　（PT・OT）現在、機能維持・回復に向けた一般的な課題に取り組んでいる。ここを退院した後になると思うが、今後の生活機能が固まってくれば、そこに着目したプログラムを考えるとよいと思う。

　（看護師）相談員が来るようになって、次第に前向きになる本人を実感している。外出は空いた時間に手順を踏んでもらい、介助者がいれば特に制限はない。食事に変更があるときだけは前もって申し出てほしい。

　この経過からわかるとおり、本人が表明した「まずは家に戻りたい」という希望に対して、家族や専門職からはそれぞれの立場からの意見もあり、初めからすべてが合意されるとは限らない。しかし、目指すべきは本人の希望の実現であり、そのために相談支援専門員が本人を代弁することや家族、関係者への説明、調整を行うことが必要な場合もある。本人にも配慮したうえで、焦らずに進めていくことが重要である。また、家族について、本人との意見の相違がある場合や関係性が良好ではない場合などは、その時点のみを切り取るのではなく、幼少期の頃からの家族関係、家庭環境といったこれまでの経緯や背景を理解し、アプローチする姿勢が必要となる。

　なお、関係者について、現段階では医療機関の専門職が登場しているが、本人を取り巻く関係者は、チームアプローチを展開するうえで大切な存在となる。そのためにも、それぞれの専門性、立場からの意見や見立てを理解し、協働できるよう本人、関係者、支援者（相談支援専門員）それぞれのつながりにも留意したい。このことは、第2節「多職種連携とチームアプローチ」で詳しく解説する。

②　ニーズ整理

　アセスメントは、広義には「情報収集」と「情報の整理・分析を行うニーズ整理」を含むものと先述した。ここでは、インテーク、アセスメントの流れを踏まえ、ニーズ整理の留意点について説明する。

　支援者は、本人が表明する主訴から、すぐさまその対応を考えると、本人の想いよりも実際に起きている現象に着目しやすくなる。そのため、本人のストレングスへの着目やエンパワメントの視点から、課題中心へとシフトし、プランニングも限定的な内容になりやすい。ケアマネジメントは、極めてリスクの高い状況への危機介入とは異なることから、本人理解を進めながらニーズを整理し、プランニングを考えることが大切である。基本的視点にある「エンパワメントの視点、ストレングスへの着目」に留意し、本人にとって意味のある支援が提案（プランニング）できるよう

講義
2
|
1

第
1
節

ニーズ整理を行ってほしい。

ニーズ整理を行ううえでは、様式を使用することで情報や思考を言語化、可視化することができる。これを、ニーズ整理票という。アセスメント票同様に、組織（事業所）により形式は異なるが、ここでは「厚生労働科学研究費補助金障害者対策総合研究事業「相談支援従事者研修のプログラム開発と評価に関する研究（研究代表者：小澤温）」」において提案されたニーズ整理票（図2-2）〔*4〕を参考に説明する。

このニーズ整理票は、インテーク、アセスメント、プランニングの枠組みで構成されており、「見立て」と「根拠」のつながりを意識しやすいことが特徴である。また、下欄には、事例の概要を一定のボリュームで言語化することにより全体像を認識することができるようになっている。ニーズ整理の留意点は、以下の3点となる。

①　「見立て」

支援者自身が、a.どのような情報を得て、b.どのような解釈をし、c.どのような方針をたてるか。

②　「思考の整理」

本人の意識や客観的事実である「事実」と自分の解釈や支援方針という「支援者の考え」を分けて整理する。

③　「手立て（プランニング）」

＊4　近藤直司『医療・保健・福祉・心理専門職のためのアセスメント技術を高めるハンドブック　第2版――ケースレポートの方法からケース検討会議の技術まで』明石書店、42頁、2015. を一部改変して作成したものです。実際の活用方法については、演習科目（演習1第1節§2（208頁））で学びます。

図 2-2　**ニーズ整理票**

<table>
<tr><th colspan="2">インテーク</th><th colspan="4">アセスメント</th><th>プランニング</th></tr>
<tr><th colspan="2">情報の整理
（見たこと、聴いたこと、データなど：事実）</th><th colspan="2">理解・解釈・仮説
（作成者のとらえ方、解釈・推測）</th><th>理解・解釈・仮説②
（専門的アセスメントや他者の解釈・推測）</th><th>支援課題
（支援が必要と作成者が思うこと）</th><th>対応・方針
（作成者がやろうと思うこと）</th></tr>
<tr><td rowspan="2">本人の表明している希望・解決したい課題</td><td rowspan="2">（作成者の）おさえておきたい情報</td><td>本人</td><td>【生物的なこと】
【心理的なこと】
【社会性・対人関係の特徴】</td><td rowspan="2"></td><td rowspan="2"></td><td rowspan="2"></td></tr>
<tr><td>環境</td><td></td></tr>
</table>

今回大づかみにとらえた本人像（100文字程度で要約する）

本人の言葉、本人の理解から始める。見立てを飛ばして対応に入らないこと。

事例のニーズ整理（図2-3）[*5]を参考としながら、ニーズ整理の留意点について補足する。

インテーク（情報の収集・整理）では、①の欄に＜本人の希望＞である「本当は大学に戻りたい。とりあえず自宅に帰りたい。」を記入する。ケアマネジメントは、人生の主人公である本人の言葉、想いからスタートすることを原則としている。それに対する＜支援者の理解や解釈、仮説＞をアセスメントの②の欄に記入する。支援者は、本人の障害やADLなどから、【生物】では、リハビリし、車いすで暮らせる物件に転居すれば、可能ではないか。【心理】では、具体的な今後のイメージが描ければ、さらにモチベーションが高まるのではないかと自身の解釈を示している。では、このように支援者が解釈した理由（根拠）は何か。それが、インテークの③の欄に＜記入者の解釈の根拠となる事実＞として記入されている。この情報は、インテーク、アセスメントから得た客観的事実である。ここでは、本人が一人暮らしの経験があること、現在のアパートは2階でエレベーターは設置されていないといった生活環境、大学進学では両親を説得して上京した本人の積極的な性格、受障による精神的なダメージ、相談支援専門員とのかかわりで少しずつ気持ちに変化が生じていることなど、本人や関係者からの情報、環境面のアセスメント情報が記入されている。これらは、

*5　前掲資料〔*3〕に掲載の書式（ニーズ整理票）を用いて作成されています。

講義
2
―
1

第
1
節

図2-3　ニーズ整理票（事例）

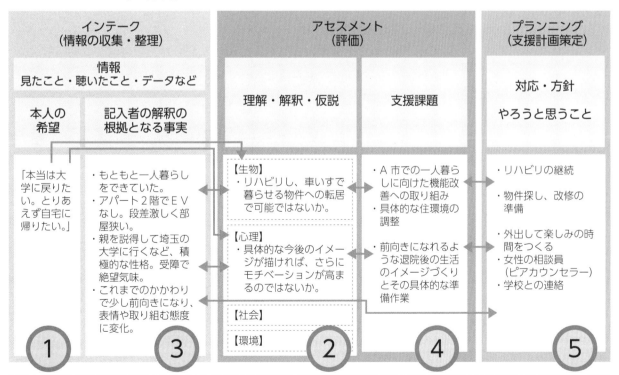

出典：「相談支援従事者研修ガイドラインの作成及び普及事業（平成30年度障害者総合福祉推進事業）」初任者モデル研修資料（2日目）、131頁、2018.

それぞれが関連しており、図2-3では矢印で示されている。これらを踏まえ、本人の想いを実現するためには、どのような支援が必要になるか。それが、アセスメントの④の欄に＜支援課題＞として記入されている。Ａ市での一人暮らしに向けた機能改善への取り組み、具体的な住環境の調整、前向きになれるような退院後の生活のイメージづくりとその具体的な準備作業としてニーズを整理することにより、プランニングの⑤の欄では＜対応・方針＞として、リハビリの継続、物件探しと改修の準備、外出して楽しみの時間をつくる、女性相談員（ピアカウンセラー）、学校との連絡といった方針をあげている。

　このように、本人との出会いからインテーク、アセスメントにて得た情報を、客観的事実と支援者の主観とに整理しながら、本人の想いを軸に結び付け（構成し）、根拠をもってニーズを明らかにしたうえで支援方針をあげる作業は、本人理解を深めること、本人や関係者との共通理解にも役立つ。ケアマネジメントの過程では、多種多様な情報を得ることになるが、現在の支援展開において必要となる情報を取捨選択し、構成しながら活用することは容易ではない。支援者が自身の考えを整理し、本人や関係者と協力、連携するためにもアセスメントにおけるニーズ整理の作業は極めて重要である。

　支援者の頭の中（思考）では、意識の有無に限らず、同様の作業がなされているかもしれないが、言語化、可視化されにくいという点では、本人の主訴（図2-3①）、あるいは起きている現象から一足飛びにプランニング（図2-3⑤）に至り、本人理解を深めることやストレングス、エンパワメントに欠ける結果になり得ることも否めない。初任者研修では、このアセスメント、ニーズ整理のプロセスを演習1（202頁）で体験的に理解を深め、その後のインターバル実習において個別事例に取り組むことになる。これまでの経験とともに、新たに習得した知識、技術をもって取り組んでほしい。

事例の経過

　上記のとおり、ニーズ整理の結果、次の二つについて本人へ提案する。一つは、Ａ市に戻るためにもリハビリを継続する。具体的には自立訓練（機能訓練）を利用する。もう一つは、入院中もＡ市に戻る準備をするとともに、その時に楽しめることを考えてやってみる。具体的には、外出した際に新しい住まいのイメージをしてみること、以前の遊びや楽しみを続けることが難しい場合は、新しい遊びや楽しみを見つけてみる。これらについて、相談支援専門員と一緒に考えて、動いてみる。この提案を受けて本人は、「本当にできるのだろうか」という不安もあったが、勇気を出して挑戦してみることになった。

⑶ プランニング

計画相談支援の流れとしては、**図2-1**（81頁参照）のとおりサービス等利用計画案を作成し、本人の同意・署名が得られた後、行政に提出して支給決定を受け、受給者証が交付される。以降の流れとしては、計画した支援内容を実行するため、支援に携わる関係者（フォーマル・インフォーマル含む）との役割分担、サービス担当者会議を経て、あらためて事業所名等が入った「サービス等利用計画」を作成する。書式としては案とほとんど変わらないため、ここでは計画案の書式で見ていく。なお、支給決定後、役割分担のために行われる「サービス担当者会議」は、チームアプローチを展開するうえで大切な機会であるが、ここでは触れず「第2節 多職種連携とチームアプローチ」で解説する。

まず、サービス等利用計画の作成にあたって、その必要性、備えるべき特徴、踏まえるべきポイントを以下にあげる[*6]。

【必要性】
① ニーズに基づいた本人中心の支援を受けられる。
② チームによる質の高いサービスが提供できる。
③ サービス提供（支給決定）の根拠となる。
④ 地域全体のサービス充実の契機となる。

【備えるべき特徴】
① 自立支援計画であること。
② 総合支援計画であること。
③ 将来計画であること。
④ ライフステージを通した一貫した支援計画であること。
⑤ 不足したサービス、資源を考える契機であること。
⑥ ネットワークによる協働であること。

【ポイント】
① エンパワメントの視点が入っているか。
② アドボカシーの視点が入っているか。
③ トータルな生活を支援する計画になっているか。
④ 連携、チームでの計画になっているか。
⑤ サービス等調整会議（サービス担当者会議）が開催されているか。
⑥ ニーズに基づいた計画になっているか。
⑦ 中立公平な計画になっているか。

*6 日本相談支援専門員協会「平成23年度厚生労働省障害者総合福祉推進事業―サービス等利用計画の実態と今後のあり方に関する研究事業―報告書」『サービス等利用計画作成サポートブック』5～10頁、平成25年5月（改訂第2版）を参考に作成しています。

⑧　生活の質を向上させる計画になっているか。

　これだけのポイントを網羅したサービス等利用計画を初期段階から作成するのは容易でないが、目指すべきところととらえてほしい。実践においては、サービス等利用計画の変更・更新を繰り返す過程でこれらを確認していくことが重要である。

　次に、事例のサービス等利用計画案（図2-4）を参考としながらアセスメントとのつながりやポイントについて補足する。

　サービス等利用計画は、本人の意向、希望する生活からスタートし、それを実現するための総合的な援助方針を立て、1年後（〜3年後）の状態像を目指す長期目標、半年後（〜1年後）の状態像を目指す短期目標を記載する。さらに、短期・長期目標の実現に向け、具体的に、どの程度の期間でどのような目標に向かい、何をしていくのか整理したものが支援の内容として記載される。本人の希望から始まり、その実現に向けた内容を具体化して計画に落とし込むイメージとなる。図2-4では、ニーズ整理票との対比が示されているが、本人の意向（①）は、ケアマネジメントの始まりで

図 2-4　サービス等利用計画案（事例）

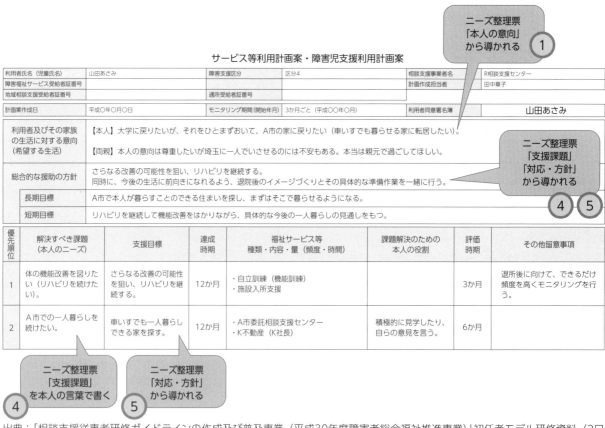

出典：「相談支援従事者研修ガイドラインの作成及び普及事業（平成30年度障害者総合福祉推進事業）」初任者モデル研修資料（2日目）、133頁、2018.

あり、ここを軸に客観的情報と支援者の見立てを整理し、明らかになった支援課題（④）と対応・方針（⑤）が、計画の解決すべき課題、支援目標へと反映することがわかる。サービス等利用計画は、何もないところから作成されるものではなく、インテーク・アセスメントで整理した情報が集約されたものであるともいえよう。なお、サービス等利用計画は、本人や支援チームによって共有されるものであることから、支援の方針や目標、内容について、表記・用語などに関してもわかりやすく記載されていることが重要である [*7]。

さらに、計画作成（プランニング）において強調しておきたいのは、ストレングスへの着目と、それを活かした支援内容の立案である。本節の事例を参考にすれば、ニーズ整理票（図2-3）には、「もともと一人暮らしができていた」「積極的な性格」が本人のストレングスとして着目されており、計画（図2-4）においても、「積極的に見学したり、自らの意見を言う」という本人の役割としてストレングスが活用されている。また、支援関係としては「K不動産」が登場するなど障害福祉サービスに限定されない生活者視点としてのストレングス・社会資源がこの計画には活用されている。ストレングスは、本人を深く理解したり、本人が暮らす地域や環境を知ることで見えてくるものであることから、アセスメントとプランニングとのつながりの重要性をあらためて認識してほしい。

次に、週間計画表について概説する。週間計画表（図2-5）[*8] は、計画案・計画、モニタリング報告書と併せて作成する書式である。これは、支援対象者の生活の全体像を把握し、サービスの提供によって目指す生活を記載するものである。その時点での1週間の生活実態や公的支援とその他の支援の利用状況、主な日常生活上の活動、週単位以外のサービスの利用状況等、支援を受けていない時間帯の過ごし方、家族やボランティアとのかかわりなど具体的に示すとよい。特に、「サービス提供によって実現する生活の全体像」は、計画に沿った支援により、支援対象者の生活がどのように変化し、本人の希望に近づいていくのかという重要な記載になることに留意されたい。

⑷ モニタリング（評価）と終結

① モニタリング

モニタリングは、支援が計画どおりに進んでいるか、その結果、本人はどう感じているか、新たなニーズは発生していないか、支援目標は達成されつつあるのかなど、評価・確認をする局面である。サービス等利用計画作成の流れでは、「継続サービス利用支援」となる。モニタリングは単なる評価・確認に留まらず、支援を通じて得た新たな情報を整理し、再アセス

*7 サービス等利用計画作成上の留意点については、前掲資料〔*3〕を参考に作成された「相談支援従事者研修ガイドラインの作成及び普及事業（平成30年度障害者総合福祉推進事業）」初任者モデル研修の資料を巻末資料2に掲載しているため、参照してください（274頁参照）。

*8 前掲資料〔*6〕、24〜25頁をもとに作成されています。

講義
2
-
1

第
1
節

図 2-5　週間計画表

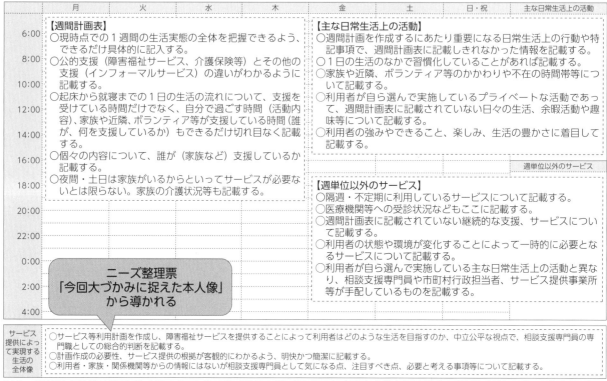

出典：「相談支援従事者研修ガイドラインの作成及び普及事業（平成30年度障害者総合福祉推進事業）」初任者モデル研修資料（2日目）、136頁、2018.

メントにつながる機会でもある。次にモニタリングの視点、留意点をあげる。

【モニタリングの視点】

①　プランの進捗状況や適切性

・サービス等は適切に、計画どおり提供されているか。

・ゴールは達成されているか、ゴールに向けて進んでいるか。

・ニーズは充足されているか。

②　本人による評価

・満足度はどうか。

・想いやゴールに変化はあるか。

③　支援チームなどの周囲による評価

・プランに変更・修正の必要はあるか？

　①と③は客観的な視点、②は本人の主観的な視点となる。モニタリングにおいても本人主体、本人中心の基本的視点を忘れず、客観的な評価と本人の実感（ニーズの充足度、不安や不満等）を情報として分けて整理し、評価・分析することが重要である。

【モニタリングの留意点】

① 再アセスメント・評価の視点
  ・状況確認（情報更新）――見立て直し。
  ・アセスメントの更新、深化。
② 変更は前提
  ・経験等により本人は変わる。
③ チームによる評価
  ・多様な視点（多角的・総合的）。
  ・連携の一助（情報と方向性の共有）。
  ・サービス担当者会議等の活用。

　モニタリングは、再アセスメントの機会であり、本人や周辺環境等、生活状況に変化が生じていることも想定しながら、本人や支援チームから得る情報を整理・分析することが必要となる。そのためには、本人を中心とした風通しのよいチームの形成と維持、支援状況に応じたメンバー調整などにも留意することが重要である。

　ケアマネジメント及びサービス等利用計画の作成プロセスでは、モニタリングにより得られた結果（情報）を参考に再アセスメント、ニーズ整理を行うことによって、支援者の本人理解はさらに深まっていく。このプロセスを繰り返していくことにより、本人の希望する生活が実現する（あるいは、希望に近づいていく）ことを理解してほしい。

事例の経過

・自立訓練（機能訓練）の開始から残り数か月で1年、本人は22歳になり、大学は休学して2年が経つ。計画相談支援については、同市の若手（本人と同年代）の相談支援専門員に入ってもらい、楽しみやサービス利用の部分を担当してもらいながら、（主担当としては）住居や学校との調整を行った。

・住まいは、縁側からアクセスすれば車いすで生活できる一軒家を借りることができた。古い一軒家であり、そのうち取り壊すからどのようにしてもよい、という協力的な家主に出会うことができた。費用のかからない簡易的な改修や福祉用具等はリハビリスタッフが出向き、一緒に考えてくれた。費用は両親が「出世払いだぞ」等と言いながらも協力を得ることができた。浴室だけは改修が難しいため、しばらくは訪問入浴を利用することになっている。本人は「仕方ないけど、たまには湯船に浸かりたい」との想いを表出している。何度か外泊をして、両親や大学の友人の協力を得ながら必要な介助を検討することもできた。

本事例は、計画に沿って自立訓練を利用してリハビリを継続しながら、退院後の一人暮らしに向けた準備として、住まいや必要なケアを両親や友人、スタッフ、家主などの協力を得ながら調整してきたことがモニタリングとして整理できる。また、新たな楽しみの模索も同年代の相談支援専門員の存在もあり、一緒に考えることができている様子。

本節で事例の経過を紹介するのはここまでとするが、このモニタリング後、実際に病院から退院し一戸建てに住むための計画を作成し、居宅介護（ヘルパー）や訪問入浴、移動支援を利用しながら単身生活を実現させている。それ以降も、本人自身が基幹相談支援センターや大学に相談しながら、復学の夢もかなえている。大学を卒業後は、障害者雇用で学習塾の会社へ就職し、仕事や恋愛、友だち付き合いも順調に進み、27歳の時に同棲を始めたことを機に福祉サービスの利用が終了している。

②　ケアマネジメントにおける終結

ケアマネジメントは、①プランに設定した目標が達成され、目標を更新する必要がなくなった場合（ニーズの充足）、②支援対象者である本人が希望しなくなった場合、③支援機関としての役割を終えた場合（転居、死亡等）に終結となる。本節での参考事例は、③の相談支援事業所としての役割の終了に該当する。終結のタイミングとしては、本人が大学に復学し、安定して通学できるようになった段階でセルフプランに移行し、終結するという経過も考えられる。留意しておきたいことは、計画相談支援が終結した後も、本人が希望すれば相談支援の再開が可能であることを踏まえ、支援対象者にはこの点を含めて説明しておくことである。加えて、セルフマネジメントについても触れておきたい。仮に相談支援専門員がサービス等利用計画を作成している場合であっても、意思決定支援等の合理的配慮に基づき、本人の希望や意向が十分に反映され、本人が自分の生活のあり方を自分で判断し、コントロールできていれば、それはセルフマネジメントを行っている状態ともいえる。障害や疾病により、これを実現することが困難とされる場合もあるかもしれないが、相談支援の目的、基本的視点や価値を実践の根拠として据え、相談支援専門員として、すべての支援対象者について目指すべきところであるといえる。

ケアマネジメントの展開に関する説明は以上となるが、ケアマネジメントプロセスについて事例を通じて概観すると、入院後からの経過では、本人の周囲の関係性は両親と病院であった。ここに病院MSWと相談支援事業所（相談支援専門員）の相談が加わったことを機にケアマネジメントが開始され、インテーク・アセスメントを通じ、目標設定、プランニングを行う過程で本人の関係性は広がっていった。フォーマルサービスとしては自立訓練、単身生活を始めた以降は、居宅介護、訪問入浴、移動支援の事

セルフプラン　サービス利用に関する計画や利用調整を、基本的に本人自ら行うことです。「セルフマネジメント」は、自分の生活のあり方を自分で判断し、コントロールすることを意味しており、双方が同義ではないことに留意しましょう。

業所及びスタッフが、インフォーマルとしては、不動産や家主、大学での教諭や友人、卒業後は職場や職場の同僚、同棲相手と本人を中心とした関係性といった支援ネットワークが拡充していったことがわかる[*9]。ケアマネジメントでは、本人中心の支援を展開する過程で、ネットワークを構成するメンバーがニーズや状況等に応じて変更しながら、本人の支援チームとして連携していくことが求められる。次節では、これらの点について詳しく説明したい。

*9 本人を中心とした関係性、社会資源をエコマップに整理し、可視化するとより理解が深まり、本人や支援チームとの共有に役立ちます。

講義2−1
第1節

参考文献
・小澤温監修、埼玉相談支援専門員協会編『相談支援専門員のためのストレングスモデルに基づく障害者ケアマネジメントマニュアル——サービス等利用計画の質を高める』中央法規出版、2015.

第2節　多職種連携とチームアプローチ

講師：小島　一郎

1.　多職種連携・チームアプローチの必要性

⑴　ケアマネジメントとの関係

　「第1節　ケアマネジメントとプロセス」では、ケアマネジメントプロセスに沿って、個別相談に対する相談支援の具体的なかかわりについて説明してきた。相談支援専門員は、アセスメントを通じて相談者のニーズを把握し、支援計画を立て、相談者の希望する生活の実現に向けた支援の展開を図るが、実は、アセスメントにかかる情報収集や支援内容の役割分担、さらには支援状況のモニタリングなど、各プロセスにおいてほかの職種や地域の関係者とのつながり・協働が不可欠であることにも気づいたであろうか。

　この第2節では、相談支援業務に欠かすことのできない「多職種連携」と「チームアプローチ」について説明し、ケアマネジメント手法の理解をより確かなものにしていきたい。

⑵　「多職種連携」「チームアプローチ」とは何か

　「多職種連携」や「チームアプローチ」という言葉は、障害分野の支援者間ではほぼ同義に使われている印象であるが、厳密には整理・区別が必要であると思われる。本節の主たるねらいは、ケアマネジメントプロセスやそれに沿った計画相談支援・障害児相談支援の提供における多職種連携・チームアプローチの実際を理解し、演習・実践への導入とすることだが、後に混乱を招かないためにも、まず用語整理をしておく。

　「多職種連携」とは文字通り、多様な職種の連携である。一般的に「連携」は「同じ目的を持つ者が互いに連絡をとり、協力し合って物事を行うこと」[*1]なので、ここでいう「多職種連携」は、障害児者の支援のためにさまざまな専門職や地域の関係者が互いに連絡をとり、協力し合うこといえる。

　同様に、「チームアプローチ」についても考えてみると、一般的に「チーム」とは「共同で仕事をする一団の人」[*2]を、「アプローチ」とは「接近すること。働きかけること」[*3]を意味するので、「チームアプローチ」は、

＊1　新村出編『広辞苑第7版』、3126頁、岩波書店、2018. より引用

＊2　前掲書〔＊1〕、1858頁より引用

＊3　前掲書〔＊1〕、79頁より引用

集団で共同して仕事——障害児者の支援を行うこと、ということになる。

つまり、「多職種連携」はさまざまな職種や関係者の協力関係に着目した表現であることに対し、協力関係にある者同士が構成する集団によって支援を行うのが「チームアプローチ」といえよう。あらためて、相談支援業務やケアマネジメント手法における「チームアプローチ」とは、障害児者の地域生活支援において、本人のニーズを充足するために集まった関係者が協力し、一体となって支援を行うことであり、「多職種連携」とは、そのなかで行われる関係者の協力・協働と整理する。

(3) 多職種連携やチームアプローチの範囲と地域生活支援の重層性

地域生活支援やその手法としてのケアマネジメントと関連付けた形で、「多職種連携」「チームアプローチ」とは何かを考えてきたが、実際の地域生活支援の取り組みを考えると、支援の対象・範囲や支援の実施主体によって連携する対象・範囲が変化することにも気づかされる（図2-6参照）。

個別相談としての相談支援は、ケアマネジメントの手法を用いて、地域の障害福祉サービスをはじめ、医療・労働・教育といったほかの領域の専門職やインフォーマルサービスまで、幅広い支援者の連携を図り、チームアプローチを行っていくことが特徴であるが、例えば、支援チームの構成員としての障害福祉事業所のなかでも、組織的なサービス提供をするうえで、所内の部署間や職員間の連携の仕組みが必要となる。また、個別相談を展開していくと、個別ケースについての連絡調整や社会資源活用の工夫では解決の困難な、地域の課題が明らかとなり、自立支援協議会の取り組

図 2-6　多職種連携やチーム支援の範囲（段階）

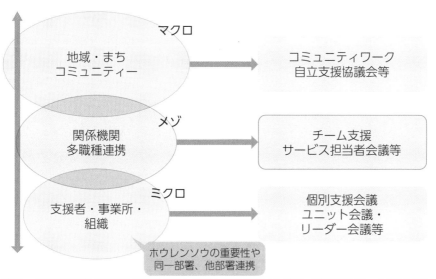

出典：「相談支援従事者研修のプログラム開発と評価に関する研究（研究代表者：小澤温）」平成28年度〜29年度総合研究報告書、70頁を一部改変

みに代表されるような地域へのはたらきかけ、地域づくりのための仕組み
が必要となる。そういう意味では、どの段階も、連携を行い、チームで取
り組むことでは共通しているが、ここでは、支援の対象・範囲や実施主体
によって、事業所単位の個別支援（ミクロ）～複数の事業所や社会資源に
よるチームアプローチ（メゾ）～事業種別、ほかの領域の専門職、地域住
民などの代表者による地域課題の解決の取り組み（マクロ）と整理し、以
降ではメゾレベルに位置付けられる範囲の連携を中心に説明していくこと
を確認しておきたい。

　なお、障害者総合支援法第1条（目的）にも「障害者及び障害児が基本的
人権を享有する<u>個人としての</u>尊厳にふさわしい<u>日常生活又は社会生活を営
むことができる</u>よう、必要な障害福祉サービスに係る給付、地域生活支援
事業その他の<u>支援を総合的に行い</u>、もって障害者及び障害児の福祉の増進
を図るとともに、障害の有無にかかわらず国民が相互に人格と個性を尊重
し<u>安心して暮らすことのできる地域社会の実現に寄与すること</u>を目的とす
る」（下線は筆者）とあることを踏まえ、相談支援の目的・役割も、障害児
者本人の、その人らしい地域での暮らしの実現と、障害の有無にかかわら
ず、誰もが暮らすことのできる地域づくりであるということができる。つ
まり、相談支援は、ここでいうメゾレベルでの取り組みに留まらず、マク
ロレベルへのかかわりもその重要な役割であるが、これについては「講義
2－2　相談支援における家族支援と地域資源の活用への視点」で扱う。ま
た、メゾレベルとミクロレベルの関連についても、障害福祉の主たる公的
サービスの提供における重要ポイントであり、本節の「2.⑶相談支援と
サービス管理責任者等との連携」で詳しくふれる。

2. 多職種連携・チームアプローチの実際

⑴ 多職種連携とチームアプローチの効果

　チームアプローチを行う際に、支援チーム内で認識しておくべき重要なポイントとして、以下の五つがあげられる。[*4]

> ①多元性　多様なニーズや社会情勢の変化に対応できる
> ②限界性　一人の相談支援従事者や一つの事業所・機関でできることには限りがある
> ③可能性　連携やチームでの対応により、できることやアイデアが広がる
> ④補完性　得手・不得手、過不足を相互に補完し合える
> ⑤付加性　関係者一人ひとりや各事業所、機関の実践力や質の向上につながる

　生活全般にわたる多様なニーズに応じた支援を行うとき、就労や日中活動先、移動のあり方、夜間支援の必要性、起床後や就寝までの動きなど、われわれ支援者が考慮・対応すべきことはさまざまであるし、いったん固まったと思われる支援体制も、法制度や事業者の状況の変化などで変更を迫られることも珍しくないため、支援チームの構成は多様である必要がある（多元性）。また、例えば夜間支援を一つとっても、曜日や時間帯ごとに業務分担をし、継続可能な見通しをもてないと、特定の支援者・事業所の不測の事態などに対応できない（限界性）。支援計画の作成においても、相談者本人はもちろんのこと、チームを構成する多様な立場からの意見を聞くことで、質の向上が図られ、本人の希望する生活の実現に向けた可能性が高まるはずである（可能性）が、これを相談支援専門員のみで行うと、限られた成果しか期待できないであろう（限界性）。

　一方で、関係者・事業所・機関は、お互いの強みを出し合い、単独では対応の難しい支援の内容や時間・頻度等をカバーし合うことで継続的にかかわりやすくなる（補完性）し、情報交換や人的交流を通じて、支援者のスキルアップや事業所・機関の支援力の向上が図られることもしばしばである（付加性）。

　このように、チームアプローチは相談者本人の希望する生活の実現を推し進めるとともに、支援の継続性や質を高める効果も期待できるため、これらのポイントをチーム内の共通認識とし、連携するモチベーションや

＊4　「相談支援従事者研修のプログラム開発と評価に関する研究（研究代表者：小澤温）」平成28年度〜29年度総合研究報告書、67頁、2018. を改変

講義
2
―
1

第
2
節

チームの一体感を意識的に高めることも、相談支援専門員の重要な役割といえよう。

対人援助にかかわる専門職は、保健・医療・福祉・教育・司法など多様で、受けてきた教育や主たる実践手法が違うことから、ニーズのとらえ方、支援の方法が異なる。また、障害福祉分野のなかでも、通所事業所、ホームヘルプ、短期入所、グループホームなど、さまざまな事業所が生活支援にかかわるが、支援に対する価値観（課題のとらえ方）が事業種別によって異なることが多い。よって、チーム内の意見調整や合意形成、また、そのための打ち合わせや会議の調整に時間や労力が費やされる、いわば「手間暇がかかる」ことなので、チームアプローチの必要性や期待できる効果が大きいことをチーム内で認識しておかないと、一体感を保つことが難しくなる場合も生じる[*5]。支援者間の違いを認めながら、その違いを活かし合うことでこそ、障害児者一人ひとりの地域生活を支えることができるという共通認識が、チームを活性化させるのである。

(2) ケアマネジメントプロセスに沿った多職種連携・チームアプローチの実際

それでは、多職種連携及びチームアプローチの必要性や重要性・効果を理解したところで、ケアマネジメントプロセスに沿って、実際の動きや留意点を整理してみたい。

① インテーク

相談支援事業所では、相談者からさまざまな日常生活上の困りごとが寄せられるばかりでなく、高齢・医療・教育といったほかの専門機関や地域住民からの相談も多い。「ワンストップ」を心がけ、必要に応じて適切に他機関へつなぐことも必要となるため、日頃から相談支援専門員は地域のほかの専門機関との関係構築を図っておく必要がある。「顔の見える関係」のなかで、関係者から、障害分野の身近な総合相談窓口として知っておいてもらうことと、自らが地域の他機関や関係者を、つなぎ先として把握していることの両方が求められる。

近年では、いわゆる「8050問題」や高齢障害者への支援のあり方について、地域包括支援センターから相談を受けることも多く、定例化した連携会議を行っていることも目立ってきている。

② アセスメント

相談者のニーズ把握のため、相談支援専門員は、相談者本人はもとより、家族やほかの支援者、近隣の人々など幅広い関係者から情報収集し、本人像や生活ぶり全般を理解する必要があり、そのためには、幅広い関係

*5 ここでは、さまざまな専門職や障害福祉サービスといったフォーマルサービスについて述べていますが、実際には家族や近隣住民、その他のインフォーマルサービスを含めて支援チームは構成されるため、調整等の範囲はより多岐にわたります。

者にはたらきかけ、協力を得ていくことが求められる。そしてこのはたらきかけを通じて、支援チームを形成していく。また、本人の障害の状況により、二次アセスメントが必要な場合、適切な専門機関に依頼し、その指示や助言に基づいて、支援目標や内容を調整していくこととなる。

　2017（平成29）年に「障害福祉サービス等の提供に係る意思決定支援ガイドライン」[*6]（以下、本節において「ガイドライン」とする）が示されて以降、あらためて、意思決定支援の重要性が確認され、その具体的なプロセスへの関心が高まっているが、ガイドラインのなかでも、「意思決定を進める上で、本人の判断能力の程度についての慎重なアセスメントが重要となる」こと、また「意思決定支援会議は、本人参加の下で、アセスメントで得られた意思決定が必要な事項に関する情報や意思決定支援会議の参加者が得ている情報を持ち寄り、本人の意思を確認したり、意思及び選好を推定したり、最善の利益を検討する仕組みである。意思決定支援会議は、本人の意思を事業者だけで検討するのではなく、家族や、成年後見人等の他、必要に応じて関係者等の参加を得ることが望ましい」と、多様な立場の関係者のかかわりが強調されている。アセスメントにおける多職種連携の重要性は、高まるばかりといえる。

③　プランニング

　把握したニーズの充足や本人の希望する生活の実現に向けて、支援計画を作成するが、さまざまな障害福祉サービスをはじめ、インフォーマルサービスも含めた支援を提供するため、相談支援専門員は、日頃から地域の社会資源の把握に努めておく必要がある。事業所ごとの特徴や交通アクセスなど、できれば実際に訪問をして把握しておくことが望ましい。また、サービス担当者会議を開催し、情報共有を行うとともに、支援方針に基づいた事業所・機関ごとの個別支援計画を求めることとなる。詳細は「⑶相談支援とサービス管理責任者等との連携」で触れる。

④　モニタリング

　作成した支援計画に基づいて支援を行うなかで、関係者に支援状況を確認したり、実際に支援を受けてみての意見や感想を本人に聞きながら、支援の進捗を評価し、今後の課題を整理して支援内容の改善につなげる。支援状況については、日頃から関係者と情報共有を行っておくことが重要で、評価時期にそれらをまとめると考えたほうがよい。本人の意見・感想も含めて、支援経過のなかで得られた情報により、再アセスメントを行う機会ともなる。

*6 「障害福祉サービスの利用等にあたっての意思決定支援ガイドラインについて」（平成29年3月31日障発0331第15号）として公表されています。なお、概略については巻末資料3（277頁）を、詳細については講義3-1の13.（175頁）を参照してください。

(3)　相談支援とサービス管理責任者等との連携

　ケアマネジメントプロセスに沿った多職種連携・チームアプローチの実際は以上となるが、なかでも、障害者総合支援法上の介護給付・訓練等給付や、児童福祉法上の障害児通所支援といった主要な公的サービスを組み合わせた支援を行う場合、相談支援専門員は、事業ごとのサービス管理責任者・児童発達支援管理責任者・サービス提供責任者（以下「サービス管理責任者等」とする）との連携が必須となる（図2-7参照）。現在の障害福祉サービスの根幹を成す部分ともいえるので、特に、サービス担当者会議の開催や個別支援計画との連携の視点で触れる。

①　サービス担当者会議の開催

　サービス等利用計画・障害児支援利用計画（以下「サービス等利用計画等」とする）の作成プロセスのなかで、計画案を行政窓口に提出し、支給決定されて受給者証が交付されると、相談支援専門員はサービス担当者会議を開催する。これは、相談者本人の支援にかかわる関係者全員を対象に、本人情報や支援方針、支援目標を共有し、必要な支援内容の役割分担を行って、各事業所の個別支援計画に反映させるための会議である。

　開催場所は地域・ケースによってさまざまだと思われるが、行政機関や集合可能な事業所の会議室等を借りることもあれば、相談者本人の自宅で行うこともある。開催日時も、できる限り参加者全員が揃うよう工夫したいが、難しい場合は、主要な支援者を優先し、欠席者には事前に意見を聞いておくなどの配慮をするのが望ましい。会議での調整・検討と相談者本

図 2-7　相談支援事業者とサービス事業者の関係

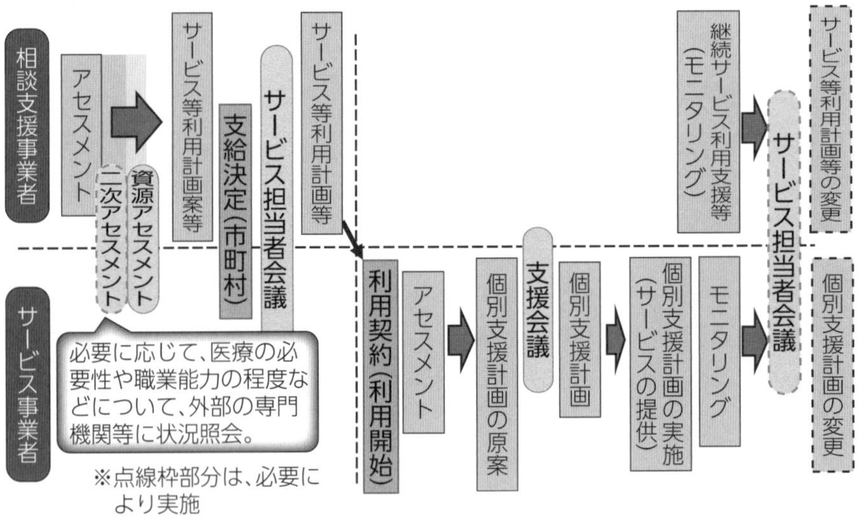

出典：厚生労働省資料

人の同意を経てサービス等利用計画等を作成し、行政窓口に提出するとともに、関係者全員に配布する。

多職種連携やチームアプローチは協力関係や支援のあり方であり、関係者が一堂に会して意見を交換したり、作成した計画を共有することで初めて、支援チームに参加していることが実感できる。このような機会の積み重ねが、チームアプローチの効果をより高めるといえる。

② サービス等利用計画等と個別支援計画との連携

サービス担当者会議を経て、サービス等利用計画等が関係者に配布されると、それに基づいて各事業所の個別支援計画の作成・更新がなされる（図2-8参照）。特に、前者の「総合的な援助の方針」は個別支援計画にも記載され、相談者本人の希望する生活の実現に向けた一貫した方針のもと、事業所ごとの支援内容が検討されることが重要である。また、個別支援計画におけるモニタリング結果が、サービス担当者会議において支援チーム内で共有され、サービス等利用計画等のモニタリングにもつながると、相談支援とサービス管理責任者等との連携のサイクルが実体化され、支援効果も高まるといえる。

例えば、「将来的に再就労を目指す」という援助の方針のもと、サービス

図 2-8　サービス等利用計画と個別支援計画の関係

○　サービス等利用計画については、相談支援専門員が、総合的な援助方針や解決すべき課題を踏まえ、最も適切なサービスの組み合わせ等について検討し、作成。
○　個別支援計画については、サービス管理責任者が、サービス等利用計画における総合的な援助方針等を踏まえ、当該事業所が提供するサービスの適切な支援内容等について検討し、作成。

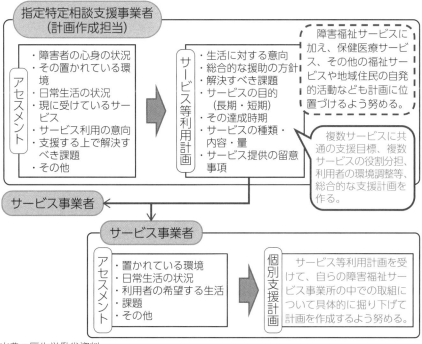

出典：厚生労働省資料

等利用計画上では、「まずは生活リズムを整え」「できる作業や得意なことを増やしていく」ために就労継続支援B型事業所を利用する内容となっているのに、実際の通所先では、楽しく過ごすことを第一とし、新しい作業に挑戦するような取り組みはなされないような個別支援計画が立てられていたら、一貫性を欠き、支援目標の達成は困難にならざるを得ない。そうではなく、サービス等利用計画に即して、まずは自信をつけるためにできる作業を続け、安定した通所利用が実現しやすくなり、徐々に新しい作業にも挑戦していけるような個別支援計画に沿って支援が行われると、その間の本人の様子や支援上の工夫・成果が、モニタリングを通じて支援チーム内で共有され、チームの支援力やサービス等利用計画自体の質を向上させ、本人の希望する生活にも近づいていく——このように、両計画が連携した支援サイクルをつくり出すことこそ、本人中心の支援といえよう。

3. 多職種連携・チームアプローチの実践上の留意点

ここまで、多職種連携やチームアプローチについて、さまざまな視点で整理・確認してきたが、最後に、実践するうえでの留意点をあげる。実際の業務の参考にしてほしい。

⑴　相談支援専門員としての専門性を身につける

さまざまな専門職や地域の関係者と連携し、チームとして支援を行っていく前提として、まずは自らの専門性——相談支援専門員としての役割を果たすために必要な能力を身につけることが、当然求められる。それはすなわち、この初任者研修で得られる知識や技術を確かなものとし、実践すること、また継続的にスキルアップすることだといえる。

⑵　自己理解と他者理解

「支援者間の違いを認めながら、その違いを活かし合うことでこそ、障害児者一人ひとりの地域生活を支えることができるという共通認識」が重要であることは先に述べたが（102頁参照）、違いを認め活かし合うためには、自らの役割や専門性、支援者としての傾向といった自己の理解と、他の専門職や専門機関の役割や専門性、また、いわゆる「人となり」といった他者の理解が不可欠となる。そのためにも、日頃から地域のなかでの横のつながりを意識的にもちたい。

(3) チームをコーディネートする力を身につける

　支援チームを形成する際、またチームアプローチを継続するためにも、「舵取り役」は重要である。例えば、ミクロレベル（100頁参照）の連携の場合は、管理者等、事業所の組織上の意思決定の仕組みが明確であるが、メゾレベルのチームアプローチの場合、基本的にチーム内に上下関係はなく、本人中心の支援という姿勢のもと、合意形成をしながら目標に向かって協働する。そのために、上下関係によらず関係者間を調整し、全体を取りまとめる役割が、相談支援には求められることになる。

　具体的には、サービス担当者会議での進行役や、日常的な情報共有、支援内容の調整等がこれにあたる。一体感をもつための親しみやすい雰囲気づくりも必要といえる。

(4) チーム力を高める

　「チーム」とは、「共同で仕事をする一団の人」である（98頁参照）以上、共通の目標や、それを達成するためのルールが必要となる。また、目的や目標を現実的に成し遂げられる人材が揃っていることも求められるであろう。

　チーム内で共有すべき五つのポイント（101頁参照）でふれたように、チームアプローチによって、単独の支援者・事業所では達成し得ない目標も達成可能となるばかりか、チームを構成する関係者間で強みを出し合い、苦手なところ・困難なことを補完し合ったり、情報交換や人的交流を通じたスキルアップを図ることも期待できる。支援目標にそぐわない抱え込みや、過剰な支援も相互チェックにより防がれるであろう。

　チームとしての支援プロセスを通して、実効性のあるルール・約束事が形成され、関係者間相互で人材育成の機会が得られれば、支援の継続性が保たれ、相談者の希望する生活の実現の可能性も確実に高まっていく。五つのポイントをチーム内で共有し、意識することこそ、チーム力を高めるための重要なコーディネートの出発点といえよう。

4. 現任研修等へのつながり（まとめに代えて）

　以上、「第1節　ケアマネジメントとプロセス」に関係づけながら、多職種連携とチームアプローチについて説明してきた。前述「3. 多職種連携・チームアプローチの実践上の留意点」は、実践という視点での本節の

講師向け
　「チームをコーディネートする力」に関連する技術の一つとして、「ファシリテーション」があげられます。研修でのグループワークやサービス担当者会議の運営・進行に役立つため、演習講師の養成や相談支援業務のスキルアップにファシリテーション研修の受講が推奨されてます。各都道府県で、研修に先立って開催されることが望ましいです。

講義2-1 第2節

107

表 2-1　これからの実践に向けて（初任→現任に向けた実践チェック項目）

（1）チームアプローチの視点と意思決定支援
　＊1）本人の周辺にいる人々や地域の関係機関を把握することの必要性
　　　の理解
　＊2）本人を中心としたチームアプローチの必要性の理解
　＊3）本人を中心としたチームを構成するための必要な手段
　＊4）本人を中心としたチームの中での自分の役割の確認
　　5）チームアプローチを通した今ある社会資源の活用と新たな社会資源
　　　の創出方法

（2）チームアプローチの展開
　＊1）支援目標の共通理解を得るための会議の実施
　　2）支援の経過や本人の満足度、チームアプローチの評価のための会議
　　　の実施
　　3）危機介入や緊急時の支援体制やリスクマネジメント
　　4）地域資源（地域の中にある当たり前の資源）の活用方法
　　5）地域を巻き込んだ支援の検討
　　6）本人の意思を確認しながらチームで関わる

出典：「相談支援従事者研修のプログラム開発と評価に関する研究（研究代表者：小澤温）」平
　　　成28年度〜29年度総合研究報告書、74頁を一部改変

まとめととらえてほしい。

　相談支援従事者初任者研修は、文字どおり初任者として、相談支援業務全般を理解し、実務に携わることができるようになることを目指す一方、相談支援専門員資格の更新研修である現任研修は、日頃の相談支援業務を振り返ることで気づきを得て、以後の支援の質の向上につなげることを目指すものである。「多職種連携とチームアプローチ」は、これまでも繰り返してきたように相談支援業務に不可欠な、実践的な科目であり、現任研修でも関連講義と演習という形で引き続き扱われる[*7]。さらには、新設された主任相談支援専門員研修においても、その「知識と技術を深めるとともに効果的な展開方法について修得する」ことを目指して扱われている。

　表2-1は、初任者研修で理解した内容（＊印）と現任研修での振り返り項目を一覧にした資料である。今後の実践のための参考として欲しい。

＊7　現任研修（講義2
第2節及び演習2）で
は、本節での学びや日
常的な実践を踏まえ、
サービス担当者会議の
展開方法やチームにお
ける意思決定支援の展
開について、講義及び
演習を通じて、理解を
深めることとなりま
す。

講義 2-2

相談支援における家族支援と地域資源の活用への視点

科目のねらい

☐ 各相談支援事業の役割と機能を理解し、相互が連携することにより地域において効果的な相談支援体制が構築されることを理解する。

☐ 相談支援において地域資源を把握しネットワークを構築することの重要性について理解する。

☐ 自立支援協議会の目的、仕組み、機能について理解する。

学習のポイント

☐ 相談支援体制

☐ 地域資源の把握・アクセスとネットワークへの参画

☐ 地域課題の認識、把握と地域での共有

☐ 自立支援協議会

講師：金丸　博一

1. 相談支援における地域との連携とは？

⑴ 相談支援事業の役割と機能

　相談支援事業は、相談支援に今から携わっていく人においては、計画相談支援のイメージが強く、必要な公的福祉サービスの受給量の根拠を明らかにするためのサービス等利用計画等の作成が注目されやすい。それは相談支援事業の業務としては一部でしかない。

　「相談支援の目的」（講義１－１）や「相談支援の基本的な視点」（講義１－２）については、これまでの講義で示したとおりであるが、相談支援事業は、「全ての国民が障害の有無にかかわらず、互いに人格と個性を尊重し合い、理解し合いながら共に生きていく共生社会の実現に向け」[＊1]、一人ひとりの支援現場で問題提起を行っていく仕事と考えられる。また、障害者権利条約の理念を実現していくために、障害のある当事者の側に寄り添い、生活の質の向上を考えていく事業ともいえる。

＊1　内閣府『平成29年版　障害者白書』3頁、2017．より引用

そのためには、まずは計画相談支援をきっかけとして、地域の障害福祉の現状を見つめ直していく機会にまで発展していくことを意識していきたい。また、計画相談支援以外の日常的な相談をきっかけとして、地域福祉の問題点を見つけ出していきたい。地域のさまざまな人と人が結び付き、「お互いさま！」の関係をつくり出していくことが相談支援の大きな目的である。

本講では、個別の相談支援を日常的な業務としながら、地域づくりに励んでいくことが相談支援専門員の役割であることを具体例も交えて示していきたい [*2]。

⑵　主訴（相談内容）の変化と情報の共有

相談を開始した当初は理解できていなかった本人や家族の本音やニーズは、信頼関係を深めていくことで明らかになってくる。そうしたなかでは、生活の質を高めていくために、公的福祉サービスの利用だけでは実現できないことがいくつか生じていくことがある。

例えば、「働きたい」といったニーズだったはずなのに、「買いたいものがある」→「買いたいものを持っている人が近くにいて、その人の生活ぶりにあこがれている」→「あこがれている人の趣味がギターで、自分も弾けるようになりたい」→「自分は不器用でギターを弾くことはできないと思うが、ギター教室に通ってみたい」といったように、何年もかけてお付き合いするなかで、やっと以前から心の中に秘めていた想いが見えてくることがある。「働きたい」といった主訴からは、就労移行支援や就労継続支援Ｂ型でのサービス提供をイメージしていくが、主訴のとらえ方が変化していくことで、地域のギター教室や、ギター演奏が得意な人を探しその人との出会いの場などを、提案することにウェイトをかけていくことになる。

次のような事例もある。学童期のケースで、「放課後等デイサービスのＫ事業所を利用したい」といった利用する事業所まで決まったうえで、支援が開始された。サービス等利用計画案にはその事業所が利用できるプランを作成していけば、相談としての主訴は満たされることになる。ところが、時間をかけて保護者の話を聴くと、「学校から帰るとゲームばかりしている」「叱ると近頃は暴れることがある」という話があり、後日さらに面談を行うと、「父親が子育てに無関心」「もっと父親として子どもとかかわってほしい」といった話が出てくる。その後、「姑に子育てのことで今もなお、ストレスになることを言われる」「学校から帰ったら、ゲームぐらいやらせたい」「放課後等デイに通わなければならないのか」といった話になった。ここまで話が進んでいくと、母親の不安や心配事に対し、継続的

に耳を傾けていくには、どこの誰が役割を果たしていくことができるのか
と考えていくことになる。

　そもそも公的な福祉サービスを利用したいと障害児者本人が、心から
願って相談機関を訪れることは決して多くはない。専門機関に勧められて
のケース、知り合いが利用しているから自分も利用してみようかと思う
ケース、ほかに選択肢はないからと感じたケースなど、積極的、主体的に
選ぼうとしているわけではないことがあると、相談を受ける側は意識して
いくことが必要ではないか。そうしたことを留意しておくと、初期の訴え
はしっかり受け止めたうえでアセスメントを深めていくと、要望や希望は
変化していくのが当然であると考えたほうがよい。

　一方では、相談支援の仕事を長年続けていくと、障害児者本人が達成感
を得る経験の少なさに気づかされることがよくある。「できない」と周囲に
決めつけられ、「危ない」し、「迷惑をかける」からチャレンジすることもな
かった児童期。「周りの目が気になる」し、「恥ずかしい」から、保護的にか
かわろうとする大人たち。経験していないのであれば、夢や希望はふくら
まない。こうしたい！　と願う機会が少ない。そうであるからこそ、
ちょっとした話し合いや体験から、ニーズは大きく変化する可能性は高い
と認識しておくべきであろう。

　また、ニーズが変化し展開していくためには、相談支援専門員一人の気
づきと発想では限界がある。プライベートな情報を障害児者本人の承諾な
しに外に出すことがあってはならないが、個人情報が特定できないように
し[*3]、相談内容について自分以外の意見を取り入れられるよう、常日頃
から事業所以外の相談支援専門員とのつながりを求めていくことが重要で
ある[*4]。

　特に事業所の利用に関すること以外にニーズがないのであれば、障害福
祉サービス事業所の利用に関することのほかに、相談支援を展開していく
必要はない時期はある。しかしながら、何年も同じ事業所の利用のことだ
けが話題となる相談支援を行うのであれば、相談支援を実施する意味はな
い。障害があることで生じているさまざまな不利益や、差別的な対応から
生じている未体験等により、何がしたいのか、何をしてよいのかイメージ
できず、こうしたいと声に出すこともできずにいることもあると意識し、
心の声を受け止められる個別の面談を繰り返していきたいものである。

(3) 家族支援の重要性

　家族は本人のために必要だと考えて、サービスの利用を考えていくこと
は多い。そのサービスに何を求めているのかを確認していくと、「だって
必要なんですよね？」といった言葉が返ってくることもある。

*3　個人情報が特定でき
きないようにしても、
ご本人とご家族の承諾
なくしてケースの情報
を外部に持ち出すこと
は適切ではありませ
ん。

*4　まずは「基幹相談
支援センター」にアク
セスしていきましょ
う。

講
義
2
ー
2

＊5　成人期において
は、知的障害のケース
において多く見受けら
れます。

＊6　このプロセスを踏
むことは、意思決定支
援にもつながるもので
す。

＊7　この過程は、家族
のエンパワメントと考
えることができます。

　特に児童期においては、本人がどのような障害であっても、家族の思い
が主訴に占められる[＊5]。義務教育を受ける時期までは、養育者の思いを
優先させがちであるが、必ず子ども自身はどう感じているのだろうかと考
え、親や支援関係者と子どもの思いを共有していくための検討をするプロ
セス[＊6]を踏んでいきたい。

　大切なのは、家族が希望していることを優先しながらも、丁寧に話し合
いを重ねていくことにより、本人の思いに気づく過程である。どんな場面
で、どのような様子だったのか、どんな気持ちだったのかを共有していく
ことである。それは、一人の生活者であり、障害があっても幸せに生きて
いくことができるということを、本人と家族が一緒に確かめていく作
業[＊7]でもある。

　家族のニーズは、時に本人の思いとは違う要望であったり、障害の特性
や障害の状態を考えると、本人に負担をかけることにもなりかねない願い
であったりすることもある。そこを問題視するのではなく、アドバイスを
するのでもなく、さまざまな意見を集め、家族と一緒に見方を広げ、選択
肢を増やしていくことに尽力するのが、相談支援専門員である。

　さて、相談支援における家族支援とはどういった支援なのか。障害のあ
る本人への支援を展開していくことが中心であるはずなのに、家族支援と
は一体どういうことなのかをあらためて考えてみたい。

　家族支援あるいは家庭支援という言葉は、子育て支援のなかではよく語
られており、教育の分野においては、「家庭教育支援」という言葉が使わ
れ、保護者への支援の重要性が語られている。介護分野においては、家族
介護者支援の視点から、家族介護教室、家族支援サービスといった言葉で
示されるような、家庭での介護方法を学ぶ場や、家族の介護疲れを、一時
的にケアの代行を実施することでの家族の癒し、リフレッシュを目的とし
たサービスについて語られることが多い。

　家族支援の一般的な視点を簡単にまとめると、①生活状況に合わせた知
識や技術を伝えていく家族への教育的視点、②母子の結び付きや父親、兄
弟姉妹との関係を深めるための対人援助としての視点、③家族の就労の継
続等を援護する視点、④介護・育児疲れを軽減し、家族が地域から孤立す
るのを防ぐ視点、といった四つに分けていくことができる。

　では相談支援における家族支援とは何か？　上記の四点をもとに考えて
いくと、①については、各事業所におけるサービス管理責任者等を中心に
考慮し、支援を提供していくこととして整理していくことはできる。相談
支援としては、助言・指導・教育的な立ち位置ではないと考えていくべき
であろう。

　②については、①と同様、各事業所が展開していく支援ではあるが、特
にサービスの利用を開始するまでや、サービス提供の終結（節目やゴー

ル)を考えていく過程においては、相談支援専門員の役割は大きいと考えられる。

　障害福祉の現場から聞こえてくる声のなかには、「何でも人任せにして、家族としての役割を果たしていない」「障害の受容ができていない」「いつまでも子離れができていない」「過干渉である」といったことを問題視し、「問題のある家族」に対して行う支援を、家族支援の主な内容としている傾向があることには十分注意しなければならない。誰かを問題視し、その解決法を考えても、一時的な負担の軽減にしか結びつかない。家族の絆、互いによい影響を与え合うパートナーとして相互に影響し合い変化していく過程に注目し、家族機能を高めていくことを大切にしたい。

　例えば「言葉が遅れているのではないか？」の訴えに、相談支援事業所はどう対応していくのかを考えてみたい。言葉の指導、専門的な療育を実施しているところをすぐに紹介していくような窓口相談的な対応ではなく、「お母さんがそう感じているのですか？」「いつからそう感じましたか？」「誰かと比べて遅いと思ったのですか？」などといったことから話を始め、子どもの関心のあること、母親との普段のふれあいの様子、食事や買い物や入浴などでの子どもの様子を確かめたい。話し合いを重ねていくなかで、親子の関係、夫婦関係、親の親との関係、本人と兄弟姉妹との関係、親族、近所、地域との関係が少しずつみえてくる。こうした母親の思いの背景を受け止めていくことは重要である。「言葉が遅れているのではないか？」という訴えが、相談した人にとって、生活のなかでどれだけの悩みや不安となっているのかをよく話し合った後に、専門的な所を紹介したほうがよいのか、あらためて話し合いを重ねたほうがよいのか、親同士で言葉を交わす機会に誘ったほうがよいのか、家庭以外に母親の居場所を考えていくほうが先なのかなどの検討をしていくことになる。

　家族それぞれと本人との関係性をひも解いていくためには、時系列でことのあらましを整理していく。誰が、いつ、どこで、どのような気持ちで、どうしたのかを聴き取り、聴き取ったことを一緒に整理していくことが重要である。家族それぞれの価値観が、相談支援の対象となる本人に大なり小なり影響を及ぼしていると考え、本人のニーズにどのような影響があるのかを検討していく材料を集めていくようにしたい[*8]。

　③家族の就労の継続等を援護する視点については、経済面での生活を維持したいという家族からの訴えがない限り、案外見過ごされている。家族に障害のある子どもが生まれた、障害者となったといった状況から、家族全体に物心両面からさまざまな生活の転換が迫ってくることは容易に想像できる。日本においては「家族が看る」ということがまだまだ常識であり、誰かにケアをお願いすることを許容しない風潮があるが、講義1-1で示した障害者の自立と尊厳の確保や社会参加、権利擁護に関することは家族

*8　相談支援専門員として、「聴く力」「話を引き出す力」、いわゆる「この人ならば話してみたい」と感じてもらうための技量を身に付けていく必要があります。

講義
2
-
2

*9　障害当事者が、「あなたのために私は仕事をやめた！」という親の言葉や態度にどれだけ傷つくことでしょうか。③の視点は、権利を擁護する視点も含んでいます。

レスパイトケア　一時的にケアを代替し、家族にリフレッシュを図ってもらうサービスのことです。公的な福祉サービスとしては、在宅介護、短期入所等の事業により、サービスを提供しています。

*10　必要なときに、必要なだけ供給していくことが計画相談支援の大きな役割の一つです。

*11　どのような困りごとにおいても、必ず主語を確認していきましょう。合わせて「いつ」も含め、時系列で情報を整理していきましょう。

に対しても考慮すべきである。家族に障害児者がいることで、本意としては続けていきたい仕事をやめざるを得なくなった人を減らしていかなくてはならない[*9]。

　その際、保護者の就労支援に重きを置き過ぎることで、必要以上に福祉サービス事業所を利用する時間が多くなり過ぎないように、丁寧に話し合うようにしていきたい。家庭における親と子の暮らしを支えることがベースでなくてはならない。

　④の介護・育児疲れを軽減していくことについては、**レスパイトケア**ともいわれている。相談支援専門員としては、家族を地域から孤立させない、可能な限り地域との結び付きを深めていく手立てを一緒に考えていくという役割がある。そこでは、介護・育児疲れの軽減のために、福祉サービスの提供だけで家族の心身を癒すことは難しいといった視点をもつべきである。一時的な「預かり」サービスは、「預けられる」本人としては、自己肯定感や幸福感に結び付かないことは多い。近隣の人との声のかけ合い、地域活動への誘いと参加、当事者団体の催しや学習会に顔を出すこと、利用している事業所と家庭以外での地域での居場所など、公的福祉サービス以外に地域にどのような選択肢があるのかを具体的に提案していく相談支援のプロセスが、家族の励みとなり、介護・育児疲れの軽減につながっていくこともあると留意しておきたい。

⑷　相談支援事業における相互の連携

　利用するために必要な受給量については、できるだけ多く受給していきたい、今後必要になるかもしれないので必要以上に受けておきたいという要望が出てくることがある。初めから必要以上に受給量が出されるのであれば、相談支援の役割は半減してしまうといっても過言ではない[*10]。

　誰が困っている[*11]のか、誰がサービスを必要だと思っているのか、誰がその支援を受けることで有益なのか、サービスを受けることで何がかなえられ、何が実現するのかを、モニタリングのたびに振り返り、情報を整理していくことが、相談支援では求められている。その情報の整理は、相談支援専門員一人が行うと、主観が入りがちなので、複数名で作業を進めることが好ましい。また、受給量に関することは、地域のほかの相談支援事業所と、どのようなケースでどのくらいの受給量を考えてきたのか、必要なサービスの受給量の根拠の示し方等の情報共有はしておくほうがよいであろう。

　ほかの事業所との共同作業の事例として次のような効果もある。

　日々不安や心配なことがあり、電話等で相談をする人に対し、ある相談支援専門員は毎日30分前後の時間をかけていた。本人の不安や心配事の

軽減のために、複数の相談支援事業所がそのケースにかかわることにし、個別支援会議にも複数名の相談支援専門員が参加していった。その結果、不安の訴えはそれぞれの事業所へと分散し、各々の電話は数分くらいとなり、前向きな話が多く聞かれるようになってきた。一人で相談を受け続けず、複数の相談支援事業所で対応することが、相談する側にとって安心できる状況になるばかりか、業務の合理化につながることがある。

⑸ ライフステージの移行期における相談支援の役割

　ここで述べるライフステージの移行期とは、一般的なライフステージのイメージだけでなく、一人ひとりの状況に応じた節目のことも含む。障害の状態と病状、家族や中心的な役割を果たしている支援者、住居等の変化も、移行期としてとらえていく。成長期である児童期においては、通っている所の担当職員の影響は強く、担任が変わるたびに移行期と考えていく必要はある。

　移行期においては、利用している福祉サービスの種別や量が変わることは多い。移行する前と後で、伴走し続けることができる相談支援専門員の役割は大きい。引き継ぎとして次の機関や利用先などに情報を伝達していくことは、バトンタッチする側が努めていくことだが、点と点を結んでいく連携だけではなく、さまざまな情報を取り集め、複数以上の機関、事業所に必要な情報を本人とご家族の承諾を得て伝達するのが相談支援専門員である。もちろん、その伝達機能の活性化のために、他機関と連動しながらいろいろな仕掛けが必要となる。書類上は移行先の機関に情報が伝わっていったとしても、実際の支援担当者に情報が流れていないということはなくしたい。本人にとって理解してもらいたい情報が伝わったのかどうかを確かめていく機会も含めて、丁寧にモニタリングを重ねていく必要がある。

　身体機能の低下や認知機能の低下[*12]など、医療情報等専門的な情報の取扱いには気をつけつつ、「変化」の時期は、通常大きなストレスが生じやすいと考え、障害当事者に不利益がないよう、必要な期間において見守っていく。こうした大事な時期を迎えている人に対して、相談支援専門員一人で乗り越えようとするのではなく、責任をもって「連携した結果」を届けていかなければならない。

*12　高齢期など年齢によって移行期を考えるのではなく、一人ひとりの障害の状態、病状により、早期に次のライフステージに移行する場合があることに留意しましょう。

2.　重層的な相談支援体制の整備に向けて

⑴　地域資源の把握

　相談支援専門員として、地域の公的な福祉サービス事業所が、どこでどのような支援を実施しているのかを把握していくことは、業務を遂行するうえで当然ながら重要である。ここで留意すべきは、相談支援を行うときに、現実的には自分が知っている福祉サービス事業所等を紹介することが多くなるということである。相談支援専門員自身が基盤をもってきた分野を中心として、相談を受けていくことは多いが、自分が理解している範囲で選択肢を提案していくのであれば、どうしても相談支援専門員の力量と主観に、相談支援を利用する側は左右されることになる。

　また、障害福祉サービスの事業所は毎年増えてきている[＊13]。しかも、そこで勤務する職員の入れ替わりが比較的多い事業所もあり、支援内容が数年で大きく変わっていることもある。最新の支援内容などの情報をキャッチし、相談対象者に必要な情報を提供していきたい。

　さらに、多くの相談において、公的障害福祉サービスだけではなく、近隣に住んでいる人の協力や、公民館等で行われているサークル、民間の習い事教室、安全でリラックスできそうな散歩コース、継続的に本人の話し相手がいる場など、生活の質の向上のために有効な提案をしていくことが、相談支援の要ともいえ、障害福祉を超えて、幅広く地域の現状を知っていくことが必要である。

　相談支援専門員は日々家庭訪問等で、地域のなかを歩き回る仕事であるが、移動の途中で、保健、医療、教育、療育、高齢分野の機関などに立ち寄るようにしたいものである。さまざまなパンフレット、集会や勉強会等のチラシを集めたり、地域支援関係の職員との立ち話をしたりして、情報収集していく機会をもつことに日々努めてほしい。

⑵　サービス提供事業者等の地域資源の適切な調整

　障害福祉サービスの利用者には、世帯の所得に応じた**負担上限月額**が定められている。しかし、複数のサービスを利用している場合、どこに利用料を払っていくのかといった事業所間での調整が必要となってくる。また、同じ種別の複数のサービスを利用している場合、特にその受給量をほぼ使い切るケースでは、各事業所間での微調整が毎月必要となってくる。相談支援における「調整」という言葉からは、そうしたイメージをもちやすいのだが、ここで述べるのはその「調整」ではない。

＊13　各都道府県における障害福祉サービス事業所の数を種別ごとに経年比較し、できればどの地域に何の種別の事業所が増えているのかは把握しましょう。

負担上限月額　障害福祉サービスの自己負担は、所得に応じて上限設定されます。ひと月に利用したサービス量にかかわらず、それ以上の負担は生じません。講義3－1の4.「⑷利用者負担」（151頁）も参照してください。

相談支援は「本人主体の支援」である。「働きたい」といったニーズが出ているから、就労関係の事業所をいくつか一緒に見学し、一番本人が気に入ったところを利用していくように支援していくといったことだけを安易に進めてはいけない。本人と何度も話し合いながら、今すぐ体験できそうなことについて考えていきたい。働きたいという言葉は、どのような日々の思いのなかから出てきているのかを共感していきたい。さらには、例えば普段から一緒に散歩し、一緒に買い物に行ったことがある人から、体力など健康の状態や関心をもっていることを聴き取りたい。そうして得た情報のなかで、本人が選択してみたいと感じるものをいくつか提案し、意思表明したことを実現していくこと[*14]が相談支援には求められる。

本人が望んでいることを実現できそうなことからトライしていくとどうなるのか？ 例えば、①ドライブが好きだから、週に1回は車で外に出かける機会をつくりたい、②一人で大きめな音量で自分の部屋で大好きな音楽を聴く時間は毎日確保したい、③新刊本の香りが大好きで、本屋に行くと2、3時間は過ごすことができる、④TVのドラマを観ているうちに陶芸に興味をもった、といったことの実現を優先し、一方では、「一度外に出かけるだけで次の日は1日中寝込んでしまうことが多い」という情報も得たうえで、「働きたい」という意思表明に対する相談支援はどうなるのか？

①〜④の内容を最優先し、体力的なことも考慮すると、話の種としてまず提案していく1週間のスケジュールは、就労関係の事業所を日々利用するものではないことは容易に想像できる。ドライブに一緒に出かけられる人は誰か、近所に住む同世代の従兄はどうか？ 地域の家族会が主催している集まりで月に1回社会見学を実施している日があるが、そこへの参加はどうか？ 住んでいる家の状況と環境からは、ヘッドホンなしで大きめな音で音楽を聴くのは日中から夕方までの時間帯になるが、そのことを本人は了解できるか？ 本屋には一人で行けそうだが、気が向いた時に出かけることでよいのか、それともある程度本屋に出かける日は決めておいたほうがその気になれるのか？ 陶芸を体験できるところがいくつかあるが、どこがよいか？ といったことを話し合ってみることになる。結果として、このケースで公的な障害福祉サービスを利用するとすれば、「地域活動支援センター」か「就労継続支援B型」を週に1〜2日利用することと、移動支援の利用の提案をすることにはなるかもしれないし、時間をかけてほかの就労支援の利用開始につなぐことになるかもしれない。

限られた時間のなかで、本人の気持ちに寄り添いながら、一つずつ実現可能なことを考えていくと、さまざまな「調整」が必要になっていく。障害福祉サービスを利用していく場合、その利用ペースが本人の思いにかなっているのかは十分検討したい。「うちを利用するのであれば、毎日利用してほしい」という方針をもった事業所は少なくない。ましてや例とし

*14 意思表明等からのアセスメントにより実現していくことは、意思決定支援における重要な姿勢の一つです。

講義
2
-
2

＊15　本人から直接各所に要望を主張し続けることができるのであれば、相談支援は必要ありません。直接要望が届けられない、本意を主張できる状況ではない事情が発生している場合、相談支援による調整が必要となってきます。

＊16　連携し、交渉することが、「調整すること」と考えることもできます。

＊17　相談支援は、経験を重ねていくほどに、幅広い年齢層、障害種別を担当することになる仕事です。

て示したケースにおいては、初めから1〜2日の利用の提案となるかもしれず、本人や家族に代わって、毎日は利用しないことなどを、事前に事業所に理解してもらうことが大切である。障害福祉サービス以外の部分では、有料の資源もあり、ボランティアであれば定期利用の保障はなく、本人の希望に少しでも近づけていくための「調整」が必要となってくる[＊15]。

　一方で、なかなか想いをかなえるための地域資源が見つからないことはある。そのときは想いがかなえられるまでのつなぎとして、当面の生活を考えていくことになる。提示した選択肢に希望するものがない場合、本意ではないものの、現実的な選択をせざるを得ないことは多い。当然そこにも、相談支援専門員には「調整」する力が求められる。目指していくものを見つけていくまでのつなぎとして利用することをわかってもらうために、「連携し続ける力」と「交渉する力」[＊16]も、相談支援専門員には求められる。

(3)　地域の情報を得るためのネットワークの構築

　「地域資源の把握」と「地域資源の適切な調整」を行うためには、これまでも述べてきたように、個人の力には限界がある。しかも相談支援の対象は、年齢、障害種別にかかわらず、極めて多岐にわたっている[＊17]。個人的に各方面につながりがもてるようになったところで、最善策を提案できるだけの情報をもてるようになるわけではない。

　各ネットワークには、この項目の標題でもある「地域の情報を得る」ために参画していく。初めは個別の事例で、ネットワークへの参画の必要性を感じてから考えていくことになる。相談支援専門員として、ステップアップできる場でもあるのだが、そこは本人のために大切な情報を得る場であることをベースとしてほしい。

　地域を知るごとに、多くのネットワークがあることに気づかされる。子育て支援としてのネットワーク、地域の自治会などを中心としたネットワーク、教育関係、医療関係、防災、高齢者等たくさんの種類がある。

　相談支援専門員としての地盤は、障害福祉関係者とのネットワークになる。ただそこにも多くのネットワークがある。療育、就労、各障害別などである。専門職としてのネットワークもある。

　「知り合いになる」→「必要な情報を得やすくなる」ということは、業務の効率化に結び付く。各ネットワークの集まりや会議に参加する時間がない、検討会ばかりしていて本来業務に支障が出てくるといった声が現場からは聞かれるが、相談支援専門員としてネットワークをもつことは、長い目で見ると、必ず仕事の合理化、短縮化に結び付く。ネットワークに参画し、必要であれば新たに構築していくことこそが、相談支援を利用する

人々のためになると留意してほしい。

⑷ ライフステージごとのネットワークの構築の例

　前項で示したような数多くのネットワークのなかで、子育て、特別支援教育、就労、高齢障害者等のネットワークは、ライフステージごとのネットワークである。ところが、このネットワークが全く地域内に見当たらないということがある。ネットワークがなければ、自力で相談支援を進めるしかないのか？

　ある地域では、子どもの療育を実施する機関がなく、車で片道2時間はかかるところに専門機関があり、発達状態について気になる子どもとその親には、その機関で相談していくように勧めていた。しかしながら、1時間弱の療育的なセッションのために、半日以上かけ続けることは、親にとっては大きな負担であり、二、三度通った後に通うことをやめる親子の率が高いことに目を向け、何とか地域内で療育を受けることができないかを話し合う機会をもつことにした。地域内の保健師、保育園、福祉担当職員を中心に話し合ったが、何かを実現できる案には至らなかった。

　途中からこの集まりに参加した相談支援専門員は、教育委員会、その地域周辺の市町村の療育関係者にも声をかけて、発達支援ネットワークとし、できそうなことを出し合ってもらった。そうしたなかで、①遠くではあるが保育所等訪問支援事業を実施する児童発達支援センターが隔月に1回、その事業実施のために職員を派遣すること、②その地域で実施している健康診査後のフォロー教室に、ある病院の言語聴覚士を毎回派遣してもらうこと、③地域内に在住する元教師と元保育園の園長が、月1回、公民館を使って幼児向けに遊びの教室を開催すること、といったことが今では実現している。相談支援専門員としては、乳幼児期における相談支援の対象となるケースにおいて、以前はどう話を進めていけばよいかわからず、母親との面談を繰り返すばかりだったが、現在は選択肢を提示でき、時折親子の様子を見に行くだけで業務としては成り立つケースが増えてきた。

　ライフステージごとにネットワークは必要である。どのネットワークも可能な限り、多くの職種、さまざまな立場の人の参加を求めていくことが最も大切となってくる。それぞれの意見こそが情報であり、その情報を整理していくことは、相談支援専門員が主体的に担う役割である。何がすぐに取り組めることなのか、時間はかかるが長期的に取り組むべきことなのかなどを整理しては、ネットワークに返していくことにより、問題解決の糸口が見えてくるであろう。

講義
2
-
2

⑸　途切れない相談支援体制づくり

　一般的には、人生の大きな節目となる移行期においての関係機関の連携の重要性は容易に想像できる。利用するサービス、通う所などが変わり、初めて担当する職員が支援を開始する時期にもあたる。移行期前の支援において重視すべきことが、移行期後も継続して実施されるよう情報の伝達をしっかりと行うことは、支援する側として遵守すべきことであり、権利擁護の視点からも必要であると考えられる。ただし、そこで行われることは、点と点を結ぶという行為に過ぎないことが多い。

　移行期に向かって時間をかけて準備をするのは、それまでに支援を行ってきた事業所、関係機関である。本人と家族の不安を軽減するために、卒業等確実に予測できることであれば、できれば2年前（少なくとも1年前）からは、移行支援会議を行っていくことが必要である。その会議に出席し、これまでのことを振り返り、これからのことを話し合うことは、本人だけでなく、家族の気持ちが前向きになる効果が期待できる。その会議での相談支援専門員の役割は大きい。対象となる人の移行「前」と「後」にかかわる唯一の第三者としての立場にいるからである。

　移行期で重要なのは、移行した後のおよそ1年である。点と点がつながった後である。本人の生活の定着状況、緊張の様子、負担の変化、モチベーションの状態などを見守りつつ、移行期前の情報がきちんと次の支援担当者に伝達されているのかの確認は、相談支援専門員だからできる仕事である。

　すなわち、途切れのない相談支援体制を地域につくり、育てていくには、①障害者手帳を所持する人に対して、移行期支援会議を必要なだけ行う体制をつくること、②その会議ごとに担当する相談支援専門員が出席すること[*18]、③移行後の半年から1年を第三者として見守ることを重視すること、④移行前の支援内容が本人や家族の訴えから、改善していくほうがよいと確認できた場合は、改善策などを示していくために、移行支援会議には本人と家族が望む支援者の出席を依頼すること、といった四点に注目してほしい[*19]。

　移行期支援がうまくできていないことから派生し、二次障害とつながり、併せて社会、周囲の理解不足もあり、生活困窮や問題となる行動などに結び付くことは少なくないという認識はもっておきたい。担当している相談対象者が増えていないのに、徐々に生活上のトラブルが増えるなど、急な対応や不安を訴える連絡が多くなっているのであれば、「途切れない相談支援体制づくり」に課題があるのかもしれない。そうした意味でも、相談支援専門員は途切れのない相談支援体制づくりに、積極的に関与して

移行期　就学、進学、卒業、就職、結婚、転職、高齢者サービス利用開始時期等の節目となる時期のことです。

＊18　計画相談支援の対象者でない場合においても、本人の意向を確認し、不安なことなどがあれば、地域の相談支援専門員が移行後を見守る担当となることができる体制づくりを目指しましょう。

＊19　「ライフステージごとのネットワークの構築」と移行期支援体制を深めていく取り組みは、ほぼ一致します。

いくべきである。

3. 地域課題の解決──自立支援協議会の役割とその活用

(1) 個別の相談支援活動から見出される共通する課題

　利用計画の対象者であれば、実際に支援を受けていく内容を計画に盛り込み、そのために必要な受給量の根拠をしっかりと示していけば利用計画としては問題ない。しかし、ニーズがあるのに実現できていないこと、希望していることに対応できていないことがあれば、そのことは利用計画に記述してほしい。利用計画の対象外の人への基本相談支援においても同じで、十分に対応できていないことは、個別の記録として残していく。

　事例で考えてみたい。就労継続支援のサービスを受けているのだが、本人の様子からも、関係者の意見からもその事業所が提供している軽作業の内容ではなく、室外での作業、販売、ポスティングのほうが合っているのではないかと個別支援会議で話が出てきた。現実的に日々通える範囲の事業所で、その人の適正にかなう事業所は見つからない。結果として今までどおり、同じ事業所を利用することになり、利用計画の更新前とほぼ同じ支援内容を書き込んでいくことになった。しかしながら、「室外での作業、販売、ポスティングのほうが合っているのではないか」という記述は、本人と家族はもちろん、利用している事業所の理解と承諾を得て、利用計画に記述していくようにしたい。

　同様な状況が担当している事例のなかで複数出てくれば、それは日々の相談支援活動から見つかった共通の課題といえる。どのような細かなことでも、相談支援専門員個人が経験し、感じたことが複数のケースで重なれば、ほかの相談支援事業所でも生じている課題なのかもしれないとは意識しておく必要がある。

(2) 地域課題の共有

　個人的にぼんやりと見えてきた課題ではなく、実際の相談事例から見えてきた「共通の課題」に注意を向けたい。「2. 重層的な相談支援体制の整備に向けて」の項で述べたが、課題解決に向けて可能な限り関係機関と連携し、関連するネットワーク等で情報を集め、最善策を本人とともに考えていく。そうした取り組みを通して、ほかの関係者からも同じような思いや意見が出てきたら、それは地域課題である。数が多いほどに、地域課題として取り上げていく優先度は高くなる。

講義
2
|
2

個別の相談支援活動のなかで見えてきた「共通の課題」が、ほかの関係者も同様に感じているかどうかを確認していくというプロセスを丁寧に踏んでいく。相談支援の仕事を続けていくほどに、どういったことが地域の課題なのかを予想、評価、判断していくことはできるようになるのだが、実際に本人が困っていること、苦労していることを共有することに意味がある。

ある地域では、精神障害のある人が体調のよい時に気軽に参加できる地域活動支援センターが1か所もないため、障害福祉関係者が行政に対し、その設置のために話し合いをもってほしいことを要望した。ところがしばらくして行政から返ってきた回答には、「特にそのようなニーズは住民から出てきていない、当市には就労継続支援B型事業所、生活介護事業所がそれぞれ複数あり充足している」といった認識が示された。このように、関係者がほかの地域と比較して不足している事業があると考えていることと行政の認識には、差が生じていることがある。だからこそ、個別の相談支援活動のなかで見えてきた「共通の課題」として現実に生じている問題を伝えていくほうが、窮状は理解されやすいのである。

地域課題となるのではないかと事例から考えられることは、地域の関係者が集まっていく機会に報告していく。より多くの関係者とその情報を共有していく。そこに集まった課題は、事例によって裏付けされ、ニーズから生まれた地域課題である。個人的な思いではなく、複数の事例[*20]で生じている地域課題であることを行政関係者と共有していくようにしたい。

⑶　社会資源の開発

地域課題を共有することができたら、関係者と解決策を練っていく。「こんな事業所があるよ！」「このサービスを使えば一歩前進できるかもしれない」といった公的障害福祉サービスの情報を交換していくことから話し合いを始められることは多い。公的な障害福祉サービスでは補えないことであれば、本講2.　⑴⑵（116〜118頁参照）で述べた地域の社会資源全体の情報を交換し、選択肢を一つでも多く提案できるように努めていく。

ところが議論を重ね、情報を交換しても本人が必要とする、または気持ちが動かされる選択肢が見つからない場合がある。そこで考えていかなければならないのは、「なければつくる」のか、「何もない状況を本人と家族に理解（納得）してもらう」のかである。もちろん中心となるのは、「何とかつくり出せないのか」である。

新たに社会資源を開発していくことは、内容にもよるがかなりの労力が必要となることはある。10年先、20年先を目標にしないと創り出せない

*20　医療的ケア児者、難病の事例などにおいては、一人のケースで起きている困難な事態も地域課題となります。

ものもあろう。ただ、多くの人のアイデアと協力と理解があれば、9割以上のことは1年以内を目標として結果を出せると、相談支援専門員は考えていくべきであろう。

公的な障害福祉サービスの提供以外でも、「学ぶ場が欲しい」「友だちをつくりたい」「毎日買い物に行きたい」「ゴミ出しを手伝ってほしい」「話を聞いてほしい」「県外のある所に旅行に行きたい」「お金を稼ぎたい」という要望に応えていくことはできる。むしろ、公的な障害福祉サービスを利用すること以外の選択をしたために、本人の達成感、満足感は高かったのではないかと評価できることは多い。効果があるのであれば、積極的に社会資源の開発に励みたい。地域で活動しているクラブや教室等のスタッフに声をかけるだけで、選択肢が増えていくことはあるが、それも立派な社会資源の開発である[＊21]。

(4) 自立支援協議会の仕組みと機能

前記(2)(3)（121〜123頁参照）で示してきた地域課題を共有し、社会資源の開発を検討していく場は、障害福祉分野で中心となるのが「自立支援協議会」である。自立支援協議会は設置運営が法令化されており、どの市町村にも自立支援協議会はある。自立支援協議会は、「地域における障害者等への支援体制に関する課題について情報を共有し、関係機関等の連携の緊密化を図るとともに、地域の実情に応じた体制の整備について協議を行い、障害者等への支援体制の整備を図る」[＊22]といった目的のもとで運営されている。それぞれにおいて運営内容は違いを見せているが、これまで述べてきたように、本人主体で、個別の事例を中心におき、一人ひとりの声を大切にしていきながら、その地域の課題を見つめ、社会資源の開発を常に考えていく自立支援協議会を目指さなくてはならない。事業所側の都合を優先する内容であったり、行政が主導している事務局会議を行っていたりする地域は、自立支援協議会が活性化していない。現状の報告会であり、公的にできないこと、財政的に難しいことの確認が話題となり、地域を変える、地域社会をつくっていくという気概に欠けてしまいがちである。

自立支援協議会は、全体会、定例会、事務局会議、専門部会といった機能がそれぞれ活性化していくことが必要だが、比較的頻繁に参加し、情報を交換していく場は専門部会となる。相談支援部会は、主に相談支援専門員同士が事例の報告、相談の機会とし、多くの自立支援協議会に設置されている。ほかには、こども部会、就労、精神保健、生活（暮らし）など、ライフステージや障害別をテーマとして部会活動を行っている地域は多い。関係者は、自分が携わっている事業等に関連する部会に参加してい

＊21 児童期においては、地域のサッカークラブや習い事である水泳や習字教室などの監督やコーチや先生に、その練習等に参加させてもらえるように声をかけると快く受け入れてもらい、結果として社会性のスキルがかなり伸びてきたといった事例はたくさんあります。

＊22 「障害者の日常生活及び社会生活を総合的に支援するための法律第89条の3第1項に規定する協議会設置運営要綱」（平成25年3月28日障発0328第8号）の第1より引用。

講義
2-2

＊23　「障害児の夏休みの過ごし方を考える部会」「グループホームの招致検討部会」「一人暮らしを支える部会」などは、部会名でどのような検討を行っているのかが理解できます。

障害者計画　障害者基本法に基づき、障害者施策を総合的に推進するための基本指針となるものです。計画は障害福祉施策の見直しに伴い、5年に一度新しいものを策定していきます。

障害福祉計画・障害児福祉計画　障害者総合支援法や児童福祉法に基づき策定する計画で、障害福祉サービスや障害児支援の供給量を数値目標で定めるものです。

＊24　基幹相談支援センターが設置されていない地域は、市町村から委託を受けた特定相談支援事業所がその役割を担っているところもありますが、通常業務として計画相談支援を実施しながら、自立支援協議会の事務局機能を担うのは困難であるといわれています。

く。ただし、部会名とその部会活動内容は、見出された地域課題から考えたほうが、後の部会活動は活発であるという報告がよく聞かれている〔＊23〕。テーマが大きすぎることで話し合いの内容に変化がみられないとか、関係者が集まるだけの形式的な会になっているという指摘も出ている。専門部会は、地域課題を解決していくための部会であると考えていくべきであろう。

　事務局会議では、部会で共有された地域課題を整理し、統括していく。定例会では部会活動の報告と、全体会で話し合う議題を話し合っていく。部会→事務局会議→定例会→全体会という流れが、円滑につながり、進んでいくように工夫していくことが、事務局会議の大きな役割である。一人ひとりの相談支援の実態から、地域課題が生じているのかどうかを大切にし、現時点でのその地域の障害福祉における課題を整理したものを、全体会では報告し、全体会の委員により、その報告内容の微調整と承認が実施される。

　全体会で確認された地域課題は、**障害者計画、障害福祉計画・障害児福祉計画**に反映されることになる。前述のように自立支援協議会の機能がスムースに流れていれば、「障害者計画」「障害福祉計画・障害児福祉計画」の根拠は、部会活動で話し合われたことに基づくことになる。すなわち、部会活動と全体会に協働性が欠け、全体会と「障害者計画」「障害福祉計画・障害児福祉計画」の連動性に欠けている地域は、自立支援協議会の役割と意義が理解されていない地域であるといえる。

　その自立支援協議会の運営事務局として機能を果たすべき機関が、基幹相談支援センターになる。基幹相談支援センターは、地域内全体の障害当事者の声に耳を傾け、関係者同士のつながりを深めていき、障害のある当事者の暮らしやすさ、生きがいなど生活の質を高めていくため、自立支援協議会の機能を高める工夫をしていく重要な役割を担っている〔＊24〕。基幹相談支援センターがその設置目的に沿って、十分な役割を果たしている地域は、障害のある人のニーズを集約し整理したうえで、地域課題を抽出していくことができている。またその地域課題は、市町村の障害者計画、障害福祉計画作成のために、自立支援協議会で検討されたことを、適切に取り入れていくことができていることにもなる。

　まずは、相談支援専門員として勤務している地域を知り、そのために自立支援協議会を知り、日々の相談支援からみえてきたさまざまな課題をもって、自立支援協議会にアクセスしていくことが、相談支援専門員として一歩踏み出したことになると意識してほしい。

⑸ 障害のある当事者等により組織される団体等との連携

　障害福祉分野においては、障害への偏見と差別により、「支援者目線」で
よかれと思って実施している支援が、障害のある本人にとっては自己肯定
感を低め、自信を失うことになりかねないことが生じている。「当事者意
識」という言葉は、さまざまな分野と場面で使われているが、10人の支援
者が適切だと考えた支援でも、支援を受ける本人が拒否的であれば、その
支援を実施する意味はない。当事者意識に欠けた支援は、本人の力をなく
していくばかりか、権利擁護の視点にも欠けているといわざるを得ない。
　障害のある人を主体として支援を展開していくためには、当然ながら自
立支援協議会への当事者の参画は必然である。障害のある当事者の声を直
接取り込んでいく機会をもたなければ、その地域の「障害福祉計画・障害
児福祉計画」は、全国における障害福祉の現状を統計として数値化したも
のを、その地域の人口から換算して出した数値目標となっているかもしれ
ない。となると、「障害者計画」は地域性が盛り込まれず、遠く離れたどこ
かの地域とほぼ同じ内容の計画となってしまう。その地域の自然、文化、
人材などの特徴を活かした地域づくりを推進していくのは、障害福祉の分
野でも同じである。
　「本人部会」として、障害のある当事者による部会活動が実施できている
ところもある。本人部会が活発であれば、その部会活動を自立支援協議会
の中心的な位置におくことで、その地域のよさと、その地域での暮らしに
くさ、合理的な配慮のない点等が数多く指摘されていくであろう。
　障害のある当事者が、個人として自立支援協議会に関与できるための工
夫と仕掛けは、どの地域でも積極的に考え、修正していくことが大切であ
る。そのためにも、障害のある当事者等により組織される団体には、自立
支援協議会に深くかかわってもらいたい。各団体推薦の障害のある当事者
が、活躍できる自立支援協議会運営を実施してほしい。

講義
2
-
2

参考文献
・得津慎子編著『家族支援論―― 一人ひとりと家族のために』相川書房、2005年

第3章

障害者総合支援法等の概要及びサービス提供のプロセスに関する講義

講義 | 3-1

障害者総合支援法等の理念・現状とサービス提供プロセス及びその他関連する法律等に関する理解

科目のねらい

- ☐ 障害者総合支援法及び児童福祉法の目的や、基本理念等を理解する。
- ☐ 自立支援給付等の仕組みを理解する。
- ☐ 介護保険制度と障害福祉サービスの関係について理解する。
- ☐ 障害者支援における権利擁護と虐待防止にかかわる法制度を理解する。

学習のポイント

- ☐ 障害福祉施策の経緯と動向
- ☐ 障害者総合支援法及び児童福祉法の目的と基本理念
- ☐ 障害者総合支援法及び児童福祉法に基づくサービス体系と利用の仕組み
- ☐ 障害福祉計画、障害児福祉計画
- ☐ 自立支援協議会の位置付け
- ☐ 障害者権利条約の趣旨等を踏まえた制度のあり方
- ☐ 障害者虐待防止に関する法律と仕組み
- ☐ 日常生活自立支援事業と成年後見制度の概要
- ☐ 障害者福祉サービス等の提供にかかる意思決定支援ガイドラインの内容

講師：大平　眞太郎

1．障害福祉施策の経緯と動向

(1)　障害福祉関係法の整備

　1945（昭和20）年の終戦後、日本国憲法によりすべての国民に基本的人権の享有が示され、障害者への具体的な支援について人権を守るための施策として実施するために、1949（昭和24）年に身体障害者福祉法、1950（昭和25）年に精神衛生法（現・精神保健及び精神障害者福祉に関する法律（以下「精神保健福祉法」とする）が、1960（昭和35）年に精神薄弱者福祉法（現・知的障害者福祉法）が制定された。また、1970（昭和45）

年には心身障害者対策基本法（現・障害者基本法）が制定され、わが国における障害者への施策の基本的なあり方を定めた。

(2) ノーマライゼーション理念の拡大

　一方、国際連合は1981（昭和56）年を「国際障害者年」と定め、障害者の「完全参加と平等」をテーマとして、**ノーマライゼーション**の理念を世界に広げる取り組みが行われた。この取り組みは「国連・障害者の十年」（1983（昭和58）年～1992（平成4）年）、「アジア太平洋障害者の十年」（1993（平成5）年～2002（平成14）年）とつながり、わが国における障害福祉施策へ大きな影響を与えた。

> **ノーマライゼーション**
> デンマークの行政官であったバンク-ミケルセンが提唱した理念です。「障害のある人たちに、障害のない人たちと同じ生活条件をつくり出すこと」などが述べられています。

図 3-1　障害福祉施策の歴史

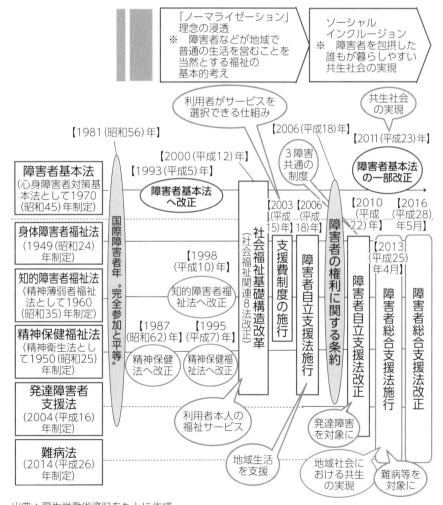

出典：厚生労働省資料をもとに作成

> 講義 3-1

(3)　社会福祉制度の基礎構造改革

　こうした世界の動きを背景としつつ、わが国は高度経済成長を経て、国民の生活スタイルが大きく変化するなか、1990年代後半には少子高齢化などの社会問題も顕在化していた。そうした状況を受け、社会福祉制度のあり方を見直す「基礎構造改革」が行われることとなった。

　この改革を受け、それまで措置制度により行われていた高齢者や障害者への支援は、当事者が選んだサービス事業者と契約を結び、対等な関係のもとでサービスの提供を受けるという選択利用制度に移行することとなった。また、サービス提供の主体については、それまで社会福祉法人など一部の公益法人に限られていた規制が緩和され、NPO法人や会社法人等にも拡大された。さらに、社会福祉サービスの利用にかかる自己負担については、上限や所得による配慮は設けるものの、原則的にはサービス利用料の1割を課すという応益負担となった。

(4)　支援費制度から障害者自立支援法の成立

　基礎構造改革を受け、2003（平成15）年に障害者支援費支給制度（以下「支援費制度」とする）が導入された。サービスの利用が選択利用制度となったことで、障害当事者の権利意識が高まり、それまで潜在していたサービス利用へのニーズが大きく顕在化し、サービス利用量は大きく膨れ上がった。それにより、政府が想定した当初の財源枠を大きく上回り、大幅な修正を余儀なくされた。一方で、自治体が行うサービスの支給決定のための統一的な基準がなく、地域間におけるサービス利用に格差が生じていた。さらに、支援費制度には精神障害者は対象として含まれておらず独自の制度でサービスが提供されていたことや、対象である身体・知的障害においても障害種別ごとにサービスが分けられていたため、利用できるサービスに差が生じていた。

　こうした財政、地域・障害種別格差という大きな課題を抱えるなか、政府は課題解決のための方向性として、①障害保健福祉施策の総合化、②自立支援型システムへの転換、③制度の持続可能性の確保という三つの基本的な視点をもって「今後の障害保健福祉施策について（改革のグランドデザイン案）」を2004（平成16）年に示した。これを受け、支援費制度から障害者自立支援法へと制度が移行していった。

措置制度　行政庁がその職権で必要性を判断し、サービスの種類や提供機関を決定する仕組みのことです。

三つの基本的な視点

① 障害保健福祉施策の総合化

　身体・知的・精神等と障害種別ごとに対応してきた障害者施策について、「市町村を中心に、年齢、障害種別、疾病を超えた一元的な体制を整備」する中で、創意と工夫により制度全体が効果的・効率的に運営される体系へと見直し、「地域福祉を実現」することが必要である。

② 自立支援型システムへの転換

　障害者施策について、政策レベルにおいて、保護等を中心とした仕組みから、「障害者のニーズと適正に応じた自立支援」を通じて地域での生活を促進する仕組みへと転換し、障害者による「自己実現・社会貢献」を図ることが重要である。また、これにより、地域の活性化など、地域再生の面でも役割を果たすこととなる。

③ 制度の持続可能性の確保

　現行の支援費制度や精神保健福祉制度は、既存の公的な保険制度と比較して制度を維持管理する仕組みが極めて脆弱であり、必要なサービスを確保し障害者の地域生活を支えるシステムとして定着させるため、国民全体の信頼を得られるよう「給付の重点化・公平化」や「制度の効率化・透明化」等を図る抜本的な見直しが不可欠である。

⑸ 障害者自立支援法の施行

　障害者自立支援法は2005（平成17）年に成立し、2006（平成18）年4月、10月と段階的に施行された。その内容は以下のような五つのポイントに整理することができる。

① 障害者施策を3障害一元化

・　精神障害者を対象に加えるとともに、サービス利用について障害種別を撤廃

・　サービスの実施主体を市町村に一元化（成人に関するサービス等の支給決定権を市町村に移譲）

② 利用者本位のサービス体系に再編

・　日中活動と夜間の居住支援を分離（例：知的障害者入所更生施設→生活介護事業＋施設入所支援）

講義 3-1

- ・施設サービスの日割り利用を可能に（例：月・水・金は就労継続支援事業、火・木は生活介護事業を利用など）
③就労支援の抜本的強化
- ・利用者の目的に応じた施設体系の再編（例：「就労したい」→就労継続支援事業・就労移行支援事業）
- ・雇用施策との連携
④支給決定の透明化・明確化
- ・支援の必要度に関する客観的な尺度として、障害程度区分を導入
- ・審査会の意見聴取の実施等支給決定プロセスの透明化
⑤安定的な財源の確保
- ・国の負担の責任強化（費用の1／2：国、1／4：県、1／4：市町村）
- ・利用者の応益負担導入（原則サービス利用料の1割負担）

⑹ 障害者障害者権利条約の批准に向けた動向

　障害者自立支援法が施行された2006（平成18）年、国連において障害者権利条約が採択された。

　わが国は、翌2007（平成19）年に署名したものの、批准に至る国内法の整備が不十分であったため、障害者基本法の改正を始めとする関係法律の改正等を行った後、2014（平成26）年に批准することとなった。障害者権利条約は法改正にもみられるように、わが国における障害関係制度改革に関する議論の方法、制度の内容に大きな影響を与えることとなった[＊1]。

⑺ 障害者基本法の改正から障害者差別解消法の成立

　障害者権利条約の批准に向け、政府は障害者にかかる制度の改革や施策の推進に関する事項についての意見を求めるための**障がい者制度改革推進会議**（以下「推進会議」とする）、自立支援法に代わる新たな法律の成立に向け集中的に審議する**総合福祉部会**を設置して議論することとなった。

　議論を経て、障害者が基本的人権を享有する個人として尊重され、障害の有無によって分け隔てられない相互に人格と個性を尊重する共生社会の実現を目的とし、包括的な障害の定義、合理的配慮の不提供を含む差別の禁止等について明記した改正障害者基本法が2011（平成23）年に成立した。

＊1　この間におけるわが国の国内法の整備の経緯は、講義1−1の1．⑵（22頁）を参照してください。

障がい者制度改革推進会議、総合福祉部会　構成員の過半数を障害当事者とし、合理的配慮等支援体制の工夫や充実を図るとともに、十分な審議時間を確保、情報公開の徹底化のもと議論が進められました。

　そして、改正障害者基本法で示された基本方針を具現化するものとして、2012（平成24）年には「障害者自立支援法」を「障害者の日常生活及び社会生活を総合的に支援するための法律」（障害者総合支援法）に改称するなど、抜本的な制度の見直しを行う改正法（平成24年整備法）が成立した。また、同年には障害者虐待防止法、翌2013（平成25）年には障害者差別解消法が成立した。

⑻　平成22年整備法による障害者自立支援法の改正

　障害者自立支援法はそれまでの障害福祉制度の枠組みを利用者本位のサービス提供を目指して大きく変更するものであったが、いくつかの課題が指摘されていた。特に自己負担のあり方については大きな議論となった。

　障害者自立支援法以前のサービスの利用に際しての自己負担は、障害者が含まれる世帯の収入によって負担額が決まる仕組み、つまり応能負担であった。障害者自立支援法では上限は設けたもののサービス利用にかかる料金の原則1割を負担することとし、サービスの利用量に応じて負担額が決まる仕組み、つまり応益負担とされた。

　応益負担は障害者のサービスの使い控えを助長する可能性があり、憲法の定める「法の下の平等」（第13条）に反するとして、障害当事者と支援者による訴訟に発展し、国と訴訟団による協議の末、応益負担から応能負担に自己負担のあり方をあらためることなどが基本合意としてまとめられた。政府は合意に先んじて自己負担の大幅な引き下げ等による対策を講じていたが、平成22年整備法により障害者自立支援法を一部改正[＊2]し、2012（平成24）年4月1日より障害者本人と配偶者の負担能力に応じた負担が原則であることを明確化した。

⑼　児童福祉法の改正

　平成22年整備法による障害者自立支援法の改正に伴い、障害のある児童が身近な地域で適切な支援が受けられるよう、また、年齢や障害特性に応じた専門的な支援が提供されるよう質の確保を図ることを目的として、児童福祉法においても以下に示すような改正が行われ、2012（平成24）年4月1日より施行された。
① 　障害児施設の一元化
② 　障害児通所支援の実施主体を市町村へ移行
③ 　放課後等デイサービス、保育所等訪問支援の創設
④ 　障害児入所施設在園期間の延長措置の見直し

＊2　協議中であった障害者総合支援法の成立に先んじて早急に対応すべきものとして、自己負担のあり方のほか、サービスの対象として発達障害を含むことの明示、支給決定プロセスへのケアマネジメント（計画相談支援等）の導入、地域移行支援等の個別給付化、グループホーム等利用の際の助成の創設なども併せて行われました。

講義
3
-
1

　この改正により、それまで障害者自立支援法により提供されていた一部の障害児向けサービスが児童福祉法により提供されることとなった。

⑽　障害者総合支援法の成立

　平成24年整備法により、障害者自立支援法に代わる障害者への支援を定めた法律として障害者総合支援法が成立し、2013（平成25）年4月から施行された。法の目的は改正障害者基本法に沿って規定され、障害者及び障害児が基本的人権を享有する個人としての尊厳にふさわしい日常生活または社会生活を営むことができるよう、必要な障害福祉サービスにかかる給付、地域生活支援事業その他の支援を総合的に行うことなどが示された。また、基本理念には、法に基づく日常生活・社会生活の支援が、共生社会を実現するため、社会参加の機会の確保及び地域社会における共生、社会的障壁の除去に資するよう、総合的かつ計画的に行われることが新たに掲げられた。

　障害者自立支援法からの具体的な変更点としては、以下があげられる。

> 1．障害者の範囲（障害児の範囲も同様）
>   障害者の範囲に難病等を加える。
> 2．障害支援区分の創設
>   「障害程度区分」から、障害の多様な特性（特に知的障害及び精神障害）その他の心身の状態に応じて必要とされる標準的な支援の度合いを総合的に示す「障害支援区分」にあらためる。
> 3．障害者に対する支援
> ⑴　重度訪問介護の対象者拡大（強度の行動障害のある知的障害者等を加える）
> ⑵　共同生活介護の共同生活援助への一元化
> ⑶　地域移行支援の対象拡大（矯正施設等からの退所者を加える）
> ⑷　地域生活支援事業の追加（障害者に対する理解を深めるための研修や啓発を行う事業等）
> 4．サービス基盤の計画的整備
> ⑴　障害福祉サービス等の提供体制の確保に係る目標に関する事項及び地域生活支援事業の実施に関する事項についての障害福祉計画の策定
> ⑵　基本指針・障害福祉計画に関する定期的な検証と見直しを法定化

(3) 市町村は障害福祉計画を作成するに当たって、障害者等のニーズ把握等を行うことを努力義務化

(4) 自立支援協議会の名称について、地域の実情に応じて定められるよう弾力化するとともに、当事者や家族の参画を明確化

⑾ 障害者総合支援法及び児童福祉法の改正

障害者総合支援法は施行時より障害者施策を段階的に講じるために、3年を目途として検討すべき事項が規定されており、それらを含めた見直しが2016（平成28）年の法改正により行われた。併せて障害児へのきめ細かな対応を図るために児童福祉法についても同年に改正された。

具体的には、障害者の地域生活の充実がより促進されることを目指して、生活や就労を支える新たなサービスの創設や既存のサービスの対象範囲を拡大するなど以下のような改正が行われた。

1．障害者の望む地域生活の支援

① 自宅への定期的な訪問等により地域での一人暮らし等を支える「自立生活援助」の創設

② 職場等への定期的な訪問等により就労の定着を支援する「就労定着支援」の創設

③ 重度訪問介護を入院中も一定の支援について利用可能にする範囲拡大

④ 65歳に至るまでに居宅介護等の一定の障害福祉サービスを5年以上利用していた高齢障害者の介護保険サービス利用者負担の軽減[＊3]

2．障害児支援のニーズの多様化へのきめ細かな対応

① 外出が困難な重度障害のある児童の居宅を訪問しての発達支援「居宅訪問型児童発達支援」の創設

② 乳児院・児童養護施設の障害児へ保育所等訪問支援の範囲拡大

③ 自治体に医療的ケアを要する障害児のために保健・医療・福祉等の連携促進を求める

④ 自治体における障害児サービス提供体制構築を推進する障害児福祉計画の策定義務化

3．サービスの質の確保・向上に向けた環境整備

① 補装具の貸与（借受けに要する費用）を補装具費の支給対象に追加

② サービス事業所の事業内容の公表制度創設、自治体事務を一部委託可能とする規定整備

各改正事項については、平成30年度障害福祉サービス等報酬改定と合わせた議論により運用に関する基準や報酬額等が規定され、2018（平成

＊3　対象は介護保険サービスに相当する障害福祉サービス（居宅介護、重度訪問介護、生活介護、短期入所）を利用していた障害者です。軽減はいったん支払った利用者負担を障害福祉財源から償還することにより行います。

講義
3
―
1

30）年4月に施行された（ただし、2.　③は2016（平成28）年6月3日から施行）。

2．障害福祉サービス等の利用者の推移

＊4　内閣府編『障害者白書　令和元年版』、233頁、2019．参照。

＊5　施設入所している身体障害児者は7.3万人、知的障害児者は12.0万人です。また、精神科病院に入院している精神障害者は30.2万人となっています。

　厚生労働省が実施した2015（平成27）年〜2017（平成29）年の調査［＊4］によると、障害者の総数は963.5万人であり、人口の7.6％に相当する。そのうち身体障害者は436万人、知的障害者は108.2万人、精神障害者は419.3万人となっている。

　在宅・施設等別で見ると、914.0万人が在宅で生活しており、49.5万人［＊5］が施設で生活、もしくは精神科病院に入院している状況にある。在宅で生活する障害者は徐々に増えてきているが、依然として入所施設や精神科病院に入院している障害者は相当数おり、なかには社会的入所や社会的入院と呼ばれる社会的な要因により入所あるいは入院を継続している障害者が含まれていることを注視する必要がある。

　年齢別でみると、身体障害者の74％は65歳以上と高齢者が多く、高齢化による身体機能の低下に伴った身体障害者手帳の取得等の要因が考えられる。また、知的障害者は16％が高齢者であり、一般的な高齢化率に比べると低い割合となっている。さらに、精神障害者については、39％が高齢者であり、一般に比べると高い割合となっている。

　障害福祉サービス等を利用する障害児者の数は、2003（平成15）年の支援費制度の施行以降、年々増加している。平成22年整備法による障害者自立支援法及び児童福祉法の一部改正の施行以降の2012（平成24）年からの推移をみると障害児者合わせて70.8万人であったものが、2018（平成30）年には114.2万人となっている（図3-2）。特に成人の利用者数の伸び率が約1.37倍であるのに対して、児童の利用者数の伸び率は約3.3倍となっている。

　こうした背景には、障害当事者や家族の権利意識の向上や障害福祉制度改革によるサービス利用対象者の拡大などがあると考えられる。児童については、放課後等デイサービスの利用者増が顕著である。

図 3-2　障害福祉サービス等利用者数の推移

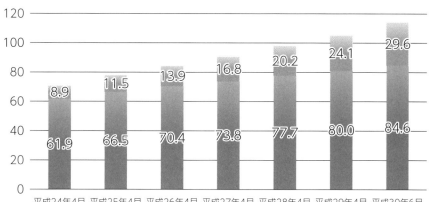

単位：万人

■障害者（下段）　　■障害児（上段）
出典：厚生労働省資料

3. 障害者総合支援法などの概要

(1)　各法律等の目的及び基本理念等

　障害者への支援を実施するに際して、制度やサービスの内容について理解することは重要であるが、まずは、障害者支援の目的や理念について関係する法律等の記載内容から確認する。

①　障害者の権利に関する条約
　障害者権利条約の目的は以下のように規定されている。

> 　　　第 1 条　目的
> 　この条約は、全ての障害者によるあらゆる人権及び<u>基本的自由の完全かつ平等な享有</u>を促進し、保護し、及び確保すること並びに障害者の固有の尊厳の尊重を促進することを目的とする。
> 　障害者には、長期的な身体的、精神的、知的又は感覚的な機能障害であって、<u>様々な障壁との相互作用</u>により他の者との平等を基礎として社会に完全かつ効果的に参加することを妨げ得るものを有する者を含む。
>
> 　　　　　　　　　　　　　　　　　　　　　（下線は筆者）

　基本的な自由は誰もが生まれながらにもつものであるが、障害者につい

講
義
3
―
1

ては、それらが必ずしも行使されていない状況にあることを示唆し、促進、保護、確保することにより障害者の尊厳を尊重することが目的であることが明確に示されている。

　また、「障害」には当事者がもつ機能的なものだけではなく、社会的な障壁との相互作用により起こり得る事柄についても含まれることが示され、「障害の社会モデル」の考え方を背景としていることが表されている。

② 障害者基本法

　障害者基本法の目的は以下のように規定されている。

> （目的）
> 第1条　この法律は、全ての国民が、<u>障害の有無にかかわらず、等しく基本的人権を享有するかけがえのない個人として尊重される</u>ものであるとの理念にのつとり、全ての国民が、<u>障害の有無によつて分け隔てられることなく、相互に人格と個性を尊重し合いながら共生する社会を実現する</u>ため、障害者の自立及び社会参加の支援等のための施策に関し、基本原則を定め、及び国、地方公共団体等の責務を明らかにするとともに、障害者の自立及び社会参加の支援等のための施策の基本となる事項を定めること等により、障害者の自立及び社会参加の支援等のための施策を総合的かつ計画的に推進することを目的とする。
>
> （下線は筆者）

　基本的人権が享有され、個人として尊重されるという基本的な理念は、障害者権利条約を踏襲している。また、障害の有無によって分け隔てられない共生社会の実現という、地域社会へのはたらきかけについても目的とされているところに注目したい。この点については第3条（地域生活における共生等）においてさらに明確に示されている。

> （地域社会における共生等）
> 第3条　第1条に規定する社会の実現は、全ての障害者が、障害でない者と等しく、基本的人権を享有する個人としてその尊厳が重んぜられ、その尊厳にふさわしい生活を保障される権利を有することを前提としつつ、次に掲げる事項を旨として図られなければならない。
> 一　全て障害者は、<u>社会を構成する一員として</u>社会、経済、文化そ

　の他あらゆる分野の活動に<u>参加</u>する機会が確保されること。

二　全て障害者は、可能な限り、<u>どこで誰と生活するかについての
　選択の機会が確保</u>され、地域社会において他の人々と共生するこ
　とを妨げられないこと。

三　全て障害者は、可能な限り、<u>言語（手話を含む。）その他の意
　思疎通のための手段についての選択の機会が確保される</u>ととも
　に、情報の取得又は利用のための手段についての選択の機会の拡
　大が図られること。

（下線は筆者）

　共生社会の実現のためには、障害者に対して社会を構成する一員として
差別や区別をすることなく、社会への参加の機会を保障するという、**社会
的包摂**の理念が示されている。さらに、一方的に生活の場所を制限される
ことがない旨について、意思疎通や情報保障など、当事者本人による意思
決定の尊重についても示されている。

③　障害者総合支援法

　障害者総合支援法の目的は以下のように規定されている。

（目的）
第1条　この法律は、障害者基本法（昭和45年法律第84号）の基本的
　な理念にのっとり、身体障害者福祉法（昭和24年法律第283号）、
　知的障害者福祉法（昭和35年法律第37号）、精神保健及び精神障害
　者福祉に関する法律（昭和25年法律第123号）、児童福祉法（昭和
　22年法律第164号）その他障害者及び障害児の福祉に関する法律と
　相まって、障害者及び障害児が基本的人権を享有する<u>個人としての
　尊厳にふさわしい日常生活又は社会生活を営むことができる</u>よう、
　必要な障害福祉サービスに係る給付、地域生活支援事業その他の支
　援を総合的に行い、もって障害者及び障害児の福祉の増進を図ると
　ともに、障害の有無にかかわらず国民が相互に人格と個性を尊重し
　安心して暮らすことのできる地域社会の実現に寄与することを目的
　とする。

（下線は筆者）

　条文中にもあるように、障害者基本法の理念にのっとり規定されてい
る。障害者自立支援法まではあくまで障害者の生活を支援するために障害
福祉サービス等を提供することが法の目的とされていたが、障害者総合支

社会的包摂　すべての
人々を孤独や孤立、排
除や摩擦から援護し、
健康で文化的な生活の
実現につなげるよう、
社会の構成員として包
み支え合うことです。
ソーシャルインクルー
ジョンともいいます。

講義
3
―
1

援法においては地域共生社会の実現もその目的とされていることを確認したい。この点に関して、基本理念においても以下のように規定されているため、併せて確認したい。

（基本理念）

第1条の2　障害者及び障害児が日常生活又は社会生活を営むための支援は、全ての国民が、障害の有無にかかわらず、等しく基本的人権を享有するかけがえのない個人として尊重されるものであるとの理念にのっとり、全ての国民が、障害の有無によって分け隔てられることなく、相互に人格と個性を尊重し合いながら共生する社会を実現するため、全ての障害者及び障害児が可能な限りその身近な場所において必要な日常生活又は社会生活を営むための支援を受けられることにより社会参加の機会が確保されること及びどこで誰と生活するかについての選択の機会が確保され、地域社会において他の人々と共生することを妨げられないこと並びに障害者及び障害児にとって日常生活又は社会生活を営む上で障壁となるような社会における事物、制度、慣行、観念その他の一切のものの除去に資することを旨として、総合的かつ計画的に行わなければならない。

（下線は筆者）

---

④　児童福祉法

　先にも述べたとおり平成22年整備法による児童福祉法改正により、それまで障害者自立支援法により提供されていた一部の障害児向けサービスが児童福祉法により提供されることとなった。これは、「障害児」としてではなく「児童」として福祉を保障することを基本理念とすることが明確にされたといえる。

　児童福祉法第1条及び第2条には「児童の福祉を保障するための原理」と「児童育成の責任」について以下のように示されている。

〔児童の福祉を保障するための原理〕

第1条　全て児童は、児童の権利に関する条約の精神にのっとり、適切に養育されること、その生活を保障されること、愛され、保護されること、その心身の健やかな成長及び発達並びにその自立が図られることその他の福祉を等しく保障される権利を有する。

〔児童育成の責任〕

第2条　全て国民は、児童が良好な環境において生まれ、かつ、社会のあらゆる分野において、児童の年齢及び発達の程度に応じて、そ

の意見が尊重され、その最善の利益が優先して考慮され、心身とも
に健やかに育成されるよう努めなければならない。
② 児童の保護者は、児童を心身ともに健やかに育成することについ
て第一義的責任を負う。
③ 国及び地方公共団体は、児童の保護者とともに、児童を心身とも
に健やかに育成する責任を負う。

(下線は筆者)

原理において、児童に対して適切に養育されることに加えて、愛される
存在であり、成長と発達が保障されることが示されていることは、障害の
ある児童への支援について重要な基本理念といえる。また、第2条に示さ
れる、児童の意見が尊重され、最善の利益が優先して考慮されることは、
児童を個別の人格として尊重しなければならないことを示している。

⑤ 発達障害者支援法

発達障害者支援法は、2004 (平成16) 年に成立し翌年4月に施行された
発達障害者に対する障害の定義と理解及び支援の促進を図るために定めら
れた法律である。これを受けて、2010 (平成22) 年には発達障害者も障
害福祉サービス等の対象であることが、自立支援法、児童福祉法の改正に
より明確化されるなど施策が進められている。

発達障害者支援法の目的は以下のように定められている。

(目的)
第1条 この法律は、発達障害者の心理機能の適正な発達及び円滑な
社会生活の促進のために発達障害の症状の発現後できるだけ早期に
発達支援を行うとともに、切れ目なく発達障害者の支援を行うこと
が特に重要であることに鑑み、〔中略〕発達障害を早期に発見し、発
達支援を行うことに関する国及び地方公共団体の責務を明らかにす
るとともに、学校教育における発達障害者への支援、発達障害者の
就労の支援、発達障害者支援センターの指定等について定めること
により、発達障害者の自立及び社会参加のためのその生活全般にわ
たる支援を図り、もって全ての国民が〔中略〕共生する社会の実現
に資することを目的とする。

(下線は筆者)

2016 (平成28) 年の法改正により、「切れ目なく」支援を行うことにつ

いての記載が目的に追加され、発達障害者への適切な支援のためには、発達障害の早期発見と適切な対応、ライフステージを通じた切れ目のない支援が重要であることが示されている。また、障害者基本法の規定を踏まえて「共生する社会の実現に資すること」についても追記されている。同改正においては、目的と同様に障害者基本法の規定を踏まえて、「基本理念」が新たに定められた。

（基本理念）

第２条の２　発達障害者の支援は、全ての発達障害者が社会参加の機会が確保されること及びどこで誰と生活するかについての選択の機会が確保され、地域社会において他の人々と共生することを妨げられないことを旨として、行われなければならない。

2　発達障害者の支援は、社会的障壁の除去に資することを旨として、行われなければならない。

3　発達障害者の支援は、個々の発達障害者の性別、年齢、障害の状態及び生活の実態に応じて、かつ、医療、保健、福祉、教育、労働等に関する業務を行う関係機関及び民間団体相互の緊密な連携の下に、その意思決定の支援に配慮しつつ、切れ目なく行われなければならない。

⑵　障害福祉サービス等の体系

障害者に給付されるサービスは、自立支援給付と地域生活支援事業に分かれている。さらに、自立支援給付は、介護給付、訓練等給付、相談支援、補装具、自立支援医療に分けられる[＊6]。また、地域生活支援事業は、市町村が実施するものと都道府県が実施するものに分かれている。これらはすべて障害者総合支援法に規定されている。

障害児及びその保護者への支援にかかる給付は、障害児通所給付と障害児入所給付（以下「障害児支援にかかる給付」とする）に分かれる。これらは児童福祉法に規定されている。

⑶　給付の対象

障害者総合支援法等に規定されるサービスの対象となる障害者及び障害児については、障害者総合支援法において以下のように定義され、各法律に規定される給付の対象としている。

＊6　自立支援給付は、法令上は、一定の基準を満たすサービスを利用した場合に、その費用（介護給付費、訓練等給付費、地域相談支援給付費、計画相談支援給付費、自立支援医療費、療養介護医療費、補装具費等）を支給するものとして規定されており、本区分は厳密な法令上の区分によるものではありません。ただし、自立支援給付は、実態としてはサービスが提供される仕組みとなっているため、以下、本稿では提供されるサービスの態様に着目し、このような区分を用いて説明を行っていきます。

図 3-3　障害者総合支援法及び児童福祉法の給付・事業

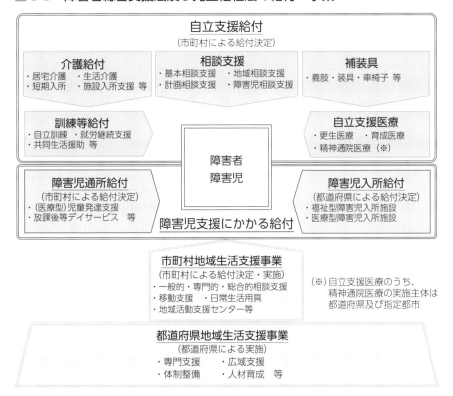

<障害者>

1. 身体障害者福祉法第4条に規定する身体障害者

2. 知的障害者福祉法にいう知的障害者

3. 精神障害者福祉法第5条に規定する精神障害者（発達障害者支援法第2条第2項に規定する発達障害者を含む）

4. 治療方法が確定していない疾病その他の厚生労働大臣が定める特殊の疾病により継続的に日常生活又は社会生活に相当な制限を受ける者

<障害児>

　対象となる「障害児」は、児童福祉法第4条第2項に規定する障害児をいう。その範囲は、18歳未満の者であって上記の1.〜4.と同様。

　身体障害者福祉法に規定する身体障害者は、身体障害者手帳を所持する者となる。一方で、知的障害者、精神障害者、発達障害者については必ずしも療育手帳や精神保健福祉手帳の所持が法の対象となる必須要件ではない。医師による診断や支援の必要性に基づいた市町村の判断で法の対象とすることができる。

講義
3
—
1

上記4.は難病患者等が該当し、2013（平成25)年度から障害福祉サービス等の対象となった。

4. 障害福祉サービス等の利用の仕組み

(1) 支給決定等のプロセス

障害者が介護給付・訓練等給付（以下「介護給付等」とする）、地域相談支援給付の給付を受けるにあたっては、一定のプロセスに沿った市町村による支給決定を受ける必要がある。また、2012（平成24)年以降においては、支給決定プロセスに計画相談支援によるケアマネジメントが導入されている。

① 利用申請

介護給付等及び地域相談支援給付のサービス利用を希望する障害者は、

支給決定　障害福祉サービスや地域相談支援の利用にかかる費用について、公費で負担する旨を決定することをいいます。法令上は、地域相談支援にかかるものは「地域相談支援給付決定」と規定され区別されていますが、本書では、地域相談支援の利用にかかるものも含めて「支給決定」と記すこととします。

図 3-4　支給決定等及び支給変更決定等プロセス

支給決定等	① 利用申請受付	・サービス利用を希望する障害者が市町村に申請する。 ・申請を受け付けた市町村は、利用対象者か確認する。
	② 障害支援区分認定　ア．調査	・認定調査員が申請者と面接し、認定調査及び概況調査を行う。
	イ．医師意見書	・市町村は主治医に医師意見書の提出を求める。 ・主治医は所定の書式により医師意見書を作成し提出する。
	ウ．一次判定	・調査結果を入力し、コンピュータソフトによる一次判定を行う。
	エ．二次判定	・市町村は有識者による認定審査会に審査判定を依頼する。 ・審査会は一次判定などを総合的に勘案した判定を行う。
	オ．区分の認定	・市町村は認定審査会による判定結果に基づき、区分を認定する。 ・市町村は認定結果を申請者に通知する。
	③ サービス利用意向聴取	・市町村は申請者に介護給付等の利用の意向について聞き取る。
	④ サービス等利用計画案の作成	・相談支援専門員が利用者宅でアセスメントを行い、利用者の希望等を踏まえて、サービス等利用計画案を作成し、利用者に交付する。 ・利用者は交付されたサービス等利用計画案を市町村に提出する。
	⑤ 支給決定	・市町村は、障害支援区分やサービス利用意向聴取の結果、サービス等利用計画案等を踏まえ、支給決定基準に基づき支給決定を行う。
	⑥ サービス等利用計画案の作成	・相談支援専門員は、サービス担当者会議を開催する。 ・専門的な意見を踏まえて、サービス等利用計画を作成する。
	サービス利用	・利用者はサービス提供事業者と契約し、サービス利用を開始する。 ・事業者はサービス等利用計画を踏まえ、個別支援計画を作成する。
支給決定等変更	⑦ サービス内容や量の見直し	・相談支援専門員が利用者と面接し、モニタリングを実施する。 ・サービス内容や量の見直しが必要な場合は、利用者に変更のための申請を勧める。 ・利用者は、変更のための申請を市町村に行う。
	④ 以降のプロセスに同じ	

所定の書式により市町村担当窓口へ申請を行う。申請を受け付けた市町村は、申請者が給付の対象者であるかを確認する。(給付の対象については、3.(3)(142頁)を参照。)

対象者であるかを確認後、市町村は、申請者に対して計画相談支援により作成されたサービス等利用計画案の提出を依頼する。

申請者が、介護保険制度のサービスを利用する場合は、居宅及び施設サービス計画または介護予防サービス計画の作成対象者となるため、障害福祉サービス固有のものと認められる行動援護、同行援護、自立訓練(生活訓練)、就労移行支援、就労継続支援等の利用を希望する場合で、市町村がサービス等利用計画案の提出が必要と認める場合に求めることとなる。

② 障害支援区分の認定

適切な支給決定を行うために、障害の多様な特性その他の心身の状態に応じて必要とされる標準的な支援の度合いを総合的に示すものとして障害支援区分を認定することが必要とされている。

区分は非該当及び区分1から区分6に分かれており、数字が大きくなるほど必要となる支援の度合いは高くなる。

訓練等給付のみの申請(共同生活援助における支援において入浴、排泄または食事等の介護を伴う場合は除く)の場合は、図3-4のイからオの過程は行われない。

また、地域相談支援給付のみの申請の場合は、障害支援区分の認定そのものが行われない。

なお、同行援護の利用を希望する障害者が支給決定の申請をした場合は、障害支援区分認定調査を行う前に、同行援護アセスメント調査票による調査を行う。また、医師意見書の提出及び一次判定については行わない。障害支援区分3以上が見込まれない場合は、認定調査を行う必要はない。

③ サービス利用意向の聴取

市町村は、障害支援区分の認定を行った申請者の支給決定を行うため、申請者から介護給付等の申請にかかるサービスの利用意向を聴取する。

④ サービス等利用計画案の作成

申請者より計画相談支援を依頼された指定特定相談支援事業者に配置される相談支援専門員は申請者の自宅を訪問し、障害者及び同居家族等と面接を行う。そして、利用者となる障害者の日常生活や社会生活に関する希望を聞き取ったうえで、その心身の状況、そのおかれている環境や日常生

障害支援区分 障害者自立支援法施行時に支援の必要度に関する客観的な尺度(障害程度区分)として導入されました。当初、介護保険制度の要介護認定をモデルに判定ロジックが作成されたため、知的障害や精神障害に起因する状況が反映されず、実際の必要度よりも低い区分が判定されるという課題が明らかになりました。そのため、障害者総合支援法施行時に新たに開発された判定ロジックが適用され、名称も障害支援区分に改められました(2014(平成26)年4月施行)。

指定特定相談支援事業者 障害者総合支援法に規定される基本相談支援と計画相談支援を実施するものとして指定を受けた事業者のことです。相談支援の担い手として相談支援専門員を配置する必要があります。

活全般の状況等の評価を通じて、利用者の希望する生活や利用者が自立した日常生活を営むことができるよう支援するうえで解決すべき課題等の把握（以下「アセスメント」とする）を行う。

　相談支援専門員は、利用者の希望を踏まえ、アセスメントに基づき、利用者及びその家族の生活に対する意向、総合的な援助の方針、生活全般の解決すべき課題、提供される福祉サービス等の目標とその達成時期、福祉サービス等の種類、内容、量[*7]、福祉サービス等を提供するうえでの留意事項、モニタリング実施期間の提案等を記載したサービス等利用計画案を作成する。作成した計画案を利用者に説明し同意を得られれば、利用者に交付する。

　その後、利用者はサービス等利用計画案を市町村に提出する。

⑤　支給決定

　市町村は、障害支援区分やサービス利用意向聴取の結果、サービス等利用計画案等を踏まえ、**市町村が定める支給決定基準**等に基づき、支給決定案を作成する。市町村は、支給決定基準等を超えた支給量の決定を行う場合は、必要に応じて審査会の意見を求めることができる。審査会の意見等を踏まえて有効期間[*8]を含めた支給決定を行う。同時に、計画相談支援により実施されるモニタリングの実施期間[*9]についても決定を行う。決定内容は、利用者（申請者）に通知される。

⑥　サービス等利用計画の作成

　支給決定の後、相談支援専門員は、支給決定を踏まえて必要に応じてサービス等利用計画案の変更を行い、サービス提供を担当する事業者やその他の支援関係者によるサービス担当者会議を開催する。会議において、計画案の内容について説明を行うとともに、担当者などから、専門的な見地からの意見を求める。それらの意見を踏まえ各サービスの担当事業者を確定させたサービス等利用計画を作成し、その内容について、利用者の同意を得る。その後、確定したサービス等利用計画を利用者と各サービス提供事業者に交付する。利用者はサービス提供事業者と契約し、サービス利用を開始する。

⑦　サービス内容や量の見直し

　サービスの利用開始後、相談支援専門員はモニタリング実施期間で示された月において、利用者の自宅を訪問し面接によるサービス等利用計画の実施状況の把握（以下「モニタリング」とする）を行う。モニタリングでは、利用者のサービスに対する満足度や生活やサービス利用の意向の変化について確認する。それにより必要に応じて計画の変更、サービス提供事業者

*7　利用者が必要とする量を記載することが基本となりますが、地域におけるサービスの供給体制を勘案することなどが、「障害者の日常生活及び社会生活を総合的に支援するための法律に基づく指定計画相談支援の事業の人員及び運営に関する基準」（第15条第2項第7号）に示されています。

市町村が定める支給決定基準　市町村は、介護給付等の支給決定を公平かつ適正に行うため、あらかじめ支給の要否や障害支援区分ごとの支給量の基準を定めておくこととされています。

*8　支給決定の有効期間は、サービスの種類ごとに障害者総合支援法施行規則に1か月から60か月の範囲内で月を単位として市町村が定めるものとされています。

*9　モニタリング期間は、サービス等利用計画案に示された期間案、障害者総合支援法施行規則に示されるモニタリング実施標準期間、本人及び保護者の状況等を勘案して、利用者ごとに決められています。

等との連絡調整を行うことで、利用者のより適切なサービス利用を支援する。また、支給内容や支給量の変更が必要であると認められる場合には、利用者に対し、支給決定の変更のために申請することを提案する。

変更のための申請後は、上記④以降のプロセスに沿ったものとなる。

⑵　障害児にかかる支給決定等のプロセス

障害児にかかる支給決定等のプロセスは、基本的には障害者への介護給付等と同様であるが、以下の点については異なるため留意が必要である。

①　調査

障害児においては、成長過程にあるなかで、心身の状況が変化しやすいため、障害支援区分の調査では実態を把握しづらいため、実施をしない。しかしながら、介護の必要性や心身の状況を把握するために5領域（食事、排せつ、入浴、移動、行動障害及び精神症状）について介護の必要性や状態像について11項目の調査を行うこととされている。併せて概況調査については、障害者の場合と同様に実施する。

②　児童相談所への意見聴取

市町村は、障害児通所支援にかかる給付の決定を行うに当たって、必要がある場合は、児童相談所等に意見を聞くことができる。必要な場合として想定されているのは、申請にかかる障害児が障害者手帳を有していないまたは医療機関等の受診をしていないなどの場合で、市町村が行う障害児通所支援にかかる給付の決定の基礎資料となる心身の障害の状況の専門的意見や療育の必要性等について意見を聴取する。

③　障害児支援利用計画案の提出

市町村は障害児通所支援にかかる給付の決定に際して、申請者に障害児相談支援により作成された障害児支援利用計画案の提出を求める。作成の手順等は、計画相談支援によるサービス等利用計画案の作成と同様である。また、給付決定後の障害児支援利用計画の作成及び支援利用開始後のモニタリング、給付の変更についても、計画相談支援と同様の手順により障害児相談支援が適用される。

⑶　介護給付等で提供されるサービス及び相談支援の概要

介護給付、訓練等給付、障害児支援にかかる給付、相談支援について以下に、給付ごとに各サービスの概要について示す。

講義
3
-
1

表 3-1　介護給付で提供されるサービス及び支援

サービス名	対象及びサービス・支援の概要
居宅介護	区分 1 以上（児童の場合は相当する支援の度合いとする。以下、児童を対象に含める場合は同様）の介護等を必要とする障害児者に、自宅において、入浴や排泄、食事等の介護、調理や洗濯などの家事等、ならびに相談や助言の援助を行う。
重度訪問介護	区分 4 以上の重度の肢体不自由児者または重度の知的障害もしくは精神障害により行動上著しい困難を有する障害児者であって、常に介護を必要とする人に、自宅で、入浴、排泄、食事の介護、外出時における移動支援、入院時のコミュニケーション支援等を総合的に行う。
同行援護	視覚障害により、移動に著しい困難を有する障害児者が外出する時、必要な情報提供や介護を行う。
行動援護	区分 3 以上の知的障害または精神障害により行動上著しい困難を有し、常に介護を必要とする障害児者に、行動する際に生じ得る危険を回避するために必要な援助、外出時の支援を行う。
重度障害者等包括支援	区分 6 以上の常に介護を必要とする人であって、意思疎通が困難であり、重度の肢体不自由や行動上の著しい困難を有する障害者に介護給付や訓練等給付にある複数のサービスを包括的に提供する。
短期入所	区分 1 以上の自宅で介護する人が病気の場合などに、短期間、夜間も含めた入所を必要とする障害児者に、障害者支援施設や児童福祉施設等において、入浴、排泄、食事の介護等を行う。
療養介護	人工呼吸器による呼吸管理を行っている区分 6、重症心身障害児等であって区分 5 以上の医療と常時の介護を必要とする障害者に、医療機関において機能訓練、療養上の管理、看護、介護や日常生活上の支援を行う。
生活介護	区分 3 以上（障害者支援施設に入所する場合は 4 以上、50 歳以上の場合は 2 以上）の常に介護を必要とする障害者に、昼間に入浴、排泄、食事の介護等を行うとともに、創作的活動または生産活動の機会や身体機能や生活能力の向上のために必要な支援を提供する。
施設入所支援	施設に入所する障害者に、夜間において、入浴、排泄または食事の介護などを提供する。生活介護や自立訓練等のサービスと一体的に提供しているものを「障害者支援施設」と呼ぶ。

① 介護給付で提供されるサービスの概要

　介護給付は居宅への訪問や外出への同行、事業所への通所や施設への入所により、日常生活において必要な介護等の支援を提供するサービスが分類されている（表3-1）。

　以下、各説明において障害支援区分は「区分」と表記する。

② 訓練等給付で提供されるサービスの概要

　訓練等給付は日常生活や社会生活における能力を獲得するための訓練や適切な生活環境や就労環境、必要な支援を提供することで、障害者の一人暮らしの実現や就労の機会の確保などを実施するサービスが分類されている。

表3-2　訓練等給付で提供されるサービス及び支援

サービス名	サービス・支援概要 [*10]
自立生活援助	施設や精神科病院、グループホームなどから単身等に移行した障害者に、一人暮らしに必要な理解力・生活力等を補うため、定期的な居宅訪問や随時の相談対応等により、日常生活における課題を把握し、一定期間、必要な支援を行う。同居家族からの支援が見込めない場合は、単身でなくても利用できる。
共同生活援助	障害者に夜間において、共同生活を行う住居で、相談、入浴、排泄、食事介護などの日常生活上の支援を提供する。
自立訓練（機能訓練）	入所施設や病院を退院・退所したり、特別支援学校を卒業したりした者で、身体機能・生活能力の維持・向上のために支援を必要とする障害者に、入所や通所する施設において、もしくは居宅を訪問し、一定期間、リハビリテーションや相談等必要な支援を行う。
自立訓練（生活訓練）	入所施設や病院を退院・退所したり、特別支援学校を卒業したりした者で、生活能力の維持・向上のために支援を必要とする障害者に、入所や通所する施設において、もしくは居宅を訪問し、一定期間、訓練や相談等必要な支援を行う。
宿泊型自立訓練	日中、一般就労や障害福祉サービスを利用している者で、地域移行に向けて一定期間、居住の場を提供して帰宅後における生活能力等の維持・向上のための訓練その他の支援が必要な障害者に、宿泊による家事等の日常生活能力を向上させるための支援、生活等に関する相談など必要な支援を行う。
就労移行支援	一般企業等への就労を希望する障害者に、一定期間、生産活動や職場体験の機会を提供することにより、就労に必要な知識や能力の向上のために必要な訓練や求職活動に関する支援を実施したり、就職後の定着に必要な支援を行う。
就労継続支援（A型）	65歳未満または65歳に至るまでに5年以上就労支援にかかる給付決定を受けていた65歳以上の者で、一般企業等での就労が困難な障害者に、雇用して就労の機会を提供する [*11] とともに、就労に必要な知識や能力の向上のために必要な訓練等の支援を行う。
就労継続支援（B型）	就労経験があり一般企業等での就労が困難な障害者または就労移行支援事業所によるアセスメントにより就労面に関する課題が把握されている障害者に、就労する機会を提供するとともに、就労に必要な能力等の向上のために必要な訓練を行う。
就労定着支援	就労移行支援などの障害福祉サービスを利用して、一般就労に移行もしくは復職し6月が経過した障害者に、一定期間、就労の継続を図るために、事業者や医療機関等との連絡調整や障害者への相談等、日常生活及び社会生活の課題に対応するための支援を行う。

*10 「一定期間」と表記している場合は、サービスを継続的に利用できる期間に限りがあることを示しています。必要に応じて延長や継続できる場合があります。
例）自立訓練（機能訓練）：1年6か月（頸髄損傷による四肢麻痺の場合などは3年間）、自立訓練（生活訓練）：2年（精神科への長期入院の場合などは3年間）等

*11　就労継続支援（A型）については、サービス利用のための契約と雇用のための契約を、障害者とサービス提供事業者で交わすこととなります。

③　障害児支援にかかる給付で提供されるサービスの概要

　障害児への通所による発達支援は障害児通所給付、施設への入所による保護や発達支援、生活支援は障害児入所給付に分類される。

講義
3
―
1

表 3-3　障害児支援にかかる給付で提供されるサービス及び支援

サービス名		サービス・支援概要
障害児通所支援給付	児童発達支援	集団や個別の療育を行う必要がある障害児に、日常生活における基本的な動作の指導、知識技能の付与、集団生活への適応訓練などの支援（以下「児童発達支援」とする）を行う。
	医療型児童発達支援	肢体不自由がありリハビリテーションの提供や医療的管理下での支援が必要な障害児に、児童発達支援及び治療を行う。
	放課後等デイサービス	就学しており放課後等に支援が必要な障害児に、授業の終了後または学校の休業日に、児童発達支援センター等の施設において、生活能力向上のための必要な訓練、社会との交流促進などの支援を行う。
	居宅訪問型児童発達支援	重度の障害等により、通所による児童発達支援や放課後等デイサービスの利用のための外出が著しく困難な障害児に、居宅を訪問し、日常生活における基本的な動作の指導等を行う。
	保育所等訪問支援	保育所、乳児院・児童養護施設等に通所もしくは入所している障害児であって、専門的な支援が必要と認められた障害児に、保育所等を訪問し障害児以外の児童との集団生活への適応のための専門的な支援（施設への指導・助言を含む）などを行う。
障害児入所支援給付	福祉型障害児入所施設	施設に入所する障害児に、保護、日常生活における指導及び必要な知識技能の付与などの支援を行う。
	医療型障害児入所施設	施設に入所する重症心身障害児に、保護、日常生活における指導及び必要な知識技能の付与などの支援並びに治療を行う。

　障害児入所支援給付による福祉型及び医療型障害児入所施設の利用を希望する場合は、支給決定のプロセスとは異なり、障害児及び保護者は、支援利用の意向を居住する都道府県もしくは指定都市等が設置する児童相談所に相談したうえで、施設利用のための申請を同所に行う。児童相談所は障害児の心身の状況、家庭の状況などを勘案し、施設利用についての給付を決定する。その後、施設と保護者が契約を結び、障害児は施設に入所する。

　保護者等からの虐待等により、障害児の保護者との分離が必要な場合等は、給付決定と契約によらず、都道府県または指定都市の措置により障害児を施設に入所させることができる。

④　相談支援にかかる給付で提供されるサービスの概要
　相談支援は障害者が地域で生活するために、介護給付や訓練等給付などのフォーマルな支援に加えてインフォーマルな支援を活用するための相談や調整を行うサービスの分類である。

表3-4　相談支援にかかる給付で提供されるサービス及び支援

サービス名	サービス・支援概要
地域移行支援	障害者支援施設や精神科病院、救護施設や矯正施設等に入所・入院している障害者に、住居の確保、地域での生活に移行するための活動に関する相談、各障害福祉サービス事業所の見学や体験のための同行支援等を行う。地域移行支援もしくは地域定着支援及び基本相談支援を実施するものを一般相談支援事業と呼ぶ。
地域定着支援	居宅等において単身等で生活する者で緊急時の支援が見込めない状態にある障害者に、常時の連絡体制を確保し、障害の特性に起因して生じた緊急の事態等に電話または直接訪問により、相談等の必要な支援を行う。
計画相談支援	【サービス利用支援】 障害福祉サービス等（介護給付・訓練等給付・地域相談支援）の利用または利用の変更の申請をしようとする障害者と自宅で面接し、障害者等へのアセスメントを行い、その内容を勘案したサービス等利用計画案を作成する。支給決定後、サービスを提供する事業者等と連絡調整を行い、サービス等利用計画を作成する。 【継続サービス利用支援】 サービスの利用開始後、一定期間ごとに障害者等と自宅で面接し、利用状況の確認と検証を行い、必要に応じて支給決定の変更等について利用者に勧める。 計画相談支援及び基本相談支援を実施するものを特定相談支援事業と呼ぶ。
障害児相談支援	【障害児支援利用援助】 障害児通所支援の利用または利用の変更の申請をしようとする障害児及びその保護者と自宅で面接し、障害児等へのアセスメントを行い、その内容を勘案した障害児支援利用計画案を作成する。給付決定後、支援を提供する事業者等と連絡調整を行い、障害児支援利用計画を作成する。 【継続障害児支援利用援助】 支援の利用開始後、一定期間ごとに障害児及びその保護者と自宅で面接し、利用状況の確認と検証を行い、必要に応じて支給決定の変更等について利用者に勧める。

　各障害福祉サービス等については、厚生労働省令において、事業を適切に実施するための人員の配置、事業所の設備及び運営に関する基準が示され、各基準を満たしている事業者に対し都道府県や市町村が事業実施の指定を行っている。それにより各事業者は制度に基づいたサービスを提供し、それに応じた報酬を得ることができる。そのため、基本的には、全国一律のサービス及び支援が提供されるものであるが、事業者によって、サービスの特徴や支援の内容が異なる場合があるため、各事業者にそれらを確認することが望ましい。

⑷　利用者負担

　介護給付等による障害福祉サービス、障害児通所支援等にかかる報酬等の財源は、2分の1を国、4分の1を都道府県、4分の1を市町村が負担し、

*12　世帯の範囲は、
　　障害者の場合は本人及
　　びその配偶者とされ、
　　障害児の場合は支給決
　　定を受ける保護者の属
　　する住民基本台帳の世
　　帯全員となります。

それに加えて利用者がその属する世帯[*12]の収入等に応じた額を負担することとされている。

　負担の上限月額は、世帯の収入状況に応じて以下の表に示すように区分されている。

① 障害者の場合

区分	世帯の収入状況	負担上限額
生活保護	生活保護受給世帯	0 円
低所得	市町村民税非課税世帯 ※　3人世帯で障害者基礎年金1級の場合、収入がおおむね300万円以下の世帯が対象となる。	0 円
一般1	市町村民税課税世帯（所得割16万円未満） ※1　収入がおおむね600万円以下の世帯が対象となる。 ※2　障害者支援施設等を利用している者（20歳以上）、共同生活援助を利用している者を除く。	9,300 円
一般2	上記以外	37,200 円

② 障害児の場合

区分	世帯の収入状況		負担上限額
生活保護	生活保護受給世帯		0 円
低所得	市町村民税非課税世帯		0 円
一般1	市町村民税課税世帯（所得割28万円未満） ※　収入がおおむね890万円以下の世帯が対象	障害児通所支援、居宅介護等を利用している場合	4,600 円
		障害児入所支援を利用している場合	9,300 円
一般2	上記以外		37,200 円

　同一世帯内に障害福祉サービス等を利用する者が複数いる場合等に、世帯の負担を軽減するために、償還払い方式により、世帯における利用者負担を負担上限月額まで軽減を図る「高額障害福祉サービス等給付」制度がある。

　また、就学前の児童発達支援の利用については、2019（令和元）年10月に実施された幼児教育無償化の対象となる。

　さらに、障害児通所支援を利用する児童と保育園や幼稚園等を利用する児童が同一世帯に複数いる場合に適用される多子軽減措置の制度がある。

5. 自立支援医療・補装具

(1) 自立支援医療

　自立支援給付の一つである自立支援医療は、障害児者が自立した日常生活または社会生活を営むために、必要な心身の障害の状態を軽減するための医療（保険診療に限る）について、当該医療費の自己負担額を軽減するための公費負担医療制度である。

① 更生医療・育成医療

　更生医療は、身体障害者であって、その障害の状態を軽減する手術等の治療により確実に効果が期待できる者を対象とし、また育成医療は、障害児のうち、障害にかかる医療を行わないときは将来において身体的な障害を残すと認められ、手術等により確実な治療の効果が期待できる者とされている。

　公費による負担軽減の対象となる医療は、以下のようなものが示されている。

（例）

肢体不自由：関節拘縮　→　人工関節置換術

言語障害：口蓋裂　→　形成術

視覚障害：白内障　→　水晶体摘出術

免疫機能障害：抗HIV療法

聴覚障害：高度難聴　→　人工内耳埋込術

内臓障害：心臓機能障害　→　ペースメーカー埋込手術

　　　　　腎臓機能障害　→　腎移植、人工透析

　　　　　肝臓機能障害　→　肝移植　等

　更生医療及び育成医療の実施主体は市町村となるため、支給を希望する場合は市町村に申請を行う。

② 精神通院医療

　精神通院医療は、精神疾患（てんかんを含む）を有する者で、通院による精神医療を継続的に必要とする者を対象とし、精神科への通院のほか、精神科専門療法、訪問看護による医療が、公費による負担軽減の対象となる。

講義
3
—
1

精神通院医療の実施主体は、都道府県及び指定都市となるため、支給を希望する場合は、在住の都道府県もしくは指定都市に申請を行う。

③　負担上限額

世帯の所得に応じ一月あたりの自己負担上限額が設定されている。保険制度が優先されるため、医療保険の自己負担分（3割)と自己負担上限額の差額が自立支援医療により支給される。

世帯の範囲については、医療保険の加入単位とし、医療を受ける者と「同一の医療保険に加入する者」について「生計を一にする世帯」として取り扱われる。同一の医療保険に加入していても、医療を受けている者を税制上の扶養控除の対象としていない場合は、特例により、医療を受けている者及びその配偶者をもって世帯とみなされる。

重度かつ継続 [*13] 的な医療を必要とするものについては、継続的な医療により費用負担が大きくなることから、所得区分が高い世帯についても支給の対象となる。

区分ごとの負担上限額については以下の表の通り。

区分	世帯の収入状況	更生医療・精神科通院	育成医療	重度かつ継続
一定所得以上	市町村民税　235,000 円以上（年収約 833 万円以上）	対象外	対象外	20,000 円
中間所得 2	市町村民税　33,000 円以上 23,500 円未満（年収約 400 ～ 833 万円未満）	総医療費の 1 割または高額療養費（医療保険）の自己負担限度額	10,000 円	10,000 円
中間所得 1	市町村民税　33,000 円未満（年収約 290 ～ 400 万円未満）		5,000 円	5,000 円
低所得 2	市町村民税非課税(低所得 1 を除く)			5,000 円
低所得 1	市町村民税非課税（本人または障害児の保護者の年収 80 万円以下）			2,500 円
生活保護	生活保護世帯			0 円

(2)　補装具

①　制度の概要

障害者が日常生活上の移動等の確保や、就労場面における効率の向上、障害児が将来、社会人として独立自活するための素地を育成助長することを目的に、身体機能を補完または代替するために体に適合されるように製作され、長期間にわたり継続して使用される用具を補装具と呼ぶ。

補装具費支給制度は、同一の月において補装具の購入または借り受

*13　重度かつ継続の範囲は、更生医療・育成医療においては、腎臓・小腸の機能障害、臓器移植後の抗免疫療法を受けている者等が対象となります。精神通院医療においては、統合失調症、躁うつ・うつ病、てんかん等の治療を受けている者等が対象となります。

け[*14]、修理のために必要な費用から、支給対象者等の家計の負担能力等に応じて定められる額を差し引いた額を、補装具費として公費から支給するものである。支給の対象者は、補装具を必要とする障害児者、難病患者等となるが、難病患者等については対象となる疾病[*15]に限りがある。

② 利用者負担額

利用者負担額については以下の表の通り。

区分	世帯の収入状況	負担上限額
生活保護	生活保護世帯に属するもの	0円
低所得	市町村民税非課税世帯	0円
一般	市町村民税課税世帯	37,200円

障害者本人または世帯員のいずれかが一定所得以上（市町村民税最多の税額が46万円以上）の場合、補装具の支給対象外となる。

③ 補装具の種類

支給される補装具の種類及び借り受けの対象となるものは、以下の表に示すとおりである。

障害の種別	補装具の種類
視覚障害	盲人安全杖、義眼、眼鏡
聴覚障害	補聴器
肢体不自由	義肢、装具、座位保持装置、車椅子、電動車椅子、歩行器、歩行補助杖（Ｔ字状・棒状のものを除く）
肢体不自由（18歳未満のみ）	座位保持装置、起立保持具、頭部保護具
呼吸器及び心臓機能障害	車椅子、電動車椅子
肢体不自由かつ言語機能障害	重度障害者用意思伝達装置
借り受けの対象となるもの	義肢、装具、座位保持装置の完成用部品 重度障害者用意思伝達装置の本体 歩行器、座位保持椅子

④ 受給のための申請

補装具費の支給の実施主体は市町村となるため、支給を希望する場合は、市町村に申請を行う。手順は以下のとおりである。

1．補装具の購入、借り受け、修理（以下「購入等」とする）を希望する者は、市町村に補装具費支給の申請を行う。

*14　補装具は購入が原則でしたが、2016（平成28）年の障害者総合支援法改正により、2018（平成30）年4月からは、一定の条件を満たす場合に借り受けによることも可能とされました。

*15　障害者総合支援法に定める「特殊の疾病」に限られています。具体的には、アミロイドーシス、関節リウマチ、成長ホルモン分泌亢進症など361疾病です（2019（令和元）年7月1日現在）。

講義
3
－
1

2．申請を受けた市町村は、更生相談所等の意見をもとに補装具費の支給を行うことが適切であると認めるときは、補装具費の支給の決定を行う。

3．補装具費の支給の決定を受けた障害児者は、事業者との契約により、当該事業者から補装具の購入等のサービス提供を受ける。

4．障害児者が事業者から補装具の購入等のサービスを受けた時は、

①　償還払いの場合

　障害児者は、事業者に対し、補装具の購入等に要した費用を支払うとともに、市町村に対し、補装具の購入等に通常要する費用（補装具費＝基準額－利用者負担額）に相当する額を請求する。

②　代理受領の場合

　障害児者は、事業者に対し、補装具の購入等に要した費用のうち利用者負担額を支払うとともに、事業者は、市町村に対し、補装具の購入等に通常要する費用から利用者負担額を差し引いた額を請求する。

5．市町村は、事業者から補装具費の請求があった時は、補装具費の支給を行う。

6．地域生活支援事業

(1)　事業の概要

　地域生活支援事業は、障害者総合支援法の基本理念に則り、障害児者の地域生活を支援するために、市町村及び都道府県（以下「市町村等」とする）が実施する事業である。

　自立支援給付は、厚生労働省が定める基準に基づいて実施するものであるが、地域生活支援事業は、市町村等が地域の特性や利用者の状況に応じて柔軟に実施することにより、効果的、効率的な事業実施が可能な事業として位置付けられている。

　そのため、事業内容について、地域の地理的条件や社会資源の状況などに配慮したり、実施方法について、委託契約や広域連合の活用、突発的なニーズへの対応、自立支援給付では対応できない複数の利用者を対象としたサービスの実施等を行うことができる。

(2)　地域生活支援事業と地域生活支援促進事業

＊16　地域生活支援事業により市町村等が実施する個別の事業は巻末資料4（278頁）を参照してください。

　地域生活支援事業は複数の事業メニュー[＊16]があり、必須で行わなければならない事業と市町村等が任意に選択して実施できる事業に分かれてい

る。

　事業費は統合補助金とされ、個別の事業ごとの補助ではなく地域生活支援事業全体の事業費に対しての補助となる。補助率は、市町村事業が実施する事業については、国2分の1以内、都道府県4分の1以内で補助される。都道府県事業については、国2分の1以内で補助される。

　2017（平成29）年には地域生活支援促進事業が創設され、発達障害者支援、障害者虐待防止対策、障害者就労支援、障害者の芸術文化活動の促進等[＊17]、国として促進すべき事業として、特別枠に位置付け、2分の1または定額（10分の10相当）の補助を確保し、質の高い事業実施が図られている。

＊17　地域生活支援促進事業により市町村等が実施する個別の事業は巻末資料4（278頁）を参照してください。

7.　苦情解決制度及び不服審査

(1)　苦情解決制度

　福祉サービスにおける苦情を適切に解決することは、利用者にとってサービスに対する満足感を高めることや虐待や権利侵害を防止するために効果が期待できる。事業者にとっては、利用者ニーズを把握することによって、提供サービスの妥当性の検証を行うことができる。

　福祉サービスに関する苦情は、本来、利用者と事業者の当事者間で自主的に解決されるべきものである。しかし、苦情を密室化せず、苦情解決に社会性や客観性を確保し、利用者の立場や特性に配慮した適切な対応を推進するために、事業者段階及び都道府県段階それぞれに苦情解決の仕組みが公的に整備されている。

　社会福祉事業を行うにあたっては、経営者の苦情解決の責務を明確化するとともに、第三者委員会の設置など苦情解決のための仕組みを設けなければならない。

　また、福祉サービスの利用援助事業の適切な運営を確保するとともに、福祉サービスに関する利用者からの苦情を適切に解決するため、都道府県社会福祉協議会には、公正・中立な第三者機関として「運営適正化委員会」が設置されている。

講義
3
—
1

図3-5　福祉サービスに関する苦情解決の仕組み

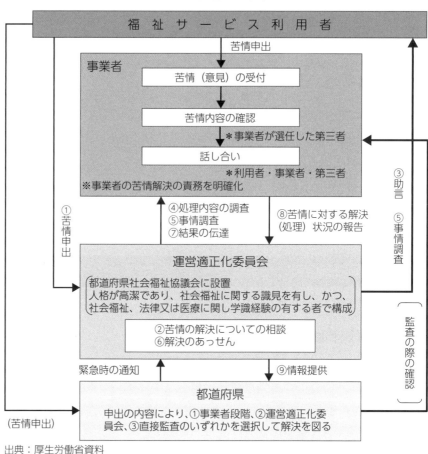

出典：厚生労働省資料

⑵　介護給付等にかかる処分に関する都道府県の不服審査

　障害者総合支援法では、障害児者の障害福祉サービスの利用が適正に確保できることを目的に、障害児または障害児の保護者が市町村の行った介護給付費等にかかる支給決定等の内容や支給等の不決定の処分に不服がある場合は、障害者または障害児の保護者が請求することにより都道府県が客観的な立場から市町村の行った処分の適否について、迅速に審査を行うこととしている。

　都道府県は、審査請求の事件を取り扱うために、障害者介護給付費等不服審査会を設置して審査を行う。

　審査請求の対象は、市町村が行う障害福祉サービスの自立支援給付等の個別給付にかかる処分となるが、具体的には以下に示すとおりである。

①　障害支援区分に関する処分

　障害支援区分の認定及び再認定は、それ自体独立した行政処分であり、支給決定の勘案事項の一つとして介護給付費等にかかる処分に当たるので、都道府県知事への審査請求の対象となる。

②　支給決定等にかかる処分

　介護給付費、障害児通所支援費、地域相談支援給付費の支給決定等及び変更、取り消しの決定にかかる処分には、支給決定等（支給量等の決定）に関する処分と支払決定（サービス利用後の具体的な請求に対する支出決定）に関する処分のいずれもが含まれる。

③　利用者負担にかかる処分

　利用者負担に関する月額上限、災害減免、高額障害福祉サービス費、補足給付の決定については、給付と表裏の関係にあることから、利用者負担にかかる決定は、「介護給付費等にかかる処分」として審査請求の対象となる。

8. 介護保険制度との関係

　介護保険制度は、2000（平成12）年に開始された介護等を必要とする主に65歳以上の高齢者に保険給付を基本とした介護サービスの提供を行う仕組みである。障害者支援制度と介護保険制度は双方の法律が目的に掲げている個人としての尊厳のある日常生活を送るための支援においては近似のものであるが、障害者総合支援法においては社会生活を支援するという目的を合わせて掲げている点においては相違しているともとらえられる。こうした目的の一部の近似から双方のサービスには、居宅における介護や通所における介護、短期入所など相当するものが位置付けられている。

　わが国においては、対象者が障害者であっても65歳以上の高齢者であれば、社会保障制度の原則として保険優先の考え方のもと、サービス内容や機能から障害福祉サービスに相当する介護保険サービスがある場合は、原則、介護保険サービスにかかる保険給付を優先して受けることになる。

　しかしながら、長年、障害福祉サービスを利用した障害者が65歳以上になり、一律に介護保険サービスを優先的に適用させることにより、支援提供事業者や支援を受ける場所が変更されることで本人の生活に著しい不具合を生じさせる場合が少なからずある。そのため、国としても一律に介護保険サービスを優先的に利用するものではなく、障害者の個別の状況に応じ、必要としている支援内容を介護保険サービスにより受けることが可能かを判断することが必要であることを市町村に通知している。詳細は国から市町村向けに示された以下の通知の抜粋を参照。

講義
3
―
1

「障害者の日常生活及び社会生活を総合的に支援するための法律に基づく自立支援給付と介護保険制度との適用関係等について」（平成19年3月28日障企発第0328002号・障障発第0328002号）

1　自立支援給付と介護保険制度との適用関係等の基本的な考え方について

（2）　介護給付費等と介護保険制度との適用関係

〔前略〕市町村は、介護保険の被保険者（受給者）である障害者から障害福祉サービスの利用に係る支給申請があった場合は、個別のケースに応じて、申請に係る障害福祉サービスに相当する介護保険サービスにより適切な支援を受けることが可能か否か、当該介護保険サービスに係る保険給付又は地域支援事業を受け、利用することが可能か否か等について、介護保険担当課や当該受給者の居宅介護支援を行う居宅介護支援事業者等とも必要に応じて連携した上で把握し、適切に支給決定すること。

②　介護保険サービス優先の捉え方

ア　サービス内容や機能から、障害福祉サービスに相当する介護保険サービスがある場合は、基本的には、この介護保険サービスに係る保険給付又は地域支援事業を優先して受け、又は利用することとなる。しかしながら、障害者が同様のサービスを希望する場合でも、その心身の状況やサービス利用を必要とする理由は多様であり、介護保険サービスを一律に優先させ、これにより必要な支援を受けることができるか否かを一概に判断することは困難であることから、障害福祉サービスの種類や利用者の状況に応じて当該サービスに相当する介護保険サービスを特定し、一律に当該介護保険サービスを優先的に利用するものとはしないこととする。

したがって、市町村において、申請に係る障害福祉サービスの利用に関する具体的な内容（利用意向）を聴き取りにより把握した上で、申請者が必要としている支援内容を介護保険サービスにより受けることが可能か否かを適切に判断すること。

　介護保険制度は要介護度別に示されたサービス利用量を超えてサービス利用をする場合は、サービス利用にかかる費用はすべて自己負担となる。一方、障害福祉制度では同じように障害支援区分ごとに目安となるサービス量（支給決定基準）が示されるものの、障害者の心身の状況に応じて、それを超えたサービス量が必要な場合は、全額自己負担とはならずにサー

ビスを利用することができる。

　こうしたことから、支給決定基準を超えたサービス量を必要とする障害者が介護保険制度に移行することで、要介護度別のサービス量を超える部分について全額自己負担できない場合は、必要なサービスが利用できなくなる状況が生じるおそれがある。そのため、国は市町村が適当と認めるサービス支給量が介護保険サービスのみによって確保することができないと認められる場合等には、障害福祉制度によるサービスを受けることが可能としている。詳細は国から市町村向けに示された以下の通知の抜粋を参照。

「障害者の日常生活及び社会生活を総合的に支援するための法律に基づく自立支援給付と介護保険制度との適用関係等について」(平成19年3月28日障企発第0328002号・障障発第0328002号)
１　自立支援給付と介護保険制度との適用関係等の基本的な考え方について
　(2)　介護給付費等と介護保険制度との適用関係
　　③　具体的な運用
　　　②により、申請に係る障害福祉サービスに相当する介護保険サービスにより必要な支援を受けることが可能と判断される場合には、基本的には介護給付費等を支給することはできないが、以下のとおり、当該サービスの利用について介護保険法の規定による保険給付が受けられない又は地域支援事業を利用することができない場合には、その限りにおいて、介護給付費等を支給することが可能である。
　　　ア　在宅の障害者で、申請に係る障害福祉サービスについて当該市町村において適当と認める支給量が、当該障害福祉サービスに相当する介護保険サービスに係る保険給付又は地域支援事業の居宅介護サービス費等区分支給限度基準額の制約から、介護保険のケアプラン上において介護保険サービスのみによって確保することができないものと認められる場合。
　　　イ　利用可能な介護保険サービスに係る事業所又は施設が身近にない、あっても利用定員に空きがないなど、当該障害者が実際に申請に係る障害福祉サービスに相当する介護保険サービスを利用することが困難と市町村が認める場合（当該事情が解消するまでの間に限る。）。

　障害者支援制度には介護保険制度によるサービスに相当しない固有のサービスも多く位置付けられている。そうしたサービスについては65歳

を超えて利用し続けられることが認められている。詳細は国から市町村向けに示された以下の通知の抜粋を参照。

「障害者の日常生活及び社会生活を総合的に支援するための法律に基づく自立支援給付と介護保険制度との適用関係等について」(平成19年3月28日障企発第0328002号・障障発第0328002号)
1　自立支援給付と介護保険制度との適用関係等の基本的な考え方について
(2)　介護給付費等と介護保険制度との適用関係
②　介護保険サービス優先の捉え方
イ　サービス内容や機能から、介護保険サービスには相当するものがない障害福祉サービス固有のものと認められるもの(同行援護、行動援護、自立訓練(生活訓練)、就労移行支援、就労継続支援等)については、当該障害福祉サービスに係る介護給付費等を支給する。

9. 障害福祉計画及び障害児福祉計画

(1)　障害福祉計画及び障害児福祉計画の策定

　2005(平成17)年に公布された障害者自立支援法において、国による基本指針の策定とそれに即した市町村・都道府県による障害福祉計画の作成が義務付けられた。その後、基本指針は3年ごとに見直され、それに即した市町村・都道府県による障害福祉計画は2006(平成18)年度から2008(平成20)年度を第1期として、同じく3年ごとに見直しが行われ、2018(平成30)年度から2020(令和2)年度までは第5期計画の期間となっている。また、2016(平成28)年の児童福祉法の改正により、2018(平成30)年度からは障害児に対する支援等の提供体制を進めるための障害児福祉計画の作成についても市町村及び都道府県に義務付けられた。

(2)　障害福祉計画と基本指針の基本的な構造

①　国の基本指針
　国が示す基本指針には、障害福祉に関する施策の方向性及び障害福祉サービス等の整備のための数値目標等が示される。具体的には以下の項目

となる。

> 第一　障害福祉サービス等及び障害児通所支援等の提供体制の確保に
> 　　　関する基本的事項
> 第二　障害福祉サービス等及び障害児通所支援等の提供体制の確保に
> 　　　係る目標
> 第三　計画の作成に関する事項
> 第四　その他自立支援給付及び地域生活支援事業並びに障害児通所支
> 　　　援等の円滑な実施を確保するために必要な事項

②　市町村障害福祉計画

　市町村は国が示す基本指針に即して、市町村障害福祉計画を作成する。作成にあたっては都道府県の意見を聞くこととされている。作成された計画は都道府県に提出される。

１．義務的項目

　以下の3点は計画に定めなければならない項目として障害者総合支援法に位置付けられている。

> ①　障害福祉サービス、相談支援及び地域生活支援事業の提供体制の
> 　　確保に係る目標に関する事項
> ②　各年度における指定障害福祉サービス、指定地域相談支援又は指
> 　　定計画相談支援の種類ごとの必要な量の見込み
> ③　地域生活支援事業の種類ごとの実施に関する事項

２．努力義務項目

　以下の2点は計画に定めることに努める項目として障害者総合支援法に位置付けられている。

> ①　「1. 義務的項目」②の障害福祉サービス等の見込量の確保方策
> ②　医療機関等の関係機関との連携に関する事項

　その他、計画を策定するうえで留意する事項として、障害者数などの状況を勘案すること、障害当事者の声を聞くなどにより障害者の実態を把握すること、ほかの福祉関係計画との調和が保たれていることなどが示されている。

講義
3
―
1

③　都道府県障害福祉計画

　都道府県は各市町村を包括する広域的な視点から計画を策定することとされている。

１．義務的項目

　義務的に定めなければならない項目は以下の4点となるが、見込み量については、市町村計画を集約する形で定められる。③については都道府県の独自項目である。

> ①　障害福祉サービス、相談支援及び地域生活支援事業の提供体制の確保に係る目標に関する事項
> ②　各年度における指定障害福祉サービス、指定地域相談支援又は指定計画相談支援の種類ごとの必要な量の見込み
> ③　各年度の指定障害者支援施設の必要入所定員総数
> ④　地域生活支援事業の種類ごとの実施に関する事項

２．努力義務項目

　以下の4点は計画に定めることに努める項目として障害者総合支援法に位置付けられている。

> ①　「1．義務的項目」②の区域ごとの障害福祉サービス等の見込量の確保方策
> ②　区域ごとの障害福祉サービス等に従事する者の確保又は資質の向上のために講ずる措置に関する事項
> ③　施設障害福祉サービスの質の向上のために講ずる措置に関する事項
> ④　区域ごとの医療機関等の関係者との連携に関する事項

　その他、計画を策定するうえで留意する事項として、ほかの福祉関係計画との調和が保たれていることなどが示されている。

(3)　障害児福祉計画について

　障害児福祉計画については、児童福祉法に基づいて国が基本指針を作成し、それに即して市町村が市町村障害児福祉計画を都道府県が都道府県障害児福祉計画を策定することとされている。内容については、障害者に関する事項に準ずるものとなっている。

10. 地域生活支援拠点等の整備

(1) 経緯と位置付け

2012（平成24）年、障害者総合支援法案に対する衆議院及び参議院による附帯決議において、「障害者の高齢化・重度化や『親亡き後』も見据えつつ、障害児・者の地域生活支援をさらに推進する観点から、ケアホームと統合した後のグループホーム、小規模入所施設等を含め、地域における居住の支援等の在り方について、早急に検討を行うこと」が表明された。これを受け、翌2013（平成25）年に障害当事者や家族団体、有識者による検討会を実施し、障害当事者や家族にとって安心して地域生活を送るためのニーズと必要とされる機能について整理が行われた。

整理された五つの機能を備えた仕組みを地域生活支援拠点等と総称し、市町村において一つ以上整備されるものとして、第4期計画（2015（平成27）年度〜2017（平成29）年度）の基本指針に盛り込まれた。しかしながら、第4期計画においてはほとんどの市町村において整備が達成されなかったため、第5期計画（2018（平成30）年度〜2020（令和2）年度）においても継続して市町村に一つ以上の整備が求められている。

(2) 地域生活支援拠点等の機能

地域生活支援拠点等は、障害児者や難病患者の重度化・高齢化や「親亡き後」に備えるとともに、病院や施設等から地域移行を進めるため、重度障害にも対応できる専門性を有し、地域生活において、障害者等やその家族の緊急事態に対応することを目的としている。そのための具体的な機能及び体制は以下のとおりである。

① 緊急時等「相談」支援の機能

地域生活支援事業における基幹相談支援センター、障害者相談支援事業を実施する市町村やそれらを委託された相談支援事業者、特定相談支援事業等や地域定着支援事業などの個別給付による相談支援事業を活用して、コーディネーター（調整役）を配置して常時の連絡体制を確保する。そして、単身生活あるいは家族同居の場合でも家族からの緊急時の支援が見込めない世帯をあらかじめ把握・登録したうえで、障害の特性に起因して生じた緊急の事態等に必要なサービスのコーディネートや相談その他必要な支援を行う。

附帯決議　国会において議決された法案等に関して付される、施行についての意見や希望などを表明する決議のことです。法的拘束力があるわけではありませんが、政府が尊重しなければいけない重要なものです。

講義 3-1

165

② 「緊急時の受け入れ・対応」の機能

　短期入所等を活用した常時の緊急受け入れ体制等を確保したうえで、介護者の急病や障害者の状態変化等の緊急時の受け入れや医療機関への連絡等の必要な対応を行う。

③ 「体験の機会・場」の確保及び提供

　施設や病院などからの地域生活への移行や親元からの自立等に当たって、グループホームの利用や一人暮らしに円滑に移行するためや、暮らしの場の選択に資する体験の機会・場を提供する。

④ 「専門人材の確保・養成」の機能

　医療的ケアが必要な障害児者や行動障害を有する障害者、高齢化に伴い重度化した障害者に対して、専門的な対応を行うことができる体制の確保や、専門的な対応ができる人材の養成を行う。

⑤ 「地域の体制づくり」の機能

　地域生活支援事業による基幹相談支援センター、障害者相談支援事業や特定相談支援事業、一般相談支援事業等を活用してコーディネーターを配置し、自立支援協議会での協議を通じて、地域のさまざまなニーズに対応できるサービス提供体制の確保や、地域の社会資源の連携体制の構築等を行う。

11. 自立支援協議会

(1) 経緯

　自立支援協議会は、障害者自立支援法に定められた市町村が行う相談支援事業を効果的に運営するため、地域の課題を関係者で共有し、その課題を踏まえて、地域のサービス基盤の整備を進めていくものとして、障害者自立支援法施行規則に規定されるとともに障害福祉計画における基本指針により、市町村を実施主体として設置することが求められていた。

　国は自立支援協議会の有用性を重視し、全市町村における設置を目指し、平成22年整備法による障害者自立支援法の一部改正により、2012（平成24）年4月には法律に自立支援協議会を位置付けた。さらに、障害者総合支援法の施行（2013（平成25）年4月）により、自立支援協議会の名称について地域の実情に応じて定められるよう弾力化し「協議会」とあらためるとともに、障害者及びその家族等の当事者の参画を明確化した。

⑵ 市町村協議会の位置付け

　自立支援協議会は市町村単独又は、障害保健福祉圏域単位などによる複数市町村で共同設置することができる。

　協議会を構成する機関等については、障害者支援等に関係する行政機関、障害当事者や家族及びその関係団体、障害者等の福祉サービス事業者、医療機関、学校等教育機関、雇用関係機関、その他住宅関連や企業等の関係者とされている。

　協議会の役割については、関係機関等が相互の連携を図ることにより、地域における障害者等への支援体制に関する課題について、情報を共有し、関係機関等の連携の緊密化を図るとともに、地域の実情に応じた体制の整備について協議を行うものとされている。

⑶ 市町村協議会の機能

　自立支援協議会の運営には、上記の役割を果たすために六つの機能が求められる（表3-5）。

⑷ 市町村協議会の仕組み

　自立支援協議会を効果的に運営する仕組み^[＊18]としては、さまざまな会議を適切なメンバーで構成しながら、相互に関連させながら進めていく必要がある。

＊18　具体的な運営方法等については講義２−２の3.（121頁）を参照してください。

⑸ 都道府県協議会

① 位置付け
　自立支援協議会は都道府県においても設置することができる。都道府県協議会は都道府県域内の相談支援の体制に関する協議を行ったり、障害者等が自立した日常生活及び社会生活を営むために必要な事業の課題等であって広域的な対応が必要なものについての検討を行うものとして位置付けられる。

② 役割
　都道府県協議会の役割としては以下のようなものがあげられる。
1．都道府県内の圏域ごとの相談支援体制の状況を把握・評価し整備方策を助言

講義 3−1

表 3-5　自立支援協議会の機能

情報機能	・　困難事例や地域の現状・課題等の情報共有と情報発信
調整機能	・　地域の関係機関によるネットワーク構築 ・　困難事例への対応のあり方に対する協議、調整
開発機能	・　地域の社会資源の開発、改善
教育機能	・　構成員の資質向上の場としての活用
権利擁護機能	・　権利擁護に関する取り組みを展開する
評価機能	・　中立公平性を確保する観点から、委託相談支援事業者、基幹相談支援センター等の運営評価 ・　指定特定相談支援事業、重度障害者等包括支援事業等の評価 ・　都道府県相談支援体制整備事業の活用

出典：自立支援協議会の運営マニュアル　（財団法人日本障害者リハビリテーション協会（平成20年3月発行）

2．相談支援従事者の研修のあり方を協議

3．専門的分野における支援方策について情報や知見を共有、普及

4．その他（都道府県障害福祉計画の作成・具体化に向けた協議、権利擁護の普及に関することなど）

③　構成メンバー

　都道府県協議会を構成する機関等としては、相談支援事業者、専門相談機関、更生相談所、児童相談所、教育委員会、学識経験者、市町村（協議会）代表、当事者・家族会代表、その他都道府県関係行政機関等があげられる。

⑹　自立支援協議会と障害福祉計画

　障害者総合支援法には、市町村は市町村障害福祉計画を策定または変更する場合には、市町村協議会にあらかじめ意見を聴くよう努めなければならないと規定されている。これは、都道府県障害福祉計画と都道府県協議会についても同様に規定されている。

　個別の相談支援からみえてくる課題を地域の関係者で共有し、地域の課題として解決に向けて、関係者の協働により取り組む仕組みとしての協議会を活用することは、地域の実態に即した障害福祉計画を策定するうえで、重要な位置付けであると考えられる。

12.　障害者支援における権利擁護と虐待防止にかかる法律

⑴　障害者差別解消法

①　内容

　障害者差別解消法においては、障害を理由とする不当な差別的取扱いと合理的配慮の不提供を「障害者差別」と位置付け、行政機関と民間事業者に対して以下の表のように義務を課している。

対象	不当な差別的取り扱い	合理的配慮の不提供
国・地方公共団体等	禁止が義務付けられている	禁止が義務付けられている
民間事業者 ※個人事業者、NPO 等の非営利事業者を含む	禁止が義務付けられている	合理的配慮を提供することに努力しなければならない（努力義務）

　なお、不当な差別的取り扱いには、障害を理由とする区別、排除、制限等の異なる取り扱いがなされる直接差別と外形的には中立の基準、規則、慣行であってもそれが適用されることにより結果的に他者と比較し不利益が生じる場合が含まれる。

　また、合理的配慮の不提供とは、障害者にほかの者と平等な、権利の行使または機会や待遇が確保されるには、その障害者の必要に応じて現状が変更されたり、調査されたりすることが必要であるにもかかわらず、必要な措置が講じられない場合となる（ただし、合理的配慮を提供することが、行政機関や民間事業者にとって過重な負担となる場合はその限りではない）。

②　対応指針（ガイドライン）

　具体的対応として、政府全体の方針となる差別の解消の推進に関する基本方針[*19]を策定し、それをもとに各省庁や地方公共団体は、各機関における職員の具体的な取り組みについて対応要領を作成する。また、国は各分野の事業者向けに不当な差別的取り扱いや合理的配慮の実施例や具体的に講じなければならない体制整備などについて示した対応指針（ガイドライン）を策定する。

　さらに、この法律は行政措置によりその実効性を確保することとしており、差別的状況に対して事業者の報告を求めて、必要に応じて助言、指導、勧告を行うことができるとしている。なお報告をしなかったり、虚偽

*19　基本方針、対応要領、事業者向け対応指針の詳しい内容については、内閣府の障害者差別解消法に関するホームページを参照してください。

講義
3
-
1

の報告をした場合には罰則が科される。

③　障害者差別解消支援地域協議会

　その他、差別を解消するための支援措置として、相談や紛争解決のための体制整備、普及・啓発活動の実施、情報の収集や整理及び提供、それらの協議や地域連携を図るための障害者差別解消支援地域協議会の設置について定められている。

⑵　障害者虐待防止法

①　定義

　障害者虐待防止法では障害者を「身体障害、知的障害、精神障害（発達障害を含む。）その他の心身の機能の障害がある者であって、障害及び社会的障壁により継続的に日常生活又は社会生活に相当な制限を受ける状態にあるもの」と障害者基本法による定義を準用し、障害を幅広くとらえている。

　また、次の三つを障害者虐待として定めている。
① 養護者による虐待
② 障害者福祉施設従事者等による虐待
③ 使用者による虐待
さらに、障害者虐待の類型として次の五つを定めている。
① 身体的虐待（障害者の身体に外傷が生じ、もしくは生じるおそれのある暴行を加え、または正当な理由なく身体を拘束すること）
② 放棄・放置（障害者を衰弱させるような著しい減食または長時間の放置等をすること）
③ 心理的虐待（障害者に対し著しい暴言または著しく拒絶的な対応など心理的外傷を与える言動を行うこと）
④ 性的虐待（障害者にわいせつな行為をすることまたはさせること）
⑤ 経済的虐待（障害者の財産を不当に処分することその他障害者から不当に財産上の利益を得ること）

②　通報及び対応

　障害者虐待を受けたと思われる障害者を発見した場合は、その者に速やかな市町村が設置する「障害者虐待防止センター」や都道府県が設置する「障害者権利擁護センター」等への通報が義務付けられている。その際の障害者虐待防止等にかかる具体的スキームは図3-6のとおりである。

　また、就学する障害者、保育所等に通う障害者及び医療機関を利用する障害者に対する虐待への対応については、その防止等のための措置の実施

図 3-6　障害者虐待防止のスキーム

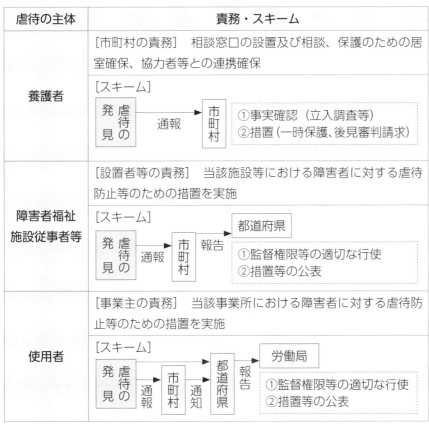

虐待の主体	責務・スキーム
養護者	[市町村の責務]　相談窓口の設置及び相談、保護のための居室確保、協力者等との連携確保 [スキーム] 虐待の発見 →（通報）→ 市町村 → ①事実確認（立入調査等）②措置（一時保護、後見審判請求）
障害者福祉施設従事者等	[設置者等の責務]　当該施設等における障害者に対する虐待防止等のための措置を実施 [スキーム] 虐待の発見 →（通報）→ 市町村 →（報告）→ 都道府県 → ①監督権限等の適切な行使　②措置等の公表
使用者	[事業主の責務]　当該事業所における障害者に対する虐待防止等のための措置を実施 [スキーム] 虐待の発見 →（通報）→ 市町村 →（通知）→ 都道府県 →（報告）→ 労働局 → ①監督権限等の適切な行使　②措置等の公表

出典：厚生労働省資料

を学校長、保育所長及び医療機関の管理者に義務付けている。

　障害児については、家庭や障害児入所施設における虐待の場合は児童虐待防止法を適用する。高齢障害者の場合は、家庭においては障害者虐待防止法及び高齢者虐待防止法を適用し、高齢者施設等においては高齢者虐待防止法を適用する。

③　現状

　近年の通報件数については、養護者による虐待は横ばい傾向で、障害者施設従事者等による虐待は増加傾向にある。使用者による虐待が2015（平成27）年度に急増しているのはカウント方法を変更したためであるが増加傾向にある。いずれも法の施行後、障害者虐待の禁止と通報に対する啓発が進んでいることから、通報が増え増加傾向にあるのではと厚生労働省はとらえている（表3-6）。

講義
3
－
1

表 3-6　虐待の通報・判断件数の推移

（件）

虐待主体	通報・判断／年度	平成 25	平成 26	平成 27	平成 28	平成 29	平成 30
養護者	通報	4,635	4,458	4,450	4,606	4,649	5,331
	判断	1,764	1,666	1,593	1,538	1,557	1,612
施設従事者等	通報	1,860	1,746	2,160	2,115	2,374	2,605
	判断	263	311	339	401	464	592
使用者	通報	775	985	1,325	1,316	1,483	1,656
	判断	265	364	591	581	597	541

注：使用者欄に掲げた数値は、事業者数を示す。
出典：厚生労働省「都道府県・市区町村における障害者虐待事例への対応状況等（調査結果）」各年度、厚生労働省「使用者による障害者虐待の状況等」各年度より作成

⑶　日常生活自立支援事業と成年後見制度

　障害者権利条約第12条には、障害者が法の前に人として認められる権利を有すること、生活のあらゆる側面において他者と同等に法的能力を享有すること、その法的能力を行使する際に必要な支援を受けられることなどが規定されている。

　日常生活自立支援事業と成年後見制度は、障害者のそうした権利を守り、法的能力を行使するための支援事業または制度として位置付けられている。

①　日常生活自立支援事業
１．事業目的及び実施主体

　日常生活自立支援事業は、認知症高齢者、知的障害者、精神障害者等のうち判断能力が不十分な者に対して、福祉サービスの利用に関する援助等を行うことにより、地域において自立した生活が送れるよう支援することを目的として、都道府県社会福祉協議会が主体となり実施されている。事業利用者への直接的な援助については、事業の一部を委託された市町村社会福祉協議会等が実施している。

２．事業の対象者

　判断能力が不十分な者であり支援が必要な者が対象となるが、本事業は事業の実施主体と事業利用者の契約によるため、事業を利用するためには契約の内容について判断できる能力を有していることが条件となる。2018（平成30）年3月末の利用者の状況は以下の表のとおりである。

実利用者数 (人)	認知症高齢者等	知的障害者等	精神障害者等	その他	計
	23,414 (43.8%)	12,596 (23.6%)	14,640 (27.4%)	2,834 (5.3%)	53,484 (100%)

３．事業利用の手続き

　事業の利用を希望する場合は、まず、実施主体に対して申請（相談）を行う。

　実施主体は、利用希望者の生活状況や希望する援助内容を確認するとともに、事業の契約の内容について判断できるかどうか判定を行う。

　実施主体は、利用希望者が事業の対象者の要件に該当すると判断した場合には、利用希望者の意向を確認しつつ、援助内容や実施頻度等の具体的な支援を決める「支援計画」を策定し、契約を締結する。なお、支援計画は、利用者の必要とする援助内容や判断能力の変化等利用者の状況を踏まえ、定期的に見直しを行う。

　利用者は、実施主体が定めた利用料を負担する必要がある。全国一律の料金ではなく、1回の訪問に対して平均して1200円程度となっている。生活保護世帯などは利用料を減免される。

　事業実施にあたっては、契約内容や本人の判断能力等の確認を行う「契約締結審査会」及び適正な運営を確保するための監督を行う第三者的機関である「運営適正化委員会」を設置することにより、契約による事業の信頼性や的確性を高め、利用者が安心して利用できる仕組みが整備されている。

４．具体的な援助内容

　具体的には以下のような援助を行う。

- ・　福祉サービス等を利用するための援助や契約行為に対する援助
- ・　苦情解決制度を利用するための援助
- ・　住宅改造、居住家屋の賃借、日常生活上の消費契約及び住民票の届け出等の行政手続きに関する援助
- ・　上記に伴う援助として「預金の払い戻し、預金の解約、預金の預け入れの手続等利用者の日常生活費の管理（日常的金銭管理）
- ・　定期的な訪問による生活変化の察知

② 成年後見制度

１．事業の概要

　成年後見制度は精神上の障害により判断能力が不十分であるため法律行為における意思決定が困難な障害者等について、その判断能力を補い、財

講義 3−1

産等の権利を擁護するための制度である。

　後見制度には、判断能力が不十分になる前に、あらかじめ契約により後見人を決めておく「任意後見制度」と判断能力が不十分な状態にあって必要に応じて裁判所が後見人等を選任する「法定後見制度」がある。

　法定後見は三つに分けられ、「補助」「保佐」「後見」の順に支援度が高くなり、類型に応じて本人の取り消しや代行できる行為が異なる。制度の概要は表3-7のとおりである。

2．制度利用の手続き

　制度を利用するためには①申し立て、②審判手続き、③審判、④告知・通知、⑤登記といった手続き[*20]が必要となる。

3．支援の質の向上と成年後見人等の人材確保のための施策

　2000（平成12）年度から始まった成年後見制度であるが、任意後見制度を含む制度自体が積極的に利用されていないこと、審判の類型が「後見」に集中していること、財産管理や身上保護に本人の意思決定への後見人等の配慮が十分になされていなかったり、後見人等の人材そのものが不足していたりすることなどさまざまな課題を抱えていた。

表3-7　法定後見制度の概要

	後　見	補　佐	補　助
対象となる者	判断能力が欠けているのが通常の状態	判断能力が著しく不十分な状態	判断能力が不十分な状態
申し立てができる人	本人、配偶者、四親等内の親族、検察官、市町村長など ※　補佐人や補助人に代理権等を与える審判をする場合は本人の同意が必要		
成年後見人等の同意が必要な行為	－	民法第13条第1項の所定の行為（借金、訴訟行為、相続の承認・放棄、新築・改築・増築などの行為） ※　所定の行為以外についても同意権等の範囲とすることが可能 ※　日用品の購入などは除く	申し立て範囲内での家庭裁判所が審判で定める「特定の法律行為」（民法第13条第1項の所定行為の一部） ※　日用品の購入などは除く
取り消しが可能な行為	日常生活に関する行為以外の行為		
成年後見人等に与えられる代理権の範囲	財産に関するすべての法律行為	申立て範囲内での家庭裁判所が審判で定める「特定の法律行為」 ※　補佐人や補助人に代理権等を与える審判をする場合は本人の同意が必要	

出典：厚生労働省資料をもとに作成

こうした状況に対し、国は2016（平成28）年に成年後見制度の利用の促進に関する法律を制定し、これに基づき、成年後見制度の利用促進に関する施策の総合的・計画的な推進を図るために成年後見制度利用促進基本計画を策定した。計画の対象期間はおおむね5年（2017（平成29）年度〜2021（令和3）年度）とされており、国、地方公共団体等は各施策の段階的計画的な推進に取り組まなければならない。これに際して、市町村は国の計画を勘案して市町村計画を策定することとなっている。計画の基本的な考え方及び目標等については以下のとおりである（厚生労働省資料）。

1．今後の施策の基本的な考え方
① ノーマライゼーション（個人としての尊厳を重んじ、その尊厳にふさわしい生活を保障する）
② 自己決定権の尊重（意思決定支援の重視と自発的意思の尊重）
③ 財産管理のみならず、身上保護も重視。
2．今後の施策の目標
① 利用者がメリットを実感できる制度・運用へ改善を進める。
② 全国どの地域においても必要な人が成年後見制度を利用できるよう、各地域において、権利擁護支援の地域連携ネットワークの構築を図る。
③ 後見人等による横領等の不正防止を徹底するとともに、利用しやすさとの調和を図り、安心して成年後見制度を利用できる環境を整備する。
④ 成年被後見人等の権利制限にかかる措置（欠格条項）を見直す。
3．施策の進捗状況の把握・評価等
基本計画に盛り込まれた施策について、国においてその進捗状況を把握・評価し、目標達成のために必要な対応について検討する。

13. 障害福祉サービス等の提供における意思決定支援

(1) 意思決定を支援するためのガイドライン

障害者総合支援法の基本理念には、「どこで誰と生活するかについての選択の機会が確保され、地域社会において他の人々と共生することを妨げられない」と規定されている（第1条の2）。また、一般相談支援事業及び特定相談支援事業を行う相談支援事業者並びに障害福祉サービス事業者等

（以下本講において「事業者」とする）に対し、障害者等の意思決定の支援に配慮するよう努めることが規定されており（第42条・第51条の22）、障害者の意思を尊重した質の高いサービス提供を行うために「意思決定支援」を重要な取り組みとして位置付けている。

　国は、事業者が意思決定の支援について適切な配慮を行うために、事業者がサービス等利用計画や個別支援計画を作成してサービスを提供する際の、障害者の意思決定支援についての考え方や方法、配慮されるべき事項等を整理した「障害福祉サービスの提供に係る意思決定支援ガイドライン」(以下、「ガイドライン」とする)を作成している。

⑵　意思決定支援の定義

　ガイドラインでは、障害者への支援の原則は自己決定の尊重であることを前提として、自ら意思を決定することが困難な障害者に対する支援を意思決定支援として次のように定義している。

　意思決定支援とは、自ら意思を決定することに困難を抱える障害者が、日常生活や社会生活に関して自らの意思が反映された生活を送ることができるように、可能な限り本人が自ら意思決定できるよう支援し、本人の意思の確認や意思及び選好を推定し、支援を尽くしても本人の意思及び選好の推定が困難な場合には、最後の手段として本人の最善の利益を検討するために事業者の職員が行う支援の行為及び仕組みをいう。

⑶　意思決定を構成する要素

　ガイドラインでは、意思決定を構成する要素として、3点あげている。

①　本人の判断能力

　障害による判断能力の程度は、意思決定に大きな影響を与える。意思決定を進めるうえで、本人がどのように情報を認識し判断することができるのかについて、慎重なアセスメントが重要である。

②　意思決定が必要な場面

　意思決定が必要な場面として、二つの場面が想定される。一つは日常生活における場面で、もう一つは社会生活における場面である。

　日常生活における場面は、例えば食事、衣服の選択、外出、排泄、整

容、入浴等基本的生活習慣に関する場面のほか、複数用意された余暇活動
プログラムへの参加を選ぶなどの場面が考えられる。日頃から本人の生活
にかかわる事業者の職員が、場面に応じて即応的に行う直接支援のすべて
に意思決定支援の要素が含まれている。

　社会生活における場面は、自宅からグループホームや入所施設等に住ま
いの場を移す場面や、入所施設から地域移行してグループホームや一人暮
らしを選ぶ場面などが考えられる。体験の機会の活用を含め、本人の意思
確認を最大限の努力で行うことを前提に、事業者、家族や成年後見人等が
集まり、判断の根拠を明確にしながら、より制限の少ない生活への移行を
原則として、意思決定支援を進める必要がある。

③ 人的・物理的環境による影響

　意思決定支援は、本人にかかわる職員や関係者による人的な影響や環境
による影響、本人の経験の影響を受ける。本人が信頼できる人による支援
とそうでない場合、本人の自宅やよく慣れた場所での支援と初めて訪れる
場所などの場合によって、本人が情報を受け取ったり、意思を表出するこ
とに大きな影響を及ぼす。

(4) 意思決定支援の基本的原則

　ガイドラインでは、意思決定支援を適切に実施するための基本的な原則
として3点あげられている。

　第一に、本人への支援は、自己決定の尊重に基づき行うことが原則であ
る。本人の自己決定にとって必要な情報の説明は、本人の障害の状況や判
断能力に合わせて、理解できるよう工夫して行うことが重要である。例え
ば、言葉での説明が難しい場合は、絵カードや写真を活用したり、直接体
験してもらうなど工夫が想定される。

　第二に、職員等の価値観においては不合理と思われる決定でも、他者へ
の権利を侵害しないのであれば、その選択を尊重するよう努める姿勢が求
められる。例えば、趣味や嗜好などに費やす金銭など、他者との価値観に
ズレが生じやすい場面においても、可能な限り本人の選択を尊重すること
が重要である。

　第三に、本人の自己決定や意思確認がどうしても困難な場合は、本人を
よく知る関係者が集まって、本人の日常生活の場面や事業者のサービス提
供場面における表情や感情、行動に関する記録などの情報に加え、これま
での生活史、人間関係等さまざまな情報を把握し、根拠を明確にしながら
障害者の意思及び選好を推定することとなる。

講義
3
―
1

⑸　最善の利益の判断

　本人の意思を推定することがどうしても困難な場合は、関係者が協議し、代行決定による本人にとっての最善の利益を判断せざるを得ない場合がある。代行決定による最善の利益の判断は最後の手段であり、早計に行われてはいけない。実施する場合は、次の3点に留意することが必要である。

　第一に、複数の選択肢を想定し、それぞれのメリット・デメリットを可能な限りあげ、比較検討すること。

　第二に、選択肢が相反する場合においても、両者のメリットを両立させられる可能性を考え、本人の最善の利益を追求する（例えば、食事制限が必要な人も、運動や食材等の工夫により、本人の好みの食事をしつつ、健康上リスクの少ない生活を送ることができないか考える場合等）。

　第三に、住まいの場を選択する場合、選択可能な中から、本人にとって自由の制限がより少ない方を選択する。また、本人の生命・身体の安全を守るために、行動の自由を制限せざるを得ない場合でも、ほかに手段がないか慎重に検討し、本人が制限される自由を最小化する。

⑹　事業者以外からの視点の検討

　障害福祉サービスの提供における意思決定支援であるが、事業者以外の関係者の意見が重要な意味をもつことが少なくない。本人の家族や知人、成年後見人、ピアサポーター等が、本人に直接サービス提供する立場とは別の第三者として意見を述べることにより、多様な視点から本人の意思決定支援を進めることができる。

⑺　成年後見人等の権限との関係

　意思決定支援の結果と成年後見人等の身上配慮義務に基づく方針が齟齬をきたさないよう、意思決定支援のプロセスに成年後見人等の参画を促し、検討を進めることが望ましい。

⑻　意思決定支援の流れ

　ガイドラインでは、実際に意思決定支援を実施するに際しての具体的な流れについて、①場面の確認、②意思決定への支援、③意思決定支援責任者の選任とアセスメント、④意思決定支援会議の開催、⑤各計画の作成と

サービスの提供、⑥モニタリングと評価及び見直しというプロセスに沿って定めている（巻末資料3（277頁）参照）。

⑼　まとめ

　ガイドラインには、こうしたプロセスに沿った支援の質をより高めていくために、本人への情報提供への合理的配慮の重要性、支援についての記録を次の意思決定支援への手がかりとして活用すること、意思決定を実施する職員の知識・技術の向上などの重要性についてふれられている。

　意思決定支援は、障害者へのすべての支援の根幹になるものであるため、その配慮を常に意識しながら、質を高めていくことが重要である。

講義
3
―
1

講義 | 3-2

障害者総合支援法及び児童福祉法における相談支援（サービス提供）の基本

科目のねらい

☐　相談支援専門員とサービス管理責任者等の役割、関係性について理解する。

学習のポイント

☐　相談支援事業の成り立ちと体系

☐　相談支援専門員の役割

☐　利用者の権利擁護や虐待防止を図るうえで、相談支援役員等が果たすべき役割

☐　障害福祉サービス等の提供の仕組みにおける相談支援

☐　サービス管理責任者及び児童発達支援管理責任者の役割と連携・協働

講師：藤川　雄一

1．はじめに

　　この講義では、障害児者の相談支援事業と相談支援専門員、計画作成の仕組み、サービス提供事業者との連携、権利擁護や虐待防止の4点について、法制度の観点から学ぶ。

　　これまでの講義で学んできた、ソーシャルワーカーとしてケアマネジメントに従事する専門職としてのミッションや役割[*1]と同様に、法に定められた事業に従事する者として、その仕組みや責務を理解し、法に則った業務を行うことも極めて重要である。

　　ソーシャルワークの方法は法制度のなかにも取り込まれている。制度化する過程で、簡略化されたり、陳腐化されたりすることもあるが、ソーシャルワークの方法と法制度は不可分のものである。相談支援の目的の達成のため、価値を基盤においた実践をするためにも、法制度を正しく理解し、法を遵守しながら、利活用していこう。法に人や地域をあてはめては、ソーシャルワークではなくなる。法制度もまた活用できる資源の一つなのである。

*1　ミッションや役割の詳細については、講義1−1及び講義1−2を参照してください。

2．相談支援事業の成り立ちと体系

(1)　相談支援事業の成り立ち

　障害児者の相談支援は、1990年代に3障害ごとの相談支援事業として
開始され、その担い手はケアマネジメント従事者として位置付けられた。
これらの相談支援事業は支援費制度開始とともに一般財源化（国の補助金
から地方交付税での措置へ変更）されるが、現在の市町村障害者相談支援
事業[*2]へつながる障害者相談支援の源流といえるものである。

　その後、障害者自立支援法で法に位置付けられ、正式に3障害一元化さ
れた事業となった[*3]。この時、従事する者も相談支援専門員として法に
位置付けられた。

　現在の相談支援の骨格がほぼ完成したのは障害者自立支援法の一部改正
[*4]の時である。この改正で、支給決定プロセスの見直しとサービス等利
用計画の対象者拡大が行われ、基幹相談支援センターや地域相談支援、自
立支援協議会が法に位置付けられた[*5]。

　そして障害者自立支援法が障害者総合支援法となり、法改正や報酬改定
を重ねながら、相談支援の充実強化がなされて現在に至っている（図
3-7）。

(2)　相談支援事業の体系

①　法律に定められる相談支援の定義

　法律ではどのように相談支援を定義しているかを確認する。障害者総合
支援法（第5条第18項～第23項）及び児童福祉法（第6条の2の2第7項～第
9項）では、相談支援を下記のように定義している。

障害者総合支援法		児童福祉法	
1．基本相談支援			
2．計画相談支援	サービス利用支援 継続サービス利用支援	障害児相談支援	障害児支援利用援助 継続障害児支援利用援助
3．地域相談支援	地域移行支援 地域定着支援		

＊2　(2)②1．（185頁）
参照。

＊3　障害分野の統合
は、人材養成の領域に
おいては、障害者自立
支援法以前から行われ
ています。

＊4　平成22年整備法に
よる一部改正を指しま
す。講義3-1の1.（8）
（133頁）も参照してく
ださい。

＊5　この際、「サービ
ス利用計画」という名
称が「サービス等利用
計画」に改められまし
た。

講義
3
|
2

図 3-7　障害児者への相談支援事業の経緯

前身となる相談支援関連事業開始
- ● 3 障害ごとの相談支援事業開始（平成 8 年）←ノーマライゼーション 7 カ年戦略
  - ・身体障害者：市町村障害者生活支援事業
  - ・知的障害者：障害児(者)地域療育等支援事業
    - ←　障害児(者)地域療育等拠点施設事業（平成 2 年）
  - ・精神障害者：精神障害者地域生活支援事業
- ● 障害者ケアマネジメントの検討と人材育成開始
  - ・障害者ケアマネジメント従事者養成研修開始
  - ・障害者ケアガイドライン（平成 14 年）

平成 15 年　障害者支援費支給制度開始
- ● 契約制度へ　※措置から契約へ
- ● 相談支援事業の一般財源化　※国の補助事業から市町村事業へ

平成 18 年　障害者自立支援法施行
- ● 障害者相談支援事業の法定化
  - ・相談支援専門員の創設
  - ・相談支援事業（市町村地域生活支援事業）、指定相談支援事業の創設
  - ・サービス利用計画作成費の創設
- ● 相談支援従事者養成研修の創設
  ※相談支援専門員の配置要件として研修修了要件を規定
    - →　相談支援従事者養成研修（初任者研修・現任研修）を位置付け
- ● 基本指針に地域自立支援協議会の設置を明記

平成 24 年　改正障害者自立支援法・児童福祉法施行
- ● 相談支援の充実
  - ○ 相談支援体制の強化
    - ・基幹相談支援センターの設置
    - ・地域移行支援・地域定着支援の個別給付化　※地域相談支援
    - ・自立支援協議会を法に明記

  - ○ 支給決定プロセスの見直し等
    - ・支給決定前にサービス等利用計画案の提出を求め、支給決定の勘案事項化
    - ・サービス等利用計画作成の対象者拡大
      - →　全ての障害福祉サービス、児童福祉法の通所サービス利用者を対象

- ● 障害児支援の強化
  - ・児童福祉法を基本として身近な地域での支援を充実
  - ・障害児相談支援の創設
    - ※計画作成に関する相談支援は各法に基づき、計画相談支援と障害児相談支援に

  ※これらに伴い、相談支援従事者養成研修（初任・現任）カリキュラムを改定、専門コース別研修を創設

平成 25 年　障害者総合支援法施行
- ● （自立支援）協議会の名称の弾力化、当事者や家族の参画を明記
- ● 地域移行支援の対象者拡大（平成 26 年 4 月 1 日施行）

平成 27 年度　報酬改定
- ● 特定事業所加算の創設
- ● 初回加算の創設
- ● よりきめ細かな支援を図る観点から、モニタリング頻度を利用サービス種別で一律に設定することなく、利用者の状態等に応じて柔軟に設定の上実施。

平成 30 年　改正障害者総合支援法施行、報酬改定
- ● 自立生活援助の創設
- ● 高齢障害者の介護保険サービスの円滑な利用（のための負担軽減の実施）

1. 基本相談支援

地域の障害者等の福祉に関するさまざまなことについて、障害のある本人や家族、介護を行う者からの相談に応じ、必要な情報提供や助言を行い、市町村やサービス事業所等のさまざまな関係機関や事業所などとの連絡調整を行い、その他必要な支援を行うなどの便宜を総合的に供与することを基本相談支援という。

また、市町村の地域生活支援事業で実施する相談支援（障害者相談支援事業）（185頁参照）と基本相談支援は、同じ趣旨のものである。そこに通底するものが相談支援の根幹の業務である。

2. 地域相談支援

地域相談支援とは、地域移行支援及び地域定着支援をいう。

地域移行支援は、いわゆる「入所施設」[*6]に入所している障害者や精神科病院に入院している精神障害者などが退所・退院して地域で暮らすため、住居の確保や地域生活に移行するための活動に関する相談等の便宜を供与することである。

地域定着支援は、居宅において単身で生活をする障害者や同居している家族等が障害、疾病等のため、緊急時等の支援が見込めない状況にある障害者に対し、常時連絡ができる体制を確保し、障害特性に起因して生じた緊急事態等について相談等の便宜を供与することである。

3. 計画相談支援

計画相談支援とは、サービス利用支援及び継続サービス利用支援をいい、ケアマネジメントによる相談支援を提供するものである。

(1) サービス利用支援

サービス利用支援は、①サービス等利用計画案の作成、②支給決定等が行われた後の連絡調整等、③サービス等利用計画の作成を行うことである。

より法の条文に忠実かつ詳細に説明すると、①障害福祉サービスや地域相談支援の申請をした障害者等の心身の状況、そのおかれている環境、本人のサービス等の利用に関する意向、その他の事情を勘案し、利用する障害福祉サービスまたは地域相談支援の種類、内容等を定めた計画を作成し、②その支給決定等が行われた後、障害福祉サービス事業者等の関係者との連絡調整その他の便宜を供与するとともに、③障害福祉サービスや地域相談支援の種類や内容、担当者等を記載した計画を作成することをいう。

(2) 継続サービス利用支援

継続サービス利用支援は、ケアマネジメント・プロセスでいうモニタリングのプロセスに該当する。そのため、実際の相談支援の場

*6 対象となる施設については、徐々に拡大される傾向にあるため、最新の制度情報を確認するようにしましょう。

講義
3-2

面では、「モニタリング」と呼ぶ場合が多くみられる。

継続サービス利用支援は、定められたモニタリングの期間ごとに、①サービス等の利用状況を検証すること、②サービス等利用計画の見直しを行うこと、③それらの結果に基づき、a)サービス等利用計画の変更や関係者との連絡調整等を行うこと、もしくは、b)支給決定等の申請の勧奨を行うことである。

これをより法の条文に忠実かつ詳細に説明すると、支給決定を受けた本人が、その支給決定の期間内に継続して障害福祉サービスまたは地域相談支援を適切に利用することができるよう、サービス等利用計画が適切かどうか、支給決定において定められた期間ごとに、①障害福祉サービスまたは地域相談支援の利用状況を検証し、②検証の結果や本人の心身の状況、そのおかれている環境、本人のサービス等の利用に関する意向、その他の事情を勘案し、サービス等利用計画の見直しを行い、③その結果に基づき、a)サービス等利用計画を変更するとともに、関係者との連絡調整その他の便宜の供与を行うこと、もしくは、b)新たな支給決定等が必要であると認められる場合には、その申請の勧奨を行うことをいう。

4. 児童福祉法の相談支援について

児童福祉法では、障害者総合支援法にいう計画相談支援に該当するもののみが障害児相談支援として定められており、障害児通所支援[*7]の利用にあたっての相談支援となる。

障害者総合支援法とは名称が異なり、サービス利用支援にあたるものを障害児支援利用援助、継続サービス利用支援にあたるものを継続障害児支援利用援助と呼ぶ。また、サービス等利用計画にあたるものを障害児支援利用計画と呼ぶ。

② 法律に定められている相談支援事業

法律に定められている相談支援事業を整理すると、次表のとおりとなる。

*7　講義3−1の4.（3）③（149頁）を参照してください。

類型	内容	事業名
個別給付	（主に）計画作成に関する相談支援を提供する事業	特定相談支援事業 （基本相談支援＋計画相談支援）
		障害児相談支援事業
	主に地域相談支援を提供する事業	一般相談支援事業 （基本相談支援＋地域相談支援）
地域生活支援事業	市町村の責務等により行う相談支援	障害者相談支援事業
	基幹相談支援センター	基幹相談支援センター

1．主に計画作成に関する相談支援を提供する事業

　　主に計画作成に関する相談支援を提供する事業は、障害者総合支援法では特定相談支援事業、児童福祉法では障害児相談支援事業である。

　　特定相談支援事業は基本相談支援と計画相談支援（サービス利用支援と継続サービス利用支援）を、障害児相談支援事業は障害児支援利用援助と継続障害児支援利用援助を行う。

　　基本相談支援は障害児相談支援には含まれないが、当然子どもの時期においても必要である。また、障害児相談支援は障害児通所支援の利用に際しての相談支援という位置付けのため、児童であってもその他の障害福祉サービスを利用する際には、サービス等利用計画の作成が必要である[*8]。そのため、障害児相談支援事業を実施する際は、指定障害児相談支援事業者と指定特定相談支援事業者の指定を併せて受けることが望ましいとされている。

2．主に地域相談支援を提供する事業

　　主に地域相談支援を提供する事業は、一般相談支援事業である。一般相談支援事業は、基本相談支援と地域相談支援（地域移行支援と地域定着支援）を行う。

3．市町村が行う障害者相談支援事業[*9]

　　前項までに説明した相談支援事業は、指定を受けた事業者が実施し、利用を申請した障害者や障害児の保護者を対象者とする相談支援事業であった（申請者に個別給付される事業）。

　　しかし、地域に暮らす障害者や家族等に必要な相談支援はより幅広いものである。障害福祉サービスや障害児通所支援を利用しようとする人や入所施設や精神科病院から地域へ移行をしようとする人、地域に暮らし続けるために支援が必要な人に限ったものではない。相談支援の内容も多岐にわたる。

*8　両方のサービスを利用する際は、障害児支援利用計画として双方の内容を併せた計画を作成します。

*9　この事業は、相談支援事業が法定化される前からの相談支援の経緯を最も色濃く引き継いでいます（本講2.「(1) 相談支援事業の成り立ち」(181頁) 参照）。このことからもわかるとおり、ケアマネジメントは本事業における相談支援においても根幹をなす手法です。

講義
3-2

185

　　市町村は、障害者が自ら選んだ場所に住み、自立した日常生活や社会生活を営むことができるよう、その生活の実態を把握したり、障害児者の福祉に関し、必要な情報の提供を行い、相談に応じるなどの責務がある（障害者総合支援法第2条）。

　　そして、市町村は、障害者総合支援法の地域生活支援事業において、障害者相談支援事業を必ず実施することとされている（障害者総合支援法第77条第1項第3号）。この事業は、個別給付の相談支援事業より幅広く、地域の障害者のさまざまな内容の相談に応じ、支援を提供する事業である。本講でいう市町村が行う障害者相談支援事業はこの事業を指す。

　　法の条文にできるだけ忠実かつ詳細に説明すると、障害児者が障害福祉サービスその他のサービスを利用しつつ、自立した日常生活又は社会生活を営むことができるよう、地域の障害児者の福祉に関する種々の課題について、本人や家族などからの相談に応じ、必要な情報の提供や助言その他の便宜を供与すること、障害児者に対する虐待の防止、早期発見のための関係機関との連絡調整、その他の障害児者の権利擁護のために必要な援助を行う事業である。

　　この事業を市町村は必ず実施する必要があり、指定特定相談支援事業所もしくは指定一般相談支援事業所に、その業務を委託することができる[*10]。

4．基幹相談支援センター

　　基幹相談支援センターは、市町村が設置できる地域における相談支援の中核的な役割を担う機関である（障害者総合支援法第77条の2）。

　　業務内容としては、下記3点の各法律に規定する業務を総合的に行うことを目的とする施設のことをいう。

①　市町村が行う相談支援事業（障害者総合支援法第77条第1項第3号）

②　成年後見制度利用支援事業（障害者総合支援法第77条第1項第4号）

③　3障害の対象者別福祉法に定める相談支援（身体障害者福祉法第9条第5項第2号及び第3号、知的障害者福祉法第9条第5項第2号及び第3号、精神保健及び精神障害者福祉に関する法律第49条第1項）

　この業務についても、市町村は相談支援事業者に事業や業務の実施を委託することができる。

*10　業務委託をしている自治体が全国の9割を超えることから、「委託相談」と通称されることがあります。

③ 個別給付される相談支援事業の運営に関する規範等

指定計画相談支援（指定特定相談支援事業者）、指定障害児相談支援（指定障害児相談支援事業者）と指定地域相談支援（指定一般相談支援事業者）については、さまざまな事柄が障害者総合支援法及び児童福祉法と法の詳細を委任された政省令、告示で定められている。またさらに、詳細な制度の運用等について、通知や事務連絡が出されている。

相談支援事業所や相談支援専門員の法令等における役割は、障害者総合支援法及び児童福祉法の詳細を定めた省令の一つである「事業の人員及び運営に関する基準」（以下「運営基準」とする）[*11]に定められている。

そのなかでは、基本方針として、これまでの講義で学んできた本人中心、人権の尊重、自己決定（意思決定支援）、総合的・多角的アセスメントの重要性、公正中立性、多職種連携、地域資源の改善・開発などが、法令等としても規定されていることはおさえておこう。

表 3-8　相談支援事業所（相談支援専門員）の役割[*12]

① 利用者又は障害児の保護者の意思及び人格を尊重し、常に利用者等の立場に立って行われるものでなければならない。
② 利用者が自立した日常生活又は社会生活を営むことができるように配慮して行われるものでなければならない。
③ 利用者の心身の状況、その置かれている環境等に応じて、利用者等の選択に基づき、適切な保健、医療、福祉、就労支援、教育等のサービスが、多様な事業者から、総合的かつ効率的に提供されるよう配慮して行われるものでなければならない。
④ 利用者又は障害児の保護者に提供される福祉サービス等が特定の種類又は特定の障害福祉サービス事業を行う者に不当に偏ることのないよう、公正中立に行われるものでなければならない。
⑤ 市町村、障害福祉サービス事業を行う者、指定居宅介護支援事業者、指定介護予防支援事業者その他の関係者との連携を図り、地域において必要な社会資源の改善及び開発に努めなければならない。
⑥ 自らその提供する指定計画相談支援の評価を行い、常にその改善を図らなければならない。

*11　指定サービスごとにこの基準があります（巻末資料5を参照）。

*12　「障害者の日常生活及び社会生活を総合的に支援するための法律に基づく指定計画相談支援の事業の人員及び運営に関する基準」（以下「計画相談運営基準」とする）第2条を参考に作成。

3．相談支援専門員の役割

(1)　相談支援専門員の役割

ここでは計画相談運営基準に沿って相談支援専門員の役割を解説する。

図 3-8　障害者総合支援法における相談支援事業の体系

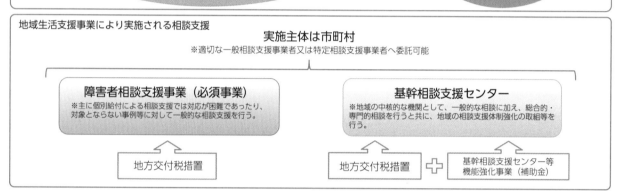

出典：厚生労働省資料

＊13　ここでは、計画
相談運営基準の規定を
用いて説明を行ってい
ますが、障害児相談支
援にかかる運営基準に
ついても、同様の規定
がおかれています（巻
末資料6を参照）。

計画相談運営基準では、第15条に「指定計画相談支援の具体的取扱方針」
として詳細が規定されている[＊13]。

　相談支援専門員の業務については、「指定特定相談支援事業所の管理者
は、相談支援専門員に基本相談支援に関する業務及びサービス等利用計画
の作成に関する業務を担当させるものとする」とされている。

⑵　相談支援専門員として相談支援に従事するための要件

　相談支援専門員の要件は、計画相談支援、地域相談支援、障害児相談支
援にかかる各運営基準に基づく告示において定められている（2頁の
〔＊1〕を参照）。

＊14　業務の種類や所
持する資格等により、
3年、5年、10年の定
めがあります。

　相談支援専門員として、相談支援事業の業務に配置されるためには、①
実務経験[＊14]と②相談支援従事者研修の初任者研修を修了することが必
要である。

＊15　5年に1回ではな
く、5年間の間に1回
と幅を持たせていると
ころが特徴です。

　また、業務に継続して従事するためには、初任者研修を修了した年度を
起算点とし、その翌年度から5年間の間ごとに1回現任研修を修了し[＊15]、
資格の更新をすることが必要である。なお、2020（令和2）年度からは、
現任研修を受講するためには、一定の相談支援の実務経験が求められるこ

とになった[*16]。

さらに、指導的な役割を果たすものとして、主任相談支援専門員が2018（平成30）年度に創設された。主任相談支援専門員となるためには、①現任研修を修了してから3年以上の相談支援の実務経験と、②主任相談支援専門員研修の修了が必要である。

各指定相談支援事業のほか、市町村が行う相談支援においても、相談支援専門員の配置が求められることが通例である。主任相談支援専門員は、2018（平成30）年の創設当初から当面の間は、基幹相談支援センターに配置される者の養成から始めることが望ましいとされた。

(3) 相談支援における権利擁護・虐待防止

相談支援ひいては障害福祉、社会福祉において権利擁護（人権の尊重、尊厳の確保）はその根本理念である。意思決定支援は相談支援とほぼ同義であるといって言い過ぎではないかもしれない。

日本の法律においても権利擁護は根本をなすものであり、日本国憲法や障害者基本法、障害者総合支援法など各法にその理念が掲げられている。また、2006（平成18）年に国連で採択された障害者権利条約は2014（平成26）年に日本で批准された[*17]。

狭義の虐待の防止・禁止だけでなく、差別の禁止へ、差別も明確な不当な差別的取扱いのみならず、基礎的な環境整備を求めるとともに、合理的配慮が適用されないことをも権利の侵害であるという考え方へ、また、法的な契約行為への支援・援護措置だけでなく、日常生活における意思決定への支援へと、権利擁護は、障害者権利条約の批准なども相まって、その範囲や場面に広げてきている[*18]。

それに伴って、近年、意思決定支援という考え方が示され、障害者基本法にも「国及び地方公共団体は、障害者の意思決定の支援に配慮しつつ、障害者及びその家族その他の関係者に対する相談業務、成年後見制度その他の障害者の権利利益の保護等のための施策又は制度が、適切に行われ又は広く利用されるようにしなければならない」（第23条第1項）と規定されている[*19]。

このように障害者権利条約の考え方が広まりをみせるなか、2017（平成29）年3月に「障害福祉サービス等に係る意思決定支援ガイドライン」（以下、本章において「ガイドライン」とする）が策定された[*20]。このガイドラインでは、「意思決定支援責任者の配置」や「意思決定支援会議の開催」等について定めているが、意思決定支援責任者については、相談支援専門員やサービス管理責任者等と兼務も想定されている。また、意思決定支援会議については、サービス担当者会議や個別支援会議と一体的な実施

*16 現に相談支援の業務に従事しているか、受講開始日前の5年間の間に2年以上の実務経験があることが求められます。ただし、初任者研修を修了してから最初に現任研修を受講するにあたっては、必ず2年以上の相談支援の実務経験が必要となります。

*17 障害者権利条約の基本的理念等については講義1－1の1.（20頁）を、批准に至る経緯等については講義3－1の1.（6）（132頁）を参照してください。

*18 権利擁護に関する法制度の概要については講義3－1の12.（169頁）を参照ください。なお、障害福祉サービスだけでなく、高齢者福祉や医療の分野でも意思決定支援に関するガイドラインが作成されています。こうした動向にも目を向けておくとよいでしょう。

*19 この内容については、虐待防止・権利擁護研修や専門コース別研修でさらに深めた学習を行ってください。

*20 ガイドラインの詳細については、講義3－1の13.（175頁）を参照してください。

講義
3
－
2

*21　制度の詳細については、講義3-1の12.⑵（170頁）を参照してください。

*22　障害者福祉施設等における障害者虐待の防止と対応の手引き（平成30年6月厚生労働省）も参考にするとよいでしょう。

も可能とされており、相談支援専門員やサービス管理責任者等には、意思決定支援に着目した支援を行うことが期待されている。

　また、虐待防止の観点からは、障害者虐待防止法が2011（平成23）年6月に公布され、2012（平成24）年10月1日から施行されている[*21]。障害者虐待を受けたと思われる障害者を発見した者に通報する義務を課しており、国民全体に虐待を受けたと思われる（疑いがある）段階での通報義務を課しているところがポイントである。相談支援専門員は、虐待を発見する機会が多い仕事でもある。自らや自らの事業所での虐待防止に取り組む必要があることはもちろん、権利擁護に関する感覚を養い、未然防止や早期発見に努めるとともに、通報後の自治体等との連携した対応などが求められる[*22]。

4．障害福祉サービス等の提供の仕組みにおける相談支援

*23　以下は障害者総合支援法による障害福祉サービスの利用について説明します。児童福祉法による障害児通所支援の場合も基本的なプロセスは同じです。

*24　特に、この講義では、法令等で義務とされていることや、望ましいとされていることを中心に扱います。ケアマネジメントの業務の全体像については、講義2-1第1節（80頁）を参照してください。

　障害のある人が障害福祉サービスを利用する際の仕組みとそのなかでのサービス等利用計画の流れ、相談支援専門員の業務について、法令等に基づいて手順を理解しよう[*23]。

⑴　計画相談支援の具体的取扱方針と相談支援専門員の基本姿勢

　申請者が障害福祉サービス等を利用する流れに沿って、相談支援専門員の役割を解説する[*24]。

　まず、その前提となる点を確認する。

　本人と相談支援事業所やそこで業務を行う相談支援専門員との出会いは多様な場面で生まれる。サービスの支給申請をする前から始まることもあれば、本人が支給を申請した後、サービス等利用計画を一緒に作成してくれる事業所を選ぶ段階で始まることもある。サービスの支給申請前からのかかわりが始まる際には、相談内容の整理、サービス利用や支給申請の勧奨や支援をすることも重要である。時には、障害福祉サービスの利用以外の方法を提案することもある。自らの事業所で相談を受理し継続して支援していくのか、ほかの適切な機関等につなぐのかなどの判断も重要である。

　この研修で繰り返し強調されることだが、本人の望む暮らしの実現や課題の解決は、障害福祉サービスや障害児通所支援のみによってなされるわけではない。これらのフォーマルサービスは社会資源のごく一部であるという視点を忘れてはならない。

　また、これまでの講義で学んできたことは、運営基準にも記されてい

る。復習を兼ねてみておこう。

① 計画相談支援の提供にあたっては、利用者等の立場に立って懇切丁寧に行うことを心がける必要がある。そのためにも、本人・家族等に対し、障害福祉サービス等について理解しやすい説明を行うなど、必要に応じて適切な方法を取ることが必要である[*25]。

② 相談支援専門員は、サービス等利用計画の作成にあたっては、利用者の希望等を踏まえて作成するよう努めなければならない[*26]。

③ 相談支援専門員は、サービス等利用計画の作成にあたっては、利用者の自立した日常生活の支援を効果的に行うため、利用者の心身または家族の状況等に応じ、継続的かつ計画的に適切な福祉サービス等の利用が行われるようにしなければならない[*27]。

③ 相談支援専門員は、サービス等利用計画の作成にあたっては、利用者の日常生活全般を支援する観点から、指定障害福祉サービス等または指定地域相談支援に加えて、指定障害福祉サービス等または指定地域相談支援以外の福祉サービス等、当該地域の住民による自発的な活動によるサービス等の利用も含めて、サービス等利用計画上に位置付けるよう努めなければならない[*28]。

④ 相談支援専門員は、サービス等利用計画の作成の開始にあたっては、利用者等によるサービスの選択に資するよう、当該地域における指定障害福祉サービス事業者等または指定一般相談支援事業者に関するサービスの内容、利用料等の情報を適正に、利用者またはその家族に対して提供しなければならない[*29]。

これらのことを念頭におきつつ、各プロセスにおける業務を行っていくこととなる[*30]。

(2) 障害福祉サービスの提供プロセス

障害者自立支援法（障害者総合支援法の前身）と児童福祉法が改正され、2012（平成24）年4月1日から、障害福祉サービスと障害児通所支援を利用しようとする際には、市町村はサービス等利用計画（障害児支援利用計画）を勘案して支給決定をすることになった[*31]。

各運営基準では、こうした仕組みのなかで、相談支援専門員に求められる責務等についても規定している。以下、サービス提供プロセスの復習も兼ねて、これらの規定についてみていく[*32]。

① 利用契約

計画相談運営基準では、利用開始にあたっては、本人・家族の話をよく聞き、自らの事業所の説明をはじめとした必要な情報提供をするなどし、

*25 計画相談運営基準第15条第1項第2号

*26 計画相談運営基準第15条第2項第1号

*27 計画相談運営基準第15条第2項第2号

*28 計画相談運営基準第15条第2項第3号

*29 計画相談運営基準第15条第2項第4号

*30 このプロセスは制度化されたケアマネジメントプロセスということができます。

*31 障害福祉サービスを利用する手続きの流れや計画相談支援の仕組みについては、講義3−1の4.（144頁）を参照してください。

*32 以下に紹介する運営基準の内容は、計画相談支援のものですが、障害児相談支援についても、同様の規定が置かれています（巻末資料6を参照）。

講義 3−2

十分な理解と納得を得たうえで、利用者の障害特性に応じた配慮をして契約を交わす必要があり、事業所の説明にあたっては、重要事項説明書や契約書等によって必要な事項を説明する必要があるとしている（第5条）。なお、契約を行った際は、速やかに市町村に報告をしなければならない（第6条第1項）。

　また、本人が利用を希望する場合、正当な理由なく、相談支援の提供を拒んではならず（第7条）、提供が困難な場合は、適当なほかの相談支援事業所を紹介するなどしなければならないとしている（第8条）。

②　アセスメント

　計画相談運営基準では、アセスメントを「利用者について、その心身の状況、その置かれている環境及び日常生活全般の状況等の評価を通じて利用者の希望する生活や利用者が自立した日常生活を営むことができるよう支援する上で解決すべき課題等の把握」を行うことと定義している（第15条第2項第5号）。

　そのうえで、相談支援専門員には、アセスメントに際し、利用者の居宅等を訪問し、本人・家族に面接すること、また、面接は、趣旨を本人・家族に十分に説明し、理解を得なければならないことが義務づけられている（第15条第2項第6号）。なお、アセスメントについては記録を整備し、5年間保存する必要もある（第30条第2項第2号ロ）。

③　サービス等利用計画案の作成

　計画相談運営基準では、相談支援専門員に対し、①上記アセスメントに基づき、地域の障害福祉サービス等の社会資源の提供体制を勘案し、②アセスメントにより把握された解決すべき課題等に対応するための最も適切な福祉サービス等の組合せについて検討し、③以下の事項を必ず盛り込んだサービス等利用計画案[*33]を作成しなければならないと定めている（第15条第2項第7号）。

- ・利用者及びその家族の生活に対する意向
- ・総合的な援助の方針
- ・生活全般の解決すべき課題
- ・提供される福祉サービス等の目標及びその達成時期
- ・福祉サービス等の種類、内容、量
- ・福祉サービス等を提供する上での留意事項
- ・法第5条第23項に規定する厚生労働省令で定める期間にかかる提案等

また、サービス等利用計画案を作成した場合には、その内容を本人または家族に対して説明し、文書により利用者等の同意を得ること（第15条第2項第9号）、利用者等に交付すること（第15条第2項第10号）も義務付けられている[*34]。

④ サービス等利用計画案の市町村への提出

計画相談運営基準では、サービス等利用計画案を含め、サービス等利用計画を作成したときは、その写しを市町村に対し遅滞なく提出しなければならないと定めている（第6条第2項）。

⑤ 支給決定後のサービス担当者会議とサービス等利用計画の作成

計画相談運営基準では、相談支援専門員は、支給決定を受け、①サービス等利用計画案の変更を行い、②障害福祉サービス事業者等との連絡調整等を行うとともに、③サービス担当者会議の開催等により、サービス等利用計画案の内容について説明を行い、サービス等の担当者に専門的な見地からの意見を求めなければならないとされている（第15条第2項第11号）。また、サービス担当者会議は記録を整備し、5年間保存する必要がある（第30条第2項第2号ハ）。

サービス担当者会議は、実際に利用しようとしている福祉サービス等の担当者を招集して行う会議のことをいう。そして、サービス担当者会議を踏まえたサービス等利用計画案の内容を本人または家族に対して説明し、サービス等利用計画として確定させ[*35]、文書により同意を得なければならない（第15条第2項第12号）。

サービス等利用計画を作成した際には、利用者等及び担当者に交付し（第15条第2項第13号）、写しを市町村に提出する必要がある（第6条第2項）。なお、サービス等利用計画案、サービス等利用計画についても、アセスメントと同様に、記録を整備し5年間保存する必要があると定められている（第30条第2項第2号イ）。

⑥ サービス等の利用とモニタリング

計画相談運営基準では、相談支援専門員に対し、サービス等利用計画の作成後、モニタリングを行い、必要に応じてサービス等利用計画の変更、サービス提供事業者等との連絡調整その他の便宜の提供を行うとともに、新たな支給決定が必要と認められる場合に、利用者等に対し、その申請を勧奨するよう求めている（第15条第3項第1号）[*36]。

また、方法についても定めがあり、相談支援専門員は、モニタリングに当たって、①本人・家族、サービス提供事業者等との連絡を継続的に行うこと、②定められたモニタリング期間ごとに利用者の居宅等を訪問し、利

*34 計画相談運営基準には細かな定めもあり、短期入所の利用日数は、利用者の心身の状況等を勘案して特に必要と認められる場合を除き、年間180日を超えないようにしなければならないことなども規定されています（第15条第2項第8号）。

*35 サービス利用計画案の案がとれ、計画として確定することから「案とれ」と称されることがあります。

*36 モニタリングは「サービス等利用計画の実施状況の把握（利用者についての継続的な評価を含む。）」と定義されています。

講義 3-2

用者等に面接する方法によること（第15条第3項第2号）、③その結果を記録し、5年間保存すること（第30条第2項第2号ニ）を義務づけている[＊37]。

5．サービス管理責任者及び児童発達支援管理責任者の役割と連携・協働

(1)　個別支援計画

　計画には、障害福祉サービス事業所や障害児通所支援事業所・障害児入所支援事業所が作成するものがある。個別支援計画という。

　個別支援計画は、サービス等利用計画等における総合的な援助の方針等を踏まえ、自らの事業所の提供するサービスの適切な支援内容等について具体的に検討し作成するもので、事業所のなかでの取り組みについて掘り下げた計画である。

(2)　サービス管理責任者と児童発達支援管理責任者の役割

①　個別支援計画の作成に関する業務の担い手

　サービス等利用計画を相談支援専門員が作成するように、個別支援計画についても作成する業務を担当する者を配置することとされている。それがサービス管理責任者と児童発達支援管理責任者である。

　サービス管理責任者と児童発達支援管理責任者は、個別支援計画の作成に関する業務を担当するものとされ、具体的には下記の業務をすることとされている。

> ①　アセスメントを利用者に面接して行い、本人が自立した日常生活を営むことができるように支援するうえでの適切な支援内容の検討をしなければならない。面接の際は、趣旨を本人に十分に説明し、理解を得なければならない。
> ②　アセスメント及び支援内容の検討結果に基づき、個別支援計画の原案を作成しなければならない。原案には、自らが提供するサービス以外の保健医療サービスその他の福祉サービス等との連携も位置づけるよう努めなければならない。

③ サービス提供に当たる担当者等を招集して行う個別支援計画作成のための会議を開催し、個別支援計画の原案の内容について意見を求める。

④ 個別支援計画の原案の内容について本人・家族に説明し、文書により本人の同意を得なければならない。

⑤ 個別支援計画を作成した際には、利用者に交付しなければならない。

⑥ モニタリングと計画の見直しを行い、必要に応じて個別支援計画の変更を行う[＊38]。

⑦ モニタリングに際しては、本人・家族等との連絡を継続的に行い、特段の事情のない限り、定期的に本人に面接し、モニタリングの結果は記録しなければならない。

＊38　サービス種別ごとにモニタリングの最低限度の間隔が定められています。

これは相談支援専門員と同じく、ケアマネジメントの理念や方法に立脚したものである。相談支援専門員とサービス管理責任者・児童発達支援管理責任者の養成においては、研修カリキュラムにも一部共通の内容がある。

② その他の責務

サービス管理責任者・児童発達支援管理責任者には、個別支援計画の作成に関する業務以外に下記のような業務が規定されている。

① 利用に際して、照会等により、本人の心身の状況、その他のサービス等の利用状況等を把握すること。

② 本人の心身の状況、そのおかれている環境等に照らし、利用者が自立した日常生活を営むことができるよう定期的に検討するとともに、自立した日常生活を営むことができると認められる利用者に対し、必要な支援を行うこと。

③ ほかの従業者に対する技術指導及び助言を行うこと。

（3） 提供サービスのマネジメントをする者の配置

障害福祉サービス事業所や障害児通所支援事業所には、以下のとおり、サービス管理責任者、児童発達支援管理責任者、サービス提供責任者をおくことが運営基準に規定されている。

①　サービス管理責任者

　サービス管理責任者は訪問系を除く下記の障害福祉サービス事業所におかなければならないとされている。ただし、居住系サービスのうち、短期入所についてはその旨の規定がない。

> 【日中活動系】療養介護、生活介護
> 【居住系】自立生活援助、共同生活援助
> 【訓練系・就労系】自立訓練（機能訓練・生活訓練）、就労移行支援、就労定着支援、就労継続支援（A型・B型）

②　児童発達支援管理責任者

　児童発達支援管理責任者は、以下のとおり障害児通所支援事業所と障害児入所支援事業所におくこととされている。

> 【障害児通所支援事業所】
> 　児童発達支援、医療型児童発達支援、放課後等デイサービス、居宅訪問型児童発達支援、保育所等訪問支援
> 【障害児入所支援事業所】
> 　障害児入所施設（福祉型・医療型）

③　サービス提供責任者

　以下の訪問系障害福祉サービス事業所には、サービス管理責任者ではなく、サービス提供責任者をおくこととされている。

> 居宅介護、重度訪問介護、同行援護、行動援護、重度障害者等包括支援

　訪問系サービスでは、個別支援計画ではなく居宅介護計画を作成する[＊39]。居宅介護計画は、利用者または障害児の保護者の日常生活全般の状況及び希望等を踏まえて、具体的なサービスの内容を記載したものである。

　サービス提供責任者は、居宅介護計画作成のほか、本人・家族への説明と同意、交付、モニタリング、従業者に対する技術指導等のサービス内容

＊39　介護保険における居宅介護支援計画と似た名称なので、間違えないように気をつけてください。

の管理などの責務が定められている。これはサービス管理責任者に類似しており、両者は同様の役割を担っているといえる。

(4) サービス等利用計画と個別支援計画、相談支援専門員とサービス管理責任者等の関係

① サービス等利用計画と個別支援計画

個別支援計画は、サービス等利用計画等における総合的な援助の方針等を踏まえ、自らの事業所の提供するサービスの適切な支援内容等について具体的に検討し作成するもので、事業所のなかでの取り組みについて掘り下げた計画である。

これに対し、サービス等利用計画は、相談支援専門員が総合的な援助の方針や解決すべき課題を踏まえ、最も適切なサービスの組み合わせ等について検討し作成するものである。複数のサービス等に関係することから、各サービス・事業所に共通する支援目標や役割分担、本人等の環境調整などを含む計画である。

サービス等利用計画は本人の生活全般についての全体的、総合的な計画であり、個別支援計画はサービスを提供する事業所内における部分的、個別的な計画である。このように位置付けや役割が異なり、相互補完的な関係にある。内容の関連性や、その作成過程での担当者同士の連携など、有機的な連動が求められる。

② 相談支援専門員とサービス管理責任者・児童発達支援管理責任者

医療保健福祉において、支援者はチームとなり、多職種が連携して利用者の暮らしを支援していくことが必須となっている。障害福祉分野も例外でなく、特に生活全般の支援を継続的に行う相談支援事業と、ある一定の役割を担って本人とかかわる障害福祉サービスはチーム支援を行い、連携する必要がある[*40]。

この連携の核となるのが、相談支援事業所では相談支援専門員、サービス提供事業所ではサービス管理責任者・児童発達支援管理責任者という支援に関するマネジメントの担い手である。計画と計画、人と人、事業と事業（組織と組織）、それぞれが連動・連携することが基本である。

利用者と日々接することの多いサービス提供事業所と、暮らし全体を俯瞰していく立場にある相談支援事業所がそれぞれの立ち位置や特性等を理解しながら信頼関係に基づき協働する姿勢が重要である。

*40 連携の詳細は講義2−1第2節（98頁）を参照してください。

Ⅱ

演習編

第**4**章

ケアマネジメントプロセスに関する講義及び演習

演習 | 1

相談支援の実際（ケアマネジメント手法を用いた相談支援プロセスの具体的理解）

第1節　初期相談からアセスメントまで

科目のねらい

- ☐　基本相談支援の実際について修得する。
- ☐　受付や初期相談（インテーク）、契約の各場面で求められる実践的な技術を修得する。
- ☐　利用者の主訴を明確にし、本人・家族等からの情報収集を行う技術を修得する。
- ☐　相談支援専門員としての専門的な判断の根拠を説明できる技術を修得する。
- ☐　アセスメントにおいて収集した情報から、専門職としてニーズを導くための技術を修得する。
- ☐　グループ討議を活用し、チームでの支援の重要性と効果、グループ討議の基礎的技術を体験的に理解する。

学習のポイント

- ☐　相談支援の目的に立脚したケアマネジメントプロセスごとの実践ができる。
- ☐　相談支援（ケアマネジメント）の基本的な視点に立脚したケアマネジメントプロセスごとの実践ができる。
- ☐　ケアマネジメントプロセスごとの留意点を踏まえた実践（Ⅰ　関係性の構築／Ⅱ　インテーク・アセスメント）
- ☐　グループ討議への主体的・積極的な参加
- ☐　チームでの支援の重要性と効果を理解し、グループ討議の基礎的技術に基づいた実践ができる。

§1　受付及び初期相談並びに契約

講師：梅田　耕

1. 講義編の振り返り（導入講義 1）

演習に入る前に、講義編の内容をあらためて確認しておく。

相談支援の目的は、基本的人権の尊重や関連法それぞれの基本理念のもと、障害があってもその人らしい暮らしが地域で実現できるように、個別の支援と地域づくりを同時並行、相互作用のなかで実践していく地域を基盤としたソーシャルワークであることを強調しておきたい[*1]。また、相

談支援の八つの基本的視点（表4-1参照）は、相談支援専門員の基本姿勢と同一ということができる価値の部分である。そのうえで、相談支援におけるケアマネジメント手法とそのプロセスについて学んでもらった。この目的と基本的視点は、ケアマネジメント手法においても変わらない、基盤となる価値である。

演習では、講義編で学んだケアマネジメント手法とそのプロセスを、一定のモデル化（簡略化・模式化）をした環境で自ら主体的に体験してみる（試してみる）ことで、さらに学びを深めてもらう。この演習でも、技術だけを修得するのではなく、その基盤となる価値を忘れないためにも、原則として立ち戻ることのできる価値観・倫理、視点として相談支援の目的と基本的視点を提示する。基盤となるものであるから、何度も何度も、繰り返し確認されていくものである。

*1 相談支援の目的については講義1－1で詳述されています。また、講義1－1の冒頭（学習のポイント）では、相談支援の目的について4つのポイントを掲げています（20頁参照）。

表4-1 相談支援の基本的視点 [*2]

① 個別性の重視
② 生活者視点、QOL の重視
③ 本人主体、本人中心
④ 自己決定（意思決定）への支援
⑤ エンパワメントの視点、ストレングスへの着目
⑥ 権利擁護、スティグマ
⑦ チームアプローチ、多職種連携
⑧ 地域の多様な資源へのアクセスと活用、資源開発

*2 ①〜⑥の視点については、講義1－2で学びました。また、⑦の視点は講義2－1第2節、⑧の視点は講義2－2で学びました。

2. 演習で展開するポイント（導入講義2）

図4-1 ケアマネジメントプロセスにおけるインテーク

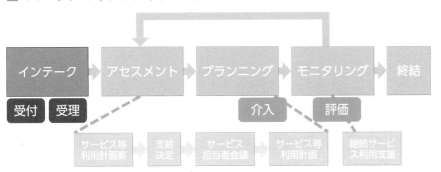

受付やインテークならびに契約は、一連のケアマネジメントプロセスのなかでの入口の部分である。支援対象者と相談支援専門員の「出会い」の機会であることから、関係性に留意し、信頼関係が構築できるようにかか

講師向け
本来はケアマネジメントプロセスを区切ることはありませんが、便宜上このような形で取り組んでいることを説明してください。

演習1 第1節§1

わることが重要である（講義2－1第1節2．の「(1)　関係性の構築とインテーク（初期相談）」(82頁)を参照）。

　ここでは、模擬面接を通して、受付や初期面接場面における相談支援の視点と信頼を築くための技術（受容、共感、傾聴)について修得してもらいたい。

＜演習のポイント＞

> 1．利用者及びその家族との信頼関係の構築の重要性を理解する。
> 2．契約に関する制度上の位置づけや留意事項について理解する。
> 3．受付及び初期面接の場面における相談支援の視点と信頼関係を築くための技術（受容、共感、傾聴)について模擬面接を通じて体験する。

3．演習の流れと進め方

> ■　用意する書式等
> 　ワークシート1（書式1：291頁)

1 展開1：アイスブレイク

1．自分のこれまでの目標とその理由・背景を、個人でワークシート1①に記入する。仕事のことでも、プライベートなことでも、内容は問わず自由に記入してよいが、この後の演習でほかの受講生と内容を共有するので、あまり深刻過ぎない内容にする。

2．グループ内で2人1組のペアをつくり、共有する。氏名と所属（簡単な自己紹介）、自分の目標とその理由・背景を相手に伝える。時間が余ったら、その内容について話を展開する。

3．一人終わったら入れ替えて、もう一人についても同様に行う。

4．全体で共有する。

　（アイスブレイクの意味も含め）相手のことを少しでも知ることができたかどうか、どんな目標を立てたのか、なぜその目標を立てたのかを確認する。目標というのは、「こういうことがしてみたい」「こういうゴールを目指しています」という、ある意味その人の主訴に近いものである。さらに理由を聞くことで、その人の想いや人となりが少し見えてくるかもしれない。人生における目標については、今後目の前に現れる相談者

も、今この場でペアになった受講生（支援者自身）も違いはない。まずはその人の声に耳を傾けることが重要である。

▣ 展開2：模擬相談面接体験

1. 自分が今目指していること／取り組んでいること、それを実現するための課題を、個人でワークシート1②に記入する。仕事のことでも、プライベートなことでも、内容は問わず自由に記入してよいが、この後の演習でほかの受講生と内容を共有するので、あまり深刻過ぎない内容にする。

2. 展開1のペアで面接（相談者と相談員の立場）を行う。「自分が今目指していること／取り組んでいることを実現するために」について相談するという形で行う。

3. 体験Ⅰ：相談員役の人は非受容的な態度、不誠実な態度（目を見ない、違うことをやっている、ぶっきらぼうな口調など）で行う。一人が終わったら、役割を入れ替え、同じ設定で行う。

4. 体験Ⅱ：相談員役の人は自分の考えるよい相談面接技術で行う。一人が終わったら、役割を入れ替え、同じ設定で行う。

5. 面接を行ったペアで体験Ⅰと体験Ⅱの違いを共有する。それぞれの設定、それぞれの役割で面接をしてみての感想を出し合う。また、自分がよいと考えた相談面接技術では、どんなことに気をつけたのかを確認する。

6. 全体で共有する。

　よい相談をしようという姿勢で話を聞くと、よい雰囲気で相談することができる。相談するほうも話がしやすいし、相談員に対してよい印象をもつ。まして、初めて相談する場面であればなおさらであり、今後この人に相談していきたいかどうかにつながる。

　時間がないなかで、あくまで入口の部分の体験であって、相談面接の技術の細かいところまでは難しいが、初期相談において関係性の構築が重要だということは体験ができたことを全体で共有する。

4. まとめ

　受付や初期面接場面におけるポイントを、講義2－1第1節2.「(1)　関係性の構築とインテーク（初期相談）」(82頁参照)をもとに振り返る。

(1)　主訴の把握

　まずは本人と会い、本人の困り感や意向を確認する。相談の入口は家族や関係機関など本人とは限らないが、対面での関係が基本であり、直接本人像や本人の意向を確認するという姿勢をもつことが必要である。相談支援（ケアマネジメント）は本人の言葉や想いから始まる。また、たとえ本人の主訴が非現実的、飛躍し過ぎと思われることがあったとしても、まずは否定することなく、耳を傾け、共感的に理解することが重要となる。

(2)　情報の収集と分析

　ケアマネジメントプロセスは1つひとつ区切りがあるわけではなく、インテークはこの後のアセスメントと連続している。初回の面談からアセスメント（情報の収集と分析）は始まっている。以下のような、本人の希望する社会生活ニーズの把握やその実現に向けて必要な支援を考えるための情報を、本人との関係性を構築しながら面接等によって収集していく。すべてを1回の面接では把握できるわけではなく、可能な限り、回数を重ねて十分な時間をとっていくなかで、行っていく。

＜インテークで収集する情報＞

- ・相談員自身の印象（主観的）
- ・本人・家族・環境の状況（いわゆる「客観的事実」）
- ・本人／家族の心理（障害受容含め）
- ・本人のゴール（目標）
- ・本人や環境のストレングス
- ・これまでの経験談や失敗談

(3)　関係性の構築

　相談支援を行っていくうえで前提となるのは、エンゲージメント（強い信頼関係）、ラポールと呼ばれるよい関係性である。よい関係を築くためには「価値」（共感的理解、生活者の視点による本人理解）と「技術」（相談面接技術）が求められる。本人が話したいこと、伝えたいことを聴き、本人のことを知ろうとする姿勢が大切になる。そういった姿勢（価値）は、相談員の言葉、視線、立ち居振る舞い、表情、仕草などにも表れる。相談者

に自分のことをどうみられているのか、自分の印象はどうなのか。関係性の構築のためには、相談者への共感的理解と生活者視点による本人理解の価値観を大切にしておくことが重要である。

⑷ 相談面接技術

　主訴の把握や情報収集、そして関係性の構築には相談面接技術が求められる。面接は「おしゃべり」ではない。会話と面接は異なるものであり、支援者は意図をもって面接を行う必要がある。場面を構成し（本人をコントロールするのではない）、相談者の話を聞いて（傾聴して）、一緒に目標とするゴールを相談者と共有することが求められる。そのためにはトレーニングや準備を行うことが必要となる。

　また、コミュニケーションに支援を必要とする人については、困難さに応じた配慮が必要になる。視覚障害、聴覚障害のある人、知的障害や発達障害がある人など、理解しやすい言葉づかいや情報の視覚化、面接する環境づくりといったさまざまな配慮が求められるということもおさえておく必要がある。

⑸ 記録

　情報は客観的事実としての情報と相談支援専門員がとらえた主観とを混同させないように、「①客観的な事実（本人の言葉や事実）」「②相談支援専門員の所見（主観）」「③今後の見通し」に分けて記録する必要がある[＊3]。

＊3　講義1−3の「4. 相談支援における記録の意義」（74頁）を参照。

⑹ 初期相談での留意点のまとめ

　以上を踏まえて、あらためて初期相談における留意点をまとめておく。

```
①　主訴の把握
②　相談の経緯、支援経路、課題感の主体
③　スクリーニング（受理判断・緊急性の判断・支援方法）
④　事業説明（対等性と利用契約）[＊4]
⑤　個人情報保護（守秘義務とプライバシー尊重）
⑥　初期段階における関係性構築
```

＊4　講義1−3の3.⑷「②ケアマネジメントの契約」（72頁）を参照。

§2　アセスメント（事前評価）及びニーズ把握

講師：岡村　英佑

1. 講義編の振り返り（導入講義 1）

＊1　相談支援の目的の
ポイントは講義1－1
の学習のポイント
（20頁）を、基本的視
点のポイントは演習1
第1節§1の1. に掲載
の表4-1（203頁）を参
照してください。

　これまでの講義のなかでは、相談支援がどのような目的で展開されるの
かや、相談支援を実践するうえで基本となる視点や必要な技術について学
んできた[＊1]。また、相談者と向き合ううえでの姿勢や、相談支援専門員
として求められる価値についても理解を深めてきたと思う。

　さらに講義2－1「相談支援におけるケアマネジメントの手法とプロセ
ス」では、相談支援専門員が実践のなかでどのような視点で相談支援を展
開しているのか、本人主体のケアマネジメントとは何かについて学んだ。
演習1は講義で学んできた内容を実際に体験する段階となっており、ケア
マネジメントプロセスの一連の流れを体感的に学ぶとともに、講義の内容
が実践のなかにどのように反映されるのかを振り返る機会でもある。

2. 演習で展開するポイント（導入講義 2）

　§1では、相談支援の入口において重要な「関係性の構築」と「共感的理
解」を学んだが、これらについては相談支援を展開していくうえで常に重
要な視点になることとしてとらえていただきたい。

　ここからの流れは相談者との出会いから、アセスメント→ニーズ整理ま
での部分の流れを体験的にとらえていくような演習の展開となっている。
どのように相談者との関係をつくり上げていく必要があるか、アセスメン
トの視点やニーズ整理の方法について単元を区切りながら確認を行ってい
くこととする。

　また実践のなかでは、言語での訴えが少ない相談者や希望が見出しにく
い相談者も多くおり、チームアプローチを展開していきながら本人のニー
ズを推測していくことも必要になる。相談支援は一人で取り組むものでは
なく、関係する人々がそれぞれの役割をもちながら本人の生活を支えてい
くという点も忘れないようにしてほしい。

図 4-2　ケアマネジメントプロセスにおけるアセスメント

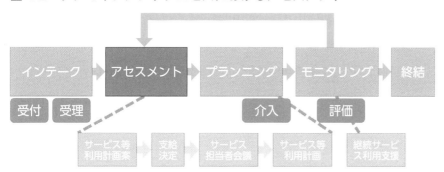

<演習のポイント>

1．アセスメントの意味とその視点を理解する。
2．情報の収集とニーズ整理の視点を体験する。
3．チームアプローチの重要性とその方法について体験する。

3.　演習の流れと進め方

■ 配布資料
　事例の概要（配布資料 1：214 頁）
　一次アセスメント票（配布資料 2：217 頁）

■ 用意する書式
　ワークシート 2（本人像・ストレングス整理票）（書式 2：292 頁）
　ワークシート 3（ニーズ整理票）（書式 3：293 頁）

1 個人ワーク

1．今回討議する場面設定の説明を聞く。
2．「事例の概要」「一次アセスメント票」を読み込む。
3．ワークシート2①を使用し、とらえた本人像や感じたことを書き出す。
4．「講義2−1　相談支援におけるケアマネジメントの手法とプロセス」
　で述べられているアセスメントのポイントを復習する。

<アセスメントの視点>

・本人像や本人の夢や希望、解決したい課題の把握をする。
・その背景の意味や価値を探るための問いをもつ。
・多角的にとらえるために多様な手段や情報源を活用する。

講師向け
　事例概要については、場面設定やその後の流れ、大きな方向性について を会場全体で確認を行いますが、細かい説明までは行わずに、受講生が初見で読み込みが行えるように説明をしてください。

講師向け
　講義2−1で述べられているアセスメントのポイントを振り返るとともに、これからの演習で大切な視点であることを受講生に説明します。

演習1　第1節§2

5．4．を踏まえ再度事例を読み込むとともに、赤色の付箋に本人の表明している主訴を書き出す（1枚の付箋に一つの項目）。

6．アセスメントの視点を踏まえた読み込みができていたかを確認し、ワークシート2①を適宜修正する。さらにワークシート2②を使用し、本人のストレングスと思われるものを書き出す。

2　グループワーク

1．グループ演習の進め方の説明（講義）

　グランドルールを確認し、個人ワークやグループワークの進め方について確認する。

＜グランドルール＞

1．端的に発言をすること
2．積極的に発言をすること
3．否定的な発言はせず、受容的な雰囲気づくりをすること
4．求められたゴール・課題に向けて発言をする（自分の興味・関心だけで発言しないように留意する）こと
5．多様な意見が場に出るように努める（自分ばかりが発言しないよう留意する）こと
6．根拠をもって発言をすること
7．時間を守ること

2．グループ内で自己紹介を行う

　氏名・所属等を端的に話し、記録係・報告者を決める。

3．個人ワークで実施したワークシート2をグループで共有する

　とらえ方等の違いの理解、ストレングス視点で本人をとらえる方法について学びを深める。また、ケアマネジメントはチームアプローチが必須となることをあらためて理解する。

4．ニーズ整理の方法の説明（ミニ講義）

　講義2−1での説明（88〜90頁参照）を、より具体的に行い理解を進めていく

①　本人の主訴を整理する（ワークシート3①の部分）

②　①から「支援者自身がどのように理解・解釈をしたのか」を整理する（ワークシート3③の部分）[＊2]

③　②の裏付けとなる情報（客観的事実）を確認し記入する（ワークシート3②の部分）

講師向け

演習では積極的な発言が望まれますが、受講者の経験の幅等によっては、発言が一部の人に偏ってしまうことがあります。このため、演習における留意事項をグランドルールとしてまとめ、共有しておくとよいでしょう。なお、グランドルールは演習を進めるだけでなく、普段のケア会議等でも活用ができます。

講師向け

ニーズ整理の実施方法についてのミニ講義は本日の演習のポイントとなる部分です。ニーズ整理の方法や考え方をイメージしてもらうようにしつつ、簡単な例を用いて説明を行ってください。

＊2　【生物的なこと】【心理的なこと】【社会性・対人関係の特徴】のどの欄に記入するかにこだわりすぎずに、まずは書いてみることも大切です。

④　支援課題を整理する（ワークシート3⑤の部分）

⑤　具体的対応（取り組む内容）や方針をまとめる（ワークシート3⑥の部分）

5．もう一度事例を読み込み、ワークシート3 [＊3] を用いて、本人の表明している主訴を赤色の付箋に、主訴から推測できることを青色の付箋に、推測した根拠となる情報を黄色の付箋に書き出す（1枚の付箋に一つの項目）。

6．5.で整理した事項をもとにグループで討議を行い、グループでとらえた本人像をワークシート3にまとめる。

3 全体共有・まとめ

1．全体共有

　　グループワークの結果を全体で共有する。

＜共有のポイント＞

・グループで考えた（共有した）本人像

・グループで整理を行った支援課題

・ワークを実施するうえで議論となった点や盛り上がった点　等

2．まとめ

　　研修のまとめと次回研修内容の説明を行う。

＊3　ワークシート3（ニーズ整理票）の活用イメージについては、講義2－1第1節の⑵②中の図2-2や図2-3にかかる記述を参照してください。

4. まとめ

　本節では相談の入口における関係づくりの重要性から始まり、ニーズ整理までの部分を説明してきた。これは相談支援の役割のなかで考えた場合、業務の根幹にあたる部分であるが、実際の現場では忘れがちな部分でもある。私たちの目的は「その人らしい地域での暮らし」を応援していくことであり、サービス等利用計画はそのためのツールの一つであるという点を理解しておくことが重要になる。また、相談支援専門員は本人の声を大切にしつつ、関係機関の声にも耳を傾けていくことが重要である。そのための姿勢や視点を本節で伝えてきた。

　次節ではいよいよサービス等利用計画を作成していくプロセスに入っていくが、これまで確認してきた相談支援の目的や基本的視点は変わらない部分であるため忘れないでほしい。またサービス等利用計画案の作成やモニタリングを通じて、どのような支援の展開方法があるのか、エンパワメント視点を活かした相談支援の展開についても理解を深めてほしいと思う。

表4-2　**インテーク・アセスメントを行う際の視点**

⑴　情報収集
　本人のゴール・解決したい課題に向け必要な情報を得ること。
　１．表出された言葉や意思、選好の意味や背景を探る問いを多様に用意する。
　２．さまざまな手段や情報源を活用する。
　　・相談面接技術の活用
　　・経験（見学、同行、体験等）の共有
　　・周囲からの情報収集　等
→本人の言葉の背景や真意を理解していく。
→前提となる本人像を多角的にとらえることが重要になる。
※　情報保障や意思疎通に支援が必要な利用者がいることに留意が必要。
⑵　ニーズ整理
　本人の意思、客観的状況、支援者や周囲の意向や解釈を分けて整理する（原則、本人の言葉や意思・選好から始まる）。
　１．支援者（自分）の判断の根拠を可視化・言語化をする。
　　・日常業務では同時並行で処理をしていることを可視化し整理していく。
　　・事実（本人の意思、客観的事実）と支援者の考え（解釈）を分けて整理する。
　２．「見立て」ができるようにする。
　　・支援者自身が

---

　　　　① どのような情報を得て
　　　　② どのような解釈をし
　　　　③ どのような方針をたてるか
　3．手立て（プランニング）はいったんおいておく。
　　　・本人の言葉から始める。
　　　・対応（手立て）から入らない。

参考文献
・近藤直司『医療・保健・福祉・心理専門職のためのアセスメント技術を高めるハンドブック第2
　版——ケースレポートの方法からケース検討会議の技術まで』明石書店、2015.

講師向け

「相談支援従事者研修のプログラム開発と評価に関する研究（研究代表者：小澤温）」平成28年度〜29年度総合研究報告書、59〜65頁、2018. に提示された事例を使用しています。実際の研修では、地域の実例を用いるとよいでしょう。

配布資料1

仕事も趣味も充実した暮らしを続けたい40代後半の男性の支援

【事例概要と今回討議する場面設定】

ここからは、モデル事例を使用してケアマネジメントプロセスの一連の流れを確認していく。実践では相談支援専門員自らがインテークを行い、書式にまとめる作業を行うことが必要になるが、今回は演習を進めていくうえですでにまとめている。

以前（2年前まで）

5年ほど前より、A相談支援センターでは、主に就労（再就職）に向けてのかかわりがあった。

そのなかで、2年前に就職。安定して働き続けられるようになった。その頃、本人より「一度卒業したい」との希望が表明されたことや、家族からは「あまり家の中に立ち入ってほしくない」様子が強くうかがえたことから、担当者は就労以外の面が気になりつつも「何かあったらまた遠慮なく相談に来て」といったん支援を終結していた。

再開（2か月前）

2か月前、本人が父母に連れられる格好で来所。

父母は困った様子で「もう息子と一緒には暮らせない。自分たちは半年後を目途に田舎に帰る。息子（太郎）は施設に入れたい」「最近、お金の無心がひどい。拒否すると、執拗に要求したり、物に当たったりするようになってきた。自分たちに手をあげることはないが、体が大きいので怖い」と訴える。

本人は言葉を発せず、うつむいたままである。

以前の担当者は退職しており、今回話を聴いた相談員は、まだ状況も経緯も詳細をつかめていない。

相談員は、「また一緒に考えていきましょう。何度かお会いして話をお聞きしたい」と提案し、同意を得た。

再開後

相談員は、週に1〜2回程度、仕事帰りにセンターに寄ってもらったり、自宅の最寄り駅近くのファーストフード店で待ち合わせたりしながら本人との話を重ねた。また両親や姉にも、自宅を訪問するなどしながら話を聞いていった。

再開から2か月後（今回の演習の現時点）

情報も少しずつ集まり、本人や家族の意向もわかってきた。

本人は、「お金使うなと言われる。けど、そんなに使ってるのかな」

「足りなくなったらもらってるだけなんです。今までどおり」「Suicaだと大丈夫です。けど、使えないところもあるんです。おもちゃ屋とか定食屋とか」「なんでくれる時とくれない時があるのかな。変だよね。僕のお金なのに」「お父さんお母さん沖縄に帰りたいみたい。ほんとは一緒に暮らしたいけど……。ついてはいけない。50歳までに独立しなくちゃと思ってた」「でもまだよくわかんないです。一人暮らし大変ですよね。自信ないな……」

　父母の発言の真意は、「沖縄に年の離れた兄弟が暮らしているが、だいぶ弱ってきた。『助けてほしい』と言われ、なんとかしてやりたいと思っている。自分たちも定年後は生まれ育った故郷に帰りたい気持ちがずっとあった。帰ればなんとかなる土地だ。決意は固い。娘（太郎の姉）も理解してくれている。しかし、太郎が心配。甘やかしてきたので家のことは何もできない。かといって、家にあの子を連れて帰るわけにもいかない。故郷の村の近くの施設に入れるのが一番とも思う。だが、本人は今の仕事を頑張っているし、この町で育ってきたから、田舎に行く想像はできないと思う。本人もそんなことを言っている。でも、一人暮らしはあの子には無理だと思うし、そうなったら自分たちは安心して死ねない。福祉のことは避けてきたので全くわからないけれど、このあたりの施設で安心して暮らせて、今までに近いような暮らしができるところはないんですかね」とのこと。

　太郎さんの姉は、「自分は家庭があって、子どもが1人いてまだ手もお金もかかる。他県に住んでいるが家もローンがまだまだある。できることは協力してやりたいが、難しいことも多いと思う」という。

> 　かかわりのなかで本人や家族の頭の中は（少し）整理され、ゴール設定もできてきた。
> 　そのため意向や情報を整理し、どのような提案をするか考える時期と担当相談支援専門員は判断した。
> 　そこで、所内の検討会議に提出し、アセスメントと今後の方向性の検討を自分だけではなく、相談支援専門員全員で行おうと考えた。

事例の概要

事例タイトル	仕事も趣味も充実した暮らしを続けたい 40 代後半の男性の支援
年齢・性別・家族構成・現在の地域の居住歴	田中太郎さん　年齢（47）歳・性別（　男　・　女　） 家族構成（　父 77 歳／母 74 歳：同居　／　姉は結婚し、他県在住：別居　） 現在の地域の居住歴　47 年
手帳の種類と等級	療育手帳 B　（中度）
障害支援区分	未調査
生活歴及び病歴	【生活歴】 　○○市で出生。幼稚園から小学校では当初通常学級に在籍するが、4 年次に勉強についていけなくなり、特別支援学級に移る。中学校は、特別支援学級に在籍し、楽しい学校生活を送った。いじめも多少は受けたが、ひどくはなかった。 　中学卒業後すぐ食品機械の部品製作メーカーに就職。工場での金型プレスやバリ取り、製品の箱詰めの仕事に従事していた。30 年ほど勤務していたが、工場が海外移転することになり、人員整理で解雇となる。その後、失業給付を受けながらハローワークに通い、再就職を目指していたがうまくいかないことが続いた。 　失業保険の終期もみえてきた頃、たまたま街で出会った中学時代の同級生が就業・生活支援センターの支援を受けていることを知り、自分も相談できないかと相談したことから福祉の支援とつながる。連戦連敗の就職活動に落ち込んでいたり、新しい職種への挑戦に恐怖感があったことから、就労移行支援を使うこととなった。また、この時期に成人判定を行わなかった療育手帳の再取得や障害年金の申請などを行うなかで、相談支援事業所の支援も開始される。 　自信を取り戻した後は、現在の物流倉庫でのピッキングの仕事に就いて現在に至っている。就労も安定していることから、本人の希望もありいったん終結していた。 【病歴】 　乳幼児期に数度てんかん発作があった。成人になってからはなし。
相談に至る経緯	214 頁参照
望んでいる暮らし、訴え、困っていること	(本人) 「仕事を続けたいです」「プラレールや電車が好きです」 「（将来と言われても）よくわかりません。50 歳までに独立したいです」 「（今の生活は）このままでいいです」 (父母) 「私たちがいなくても、暮らせるようになってほしい。施設に入れたい」 「（本人が大柄なため）最近執拗にお金を要求されることが頻回で怖い」
本人や家族の問題	・本人はずっとお金の管理を父母にまかせ、必要な時必要な額をもらうやりかたをとってきた。ここ 1 年ほどプラレールなどにはまって、使う額が増えており、そのやりとりがうまくできていない。 ・父母の高齢化により、本人の今後の生活を考える転機を迎えている。
本人の能力や環境的問題	・ずっと親子での暮らしを続けてきたため、今後の親亡き後の生活のイメージがついていない。その必要性についても腑に落ちていない。 ・枠組みなくお金を使ってきたため、金銭管理能力ではなく、そもそもの金銭感覚に乏しい。
本人の趣味趣向、楽しみ、長所	家庭内でも社会でも、慣れればできることが多い。就労等の大変と思われることも継続できる力がある。自分の思いが通らないと不機嫌になることもあるが、基本的にはおだやかで優しい性格（特に第三者に対しては）。
その他気がついたこと	慣れた人や場所は全く問題ないが、未知のことについては尻込みしがち。 好きなことや趣味は 10 代や 20 代から一貫している。同じことをルーティーンで続けることで飽きたりしない。 お金の使う額が増えたのは、新しい職場での趣味仲間の影響の様子。

配布資料2

一次アセスメント票

受付 No.	作成者氏名	作成日
0001	○○○○	2018 年 11 月 18 日

ふりがな	たなか たろう	性別	住所	(〒000−0000) 東京都○○市△▽ヶ丘 1-2-3 都営住宅 501
氏名	田中 太郎	男性		
生年月日	1971 年 11 月 11 日　　47 歳		連絡先	090-0000-0000

本人の要望・希望する暮らし、困っていること・解決したいこと

「仕事を続けたいです」「プラレールや電車が好きです」
「(将来と言われても) よくわかりません」「(今の生活は) このままでいいです」

家族の要望・希望する暮らし、困っていること・解決したいこと

「私たちがいなくても、姉に迷惑をかけず暮らせるようになってほしい」
「(本人が大柄なため) 最近は、執拗に何かを要求されると怖い」

希望する 1 日の流れ

生活状況 [普通の 1 日の流れ]

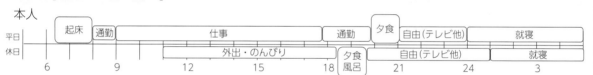

〔その他の 1 日の生活の流れ〕　※いくつかの 1 日の生活があれば、別紙に記入

本人の概要

生活歴 (病歴含む)

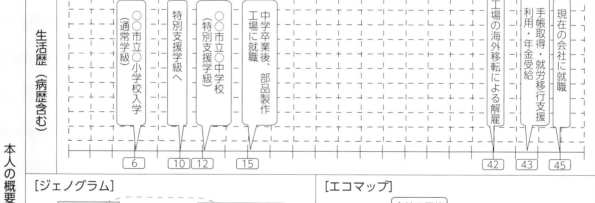

[ジェノグラム]　　　　　　　　　[エコマップ]

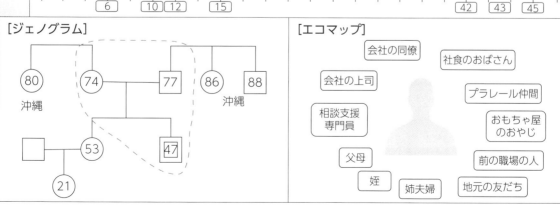

利用者の状況

項　目	状況・意思			支援者の気づき	
	現状	本人の希望	本人の選好	記入者	記入者以外（専門的アセスメントを含む）
1　生活基盤・日常生活に関する領域					
住環境	高齢世帯向け都営住宅（本人単身では居住できない）	「10年くらい前に近くの公団から引っ越しました」「○○市はよいですね」	慣れているところでは落ち着いて自分でできることが多い。	東京郊外で新宿まで電車で40分のニュータウン。父母と同世代の住人が多い。昔からの商店街やスーパーがある。	
経済環境	月給手取 100,000円障害厚生年金受給貯金もある様子父母とも共済年金			経済的には余裕があるほうだが、使いすぎてしまう場合がある様子。	
2　社会参加に関する領域（教育、就労を含む）					
趣味・旅行・レクリエーション	休みの日はプラレールの電車を走らせに行く。本物の電車も好きで、よく電車に乗って出かける。前の職場の人たちと年に数回飲み会や旅行に出かける。	「プラレールを走らせるおもちゃ屋があるんですよ」「電車に乗りに行く旅が好きです」「やっぱりJRですね」「家ではテレビと雑誌です」	テレビはBSの音楽番組や旅行番組をよく見ている様子。		「昔から電車は好きですね。好きなことはしつこいくらい調べて話しかけてくるんですよ」「収集癖があると思います。物は捨てません」（姉）
当事者団体の活動	なし				
自治会への参加	なし				
その他各種社会的活動					
就労	現在は、倉庫のピッキングの仕事をしている。	「仕事はずっと続けたいです」			自分の役割をきちんとできている。新しいことを覚えるのはとてもゆっくり。（会社）以前の転職の際に職業評価にかかわった。当時は自己肯定感が下がった状態であったが、それでも集中力や課題を完遂しようとする力があった。定型的な作業については企業で十分就労できる力がある。（職業リハOT）
3　コミュニケーションや意思決定、社会生活技能に関する領域					
意思表明	うまく言えないこともあるが、はっきり自分の意思を伝えようとする。わからないことはわからないと言う。				
意思決定					
他者からの意思伝達の理解	言葉の場合、わかりやすい言葉を選ぶ必要がある。独特の言葉の言いまわしをよく使う。				

コミュニケーションツールの使用(電話、FAX、パソコン、タブレット、インターネット)	スマートフォンを持っている。通話やメール、電車関連などの情報検索に利用している。電話は苦手。出なかったり、用件だけですぐ切る。				
対人関係	慣れている人とはうまくやりとりできる。言葉でのコミュニケーションは得意ではない。	「(言われていることが)わからないことがよくあります」「友だちは欲しいけど、たまに疲れます」	やさしく接してくれる年上を好む。厳しい人や怖い人は苦手。		
屋外移動やその手段(長距離、遠距離)	何度か行ったことのあるところには自力で行ける。	「方向音痴なんですよね」	はっきりとは言わないが、仕事帰りの寄り道が楽しみな様子。		
金銭管理	必要になったときに母から必要額をもらう。日々のお金は Suica(定期とオートチャージ)。	「お札を出しておつりをもらいます」		基本はオートチャージの交通系 IC カードを多用。必要な時に必要な額だけもらうため、枠組みを理解できていない。	金銭管理は難しい。(以前の就労移行支援事業所)2 桁の演算や繰上りなどのある計算は難しい。

4 日常生活に関する領域

身辺のこと	ADL は基本的に自立している。				
調理	炊飯や簡単なフライパン料理をすることがある。自炊をするとすれば支援が必要だが、ある程度は自分でできる。	「つくることもあります。でも大変です」	親がいない時調理することもある。基本的には外食かお惣菜。		
食事	たくさん食べる。ごはんはお代わり 3 杯。	「ひとりだと好きなもの食べちゃいますね」	こってりした食べ物ジュース	出されたものは何でも食べるが、特にこってりした味が濃いものが好き。	
入浴		「お風呂が好きです。毎日入ります」			お湯を使いすぎることを母は心配に思っている。
清掃・整理整頓	自分の部屋はきっちりと整理されており、他人にはあまり触れられたくない。	「きれいですか?そうかな?」「自分の部屋以外の掃除はしません」			
洗濯	自分でしたことはない。				
書類整理・事務手続き	難しい漢字は苦手。かみくだいて説明すると理解できる。	「難しい書類はよくわかりません。手伝ってくれる人がほしいです」	わからない書類などは父母に渡す。		
買い物	自分の必要なものは自分で買うことができる。	「電車にはお金使っちゃいますね」「あとは食べ物です」「雑誌は決まったものを買います」			

5 健康に関する領域

体力	元気で体格がよい。身 長 180cm 体 重 100kg				

II　演習編

健康状態	40過ぎから健康診断は毎年再検査。血圧が150を超える。	「大丈夫です」			生活習慣病の傾向はみられるものの、治療や生活上の制限が必要な状況ではない。ただし、一人暮らしをするのであれば、偏った食生活にならないよう配慮してもらいたいが、一般的な成人男性であれば誰しも追うリスク程度である。（健康診断時の内科医師所見）
医療機関利用状況	定期受診なし	「大丈夫です」	病院があまり好きでない様子。		家族は心配しているが、うるさく言うと本人が怒り出すので黙っている。（就業・生活支援センター）
医療費・健康保険	社保加入				
障害	療育手帳B 自閉傾向あり				以前の転職の際、職業評価の一環として心理検査を行った。知能検査はWAISではなくWISCにて検査を実施。全IQは55。若干言語性・視覚優位。（職リハCP）

6　家族支援に関する領域

父母	まだ元気だが、持病があり、気力体力とも衰えがある。本人の願うことはだいたいかなえてきた。父母とも共働きの元公務員。定年退職後はシルバー人材センターで働いたり、地域活動に参加していたが最近はのんびり暮らしている。	「ほんとはお父さんお母さんとずっと暮らしたい」「でも沖縄は…。仕事辞めたくないです」	親を大切だと思うような素振りはいたるところにみられる。	現在のところ介護は必要ない。本人を思う気持ちが強く、先行きの不安がある。	
姉	隣県在住。夫と娘の三人暮らし。夫婦とも公務員。月に一度家族で家へ来る。	「お姉さんとはたまに会います」「お姉さんは怒るとこわいです」		兄弟仲はごく普通。会えば話すが、共通の話題があまりないので長くは話さない。	
姪	大学3年生。鉄道好きで、本人と話が合う。子どもの頃から本人へおねだりするのが上手。		姪と会うのを楽しみにしている。		

対応者所見のまとめ
（事例の概要を参照）

第2節　プランニング以降

┌───┐
│ **科目のねらい**
└───┘

☐ 基本相談支援を基盤とした計画相談支援の実際について修得する。

☐ 本人の意向とニーズを踏まえた目標設定を行う技術を修得する。

☐ 目標を実現するためのサービス等利用計画等の作成技術を修得する。

☐ サービス等利用計画と個別支援計画等との連動の重要性を理解する。

☐ ほかの多様な職種とのアセスメント結果を共有することの意義等を理解し、サービス担当者等による会議の開催にかかる具体的な方法を修得する。

☐ ケアマネジメントプロセスにおけるモニタリングの意義・目的を理解する。

☐ 多職種との連携によるサービス実施の効果を検証することの重要性を理解する。

☐ 検証の結果、支援が終結されることの意義と留意事項を理解する。

┌───┐
│ **学習のポイント（⬌関連科目）**
└───┘

☐ 相談支援の目的に立脚したケアマネジメントプロセスごとの実践

☐ 相談支援（ケアマネジメント）の基本的な視点に立脚したケアマネジメントプロセスごとの実践

☐ ケアマネジメントプロセスごとに重要な点を踏まえた実践（Ⅲ　プランニング、モニタリング／Ⅳ　サービス担当者会議（ケア会議、個別支援会議）／Ⅴ　終結・評価）

☐ 地域への視点をもったケアマネジメントの展開

☐ 主体的かつ積極的なグループ討議への参加

☐ チームでの支援の重要性と効果の理解とグループ討議の基礎的技術に基づいた実践

§1　目標の設定と計画作成

講師：大友　崇弘

1. 講義編の振り返り（導入講義 1）

　本節は、相談支援の目的や相談支援の基本的視点[*1]に立脚し、基本相談支援を基盤とした計画相談支援を展開するうえでのツールである、本人の意向とニーズを踏まえた目標設定と目標を実現するためのサービス等利用計画等の作成につき、体験的に理解を深める場となる。

　講義2−1「相談支援におけるケアマネジメントの手法とプロセス」で述べたとおり、本人が自ら希望するその人らしい生活を送ることができるよう、ニーズに基づいた生活支援が提供されること、また、社会参加が可能になること、そして自分のことは自分で決めることができる、といった自

*1　相談支援の目的のポイントは講義1−1の学習のポイント（20頁）を、基本的視点のポイントは演習1第1節§1の1. に掲載の表4-1（203頁）を参照してください。

己決定（意思決定）への支援、権利擁護の実践がその内容となる。

　見立て（インテーク・アセスメント）に基づいた、本人にとって意味のある手立て（プランニング）を提案し、サービス提供事業所等の関係機関によるサービス担当者会議を経て、サービス等利用計画等に基づいた支援を展開していくこととなる。

　サービス等利用計画の必要性、備えるべき特徴、踏まえるべきポイントは講義2－1第1節の2.の「(3)　プランニング」(91頁)を参照してほしい[＊2]。

　また、本演習で作成するのは初期計画であり、モニタリングに基づく変更・更新を繰り返す過程においても、これらを確認していくことが重要である。

＊2　また、サービス等利用計画案作成上の留意点については巻末資料2（274頁）に掲載していますが、あらためて参考資料4-1（226頁）にそのポイントをまとめています。

2.　演習で展開するポイント（導入講義2）

図4-3　ケアマネジメントプロセスにおけるプランニング

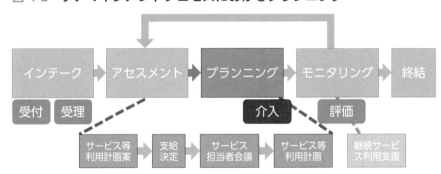

　まず、計画作成（プランニング）において強調しておきたいのは、ストレングスへの着目と、それを活かした支援内容の立案である。

　そして、本人が暮らし・活動する、地域や環境との相互作用・影響を踏まえて、障害福祉サービスに限定されない生活者としてのストレングス・地域の多様な社会資源（世の中のすべてが社会資源）の活用も必要となる。

　さらに、障害福祉サービスを利用する際には、サービス等利用計画が必要になるという、障害者総合支援法・児童福祉法の支給決定プロセスに基づく業務である計画相談支援の流れの概要をつかむこともポイントとなる。

＜演習のポイント＞

1．ストレングスへの着目と活用
2．地域のさまざまな資源の理解と活用
3．サービス等利用計画の作成（サービス利用手続き）の実際（226頁参照）

3．演習の流れと進め方

■ 用意する資料
　事例の概要（配布資料１：214頁）
　一次アセスメント票（配布資料２：217頁）
　サービス等利用計画作成例（巻末資料８：314頁）[*3]
■ 用意する書式
　ワークシート２（本人像・ストレングス整理票）（書式２[*4]）
　ワークシート３（ニーズ整理票）（書式３[*4]）
　ワークシート４（ゴール設定）（書式４：294頁）
　サービス等利用計画・障害児支援利用計画案（書式5-1〜5-4：295〜298頁）

1 ゴール設定

1．ガイダンス

　グランドルール（210頁参照）・演習の流れの確認、ワークシート4の使用法等について簡単な概説を行う。

2．個人ワーク

　前節の演習で記入済みのワークシート2、ワークシート3の情報をもとに、ワークシート4に以下の順で記入する。

・本人のゴール
・本人のゴールを実現するためのショートステップ
・提案する資源の活用（アイデア）と根拠　（着目したストレングス）

3．グループワーク

　個人ワークの結果をグループで共有するとともに、さらにその内容を充実させるようアイデアを出し合う。

4．全体発表（演習を通じての気づき・発見を中心に）・まとめ

2 サービス等利用計画案の作成演習

1．ガイダンス・ミニ講義

演習1 第2節§1

講師向け
　本人及び環境のストレングスを活かした、数多くのアイデアが出されるようなファシリテーションをしましょう。
　また、サービス等利用計画案作成演習のため、障害福祉サービスをひとつ以上導入する計画を立案するように促してください。

*3　**3**模擬サービス担当者会議の際に配布されます。

*4　演習1第1節§2で記入したものを用います。

　　　演習の流れの確認、サービス等利用計画案の作成について、導入講義を行う。

２．個人ワーク

　　　記入済みのワークシート2、ワークシート3、ワークシート4に基づいた、サービス等利用計画案を作成する（作成のポイントについては**参考資料4-1**参照）。

３．グループワーク

⑴　個人ワークの結果をグループで共有する。

⑵　グループメンバーで、再度「サービス等利用計画案」を作成する。

４．全体発表（演習を通じての気づき・発見を中心に）・まとめ

❸ 模擬サービス担当者会議

１．講義

　　　サービス担当者会議の意義・役割、その後の支援の流れ等についてのミニ講義を行う。

＜講義のポイント＞

> １．チーム支援の必要性
> ２．情報・目的の共有と役割分担の重要性
> ３．サービス担当者会議運営の基本

２．模擬サービス担当者会議の視聴

　　　計画開始時の模擬サービス担当者会議を視聴する（モデル映像の実写または実演）。

4. まとめ

　　本節では、「目標の設定と計画作成」というテーマで、主にサービス等利用計画の作成について体験的に理解を深めていただいた。

　　本節で述べたポイントをすべて網羅したサービス等利用計画を初期段階から作成するのは容易でないが、目指すべきところととらえてほしい。実践においては、サービス等利用計画の変更・更新を繰り返す過程でこれらを確認していくことが重要である。

　　そして、表4-3に掲げる視点に留意して計画の主人公である本人自身がワクワクし、元気になるような、家族・地域・私たち支援者も、本人を応援したくなるようなプランニングに務めてほしい。

表 4-3　手立てを考える（プランニングする）際の視点

---

1. 前提となるゴール設定（意思決定）は本人が行うもの。
2. 手立てを選択する際には根拠が必要であり、その最大の焦点はストレングスの活用。
3. 地域のあらゆるものを資源ととらえる。
・柔軟にフォーマルサービスに限らず考える。
・地域のさまざまな資源にアクセスできるようにする。
4. 資源開発：地域（の住民）に共通する課題の解決策を編み出す[＊5]。
5. 障害福祉サービスを利用する際には、サービス等利用計画が必要となる（障害者総合支援法・児童福祉法の支給決定プロセスに基づく業務）。
6. サービス等利用計画にも第 1 節、本節 §2 や上記 1. ～ 4. の視点は重要な前提条件となる。

＊5　資源開発・地域づくり、制度・政策改革等の詳細については、相談支援従事者現任研修及び主任相談支援専門員研修等において取り扱います。

　「§2　評価」「§3　終結」では、計画に基づく支援により、本人の生活がどのように変化し本人の希望に近づいていくのか、本人の運転する本人の車に添乗・伴走する形での支援・プロセスを学ぶこととなる。

参考資料 4-1　サービス等利用計画案作成のポイント

| ①　サービス等利用計画全般 |

・本人や家族にわかりやすく
・支給決定の勘案である
・個別支援計画の基礎情報
・サービス等担当者会議
・相談支援専門員の専門性

| ②　利用者及びその家族の生活に対する意向（希望する生活） |

・本人（本人の言葉や表現方法で）や家族の希望の言語化（100字程度で要約する）
・本人が希望する生活の全体像
・本人の言葉や表現方法
・本人の意向と家族の意向を整理（「わかる」の語源は「分ける」。本人中心のマネジメントに引き寄せる）
・抽象的な表現ではなく、具体的な記述
・具体的な生活イメージを共有

| ③　総合的な援助の方針 |

・アセスメントにより抽出された課題を踏まえ、希望する生活を相談支援専門員の立場からとらえ直したもの（支援の言語化）
・支援の方向性や目標をチームで共有
・本人や家族の持つ強みを増やしていく、強めていく視点
・個別支援計画作成の際の参考

| ④　長期目標〔将来の希望〕 |

・短期目標の積み上げ
・努力目標ではなく、具体的に達成可能な目標
・本人の意向と家族の意向（支援者の意向や支援目標ではない）
・半年から1年後程度をめやすに
・個別支援計画作成の際の参考

| ⑤　短期目標〔ショートステップ〕 |

・長期目標を達成するための段階的な目標〔そのためには〜〕
・具体的で実現可能な目標
・本人の意向と家族の意向（支援者の意向や支援目標ではない）
・個別支援計画作成の際の参考
・直近から3か月程度をめやすに

| ⑥　優先順位 |

・緊急性、動機づけ、効果、課題等

| ⑦　解決すべき課題（本人のニーズ） |

・②〜⑤と連動
・本人の言葉や表現で
・サービスの必要性のないニーズも網羅
・環境や状況へのアセスメントから生じた課題
・利用するサービスの種類を記述する項目ではない

⑧ 支援目標

・本人のニーズを相談支援専門員の立場でとらえ直したもの
・短期目標からさらに細分化した具体的な内容

⑨ 達成時期

・段階的に達成できる時期

⑩ 福祉サービス等

・サービス内容の表記だけでなくポイントを明記
・インフォーマルサービス
・本人や環境のストレングスを活かす内容
・サービスの導入時期のずれ
・中立性、公平性
・世の中の全てが社会資源

⑪ 課題解決のための利用者の役割

・本人・家族の取り組むべき事柄
・本人・家族にわかるように専門用語は避ける
・本人・家族に無理のない内容に

⑫ 評価時期（モニタリング）

・適切な評価時期の設定
・サービスの導入後の変化についての見通し
・サービスが効果的に機能しているかの確認
・環境や状況へのアセスメントから生じた課題
・サービスの量や本人の負荷、環境の変化

⑬ その他の留意事項

・項目に記載しきれない具体的な取り組み
・関係機関の役割分担やサービス提供の留意事項
・利用者が将来的に希望している、考えていることなど

出典：日本相談支援専門員協会「平成23年度厚生労働省障害者総合福祉推進事業―サービス
　　　等利用計画の実態と今後のあり方に関する研究事業―報告書」『サービス等利用計画作成
　　　サポートブック』20～23頁、平成25年5月（改訂第2版）を参考に作成

演習
1

第
2
節
§
1

§2　評価

講師：市村　綾子

1. 講義編の振り返り（導入講義 1）

＊1　相談支援の目的の
ポイントは講義1－1
の学習のポイント
（20頁）を、基本的視
点のポイントは演習1
第1節§1の1. に掲載
の表4-1（203頁）を参
照してください。

　演習に入る前に、講義編の内容をあらかじめ確認しておく。相談支援の目的や相談支援の基本的視点 [*1] はケアマネジメント手法においても変わらない。演習においても原則として立ち戻ることのできる価値観・倫理、視点である。何度も何度も、そのつど復習していこう。

　講義2－1「相談支援におけるケアマネジメントの手法とプロセス」にて、相談支援専門員がどのような視点で相談支援を展開しているのかについて学んだ。本人主体のケアマネジメントプロセスの一連の流れのなかで、ここでは、モニタリング（継続サービス利用支援）についてふれていく。

　モニタリングを繰り返し行う過程で、相談者の新たなニーズや変化に気づけることが重要である。また、モニタリングは再アセスメントの機会でもあり、本人や周辺環境等の生活状況に変化が生じていることも想定しながら、本人や支援チームから得る情報を整理・分析することの重要性を理解してほしい（講義2－1第1節の2.（4）の「①　モニタリング」（93頁）を参照）。

　モニタリングを行う場面として、相談者本人の自宅を訪問したり、行政機関や事業所等でサービス担当者会議を行ったりするが、サービス等利用計画と事業所が作成する個別支援計画がともに連動しているのを確認することが不可欠である。

　サービス担当者会議で得た情報を整理し、モニタリング報告書（継続サービス利用支援）に記載していくわけだが、その際の留意点についてもしっかり理解していってほしい。

2. 演習で展開するポイント（導入講義 2）

　本節§1では、相談者の意向とニーズを踏まえた目標設定と目標を実現するためのサービス等利用計画の作成を体験してもらったが、ここからはケアマネジメントプロセスにおけるモニタリング（評価）の演習となる。この演習は、プランニングされたサービス等利用計画に沿って実際に支援

図4-4 ケアマネジメントプロセスにおけるモニタリング

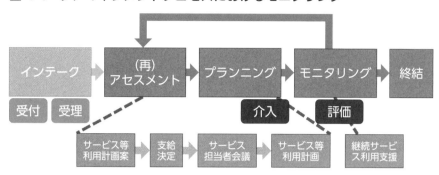

が行われ、具体的に相談者の目標がどこまで達成されているのか、新たな
課題や目標が生まれていないかを確認する部分である。

　基本的にモニタリングは本人・家族が暮らす家または生活の場を訪問し
て行うことを原則とするが、支援方針や情報共有を行う方法として、ここ
ではチーム全体で評価するサービス担当者会議の有用性を体験的にとらえ
ていくような演習になっている。

＜演習のポイント＞

1. モニタリングの目的と視点を理解する。
2. サービス担当者会議を活用したモニタリングの方法を体験する。
3. モニタリングにおけるサービス担当者会議（ケア会議）の重要性
　 を理解する。

3. 演習の流れと進め方

■ 用意する資料
　サービス等利用計画作成例（巻末資料8：314頁）[*2]
　モニタリングの整理票（配布資料3：232頁）
■ 用意する書式
　ロールプレイの振り返り票（書式6：299頁）

*2 グループで作成し
　 たサービス等利用計画
　 で実施する場合もあり
　 ます。

1 ロールプレイの準備

1. ロールプレイの概説

　グランドルール（210頁参照）・演習の流れの確認及び、モニタリン
グにおけるサービス担当者会議のロールプレイについて簡単な概説を行

う。

【設定場面】

　サービス等利用計画を開始し、1か月経過した想定。チーム支援の必要性があり相談支援専門員がサービス担当者会議を開いた等の設定。

＜ロールプレイのポイント＞

　1．本人にとってわかりやすい会議内容になるように努める。難しい専門用語は使わないようにする。
　2．サービス等利用計画の進捗状況を確認し、新たなニーズや課題がないか確認する。
　3．多職種連携によるサービス提供の効果を体感する。
　4．本人がエンパワメントされるように、本人中心の会議を貫く。

2．配役決め・役付け

　　ロールプレイの配役決めと役付けを行う（モデル事例を参考）。

2 ロールプレイ

　サービス担当者会議のロールプレイを行う。その際、本人が安心できる会議設定に心がけ、座る位置などを工夫する。

・自己紹介→会議目的の確認→本人の感想→意見交換→課題の確認（本人や環境の変化・計画の見直し等確認する）→今後の役割の確認→次回開催日を決める

3 グループワーク

　ロールプレイの振り返り票を参考にしながら、サービス担当者会議のロールプレイを振り返り、感想の共有と気づきの視点を中心にした自由な意見交換を行う。観察者よりコメントをもらう。

4 まとめ

　演習の振り返りを行う。

・サービス担当者会議を活用したモニタリングの手法を体験し、モニタリング報告書（継続サービス利用支援）につなげていく。
・本人中心・本人主体の場を貫くことでエンパワメントにつなげる。
・新たな気づきや課題を確認することで、再アセスメントの視点や終結にもつなげる。

4. まとめ

相談者と相談支援専門員が協働でつくり上げたサービス等利用計画をもとに、繰り返し繰り返し（一定期間ごとに）評価を行うことで、相談者の少しの変化にも気づくことができる。相談者の声をしっかりと聴きながら、チームアプローチによって支援目標が達成されているかなどの評価を行う重要性についてはこれまでも述べてきたとおりである。評価（モニタリング）の頻度については、その時の状況を踏まえ相談者一人ずつ違うことを理解してほしい。

相談支援専門員が作成するサービス等利用計画と、事業所のサービス管理責任者が作成する個別支援計画等がともに連動することが不可欠であるのはもちろんのこと、よりその人らしい生き方に寄り添って行く伴走の過程こそ相談支援の最たる目的であることを理解しよう。

生活者としての視点に基づき、日常生活のなかで生き生きと生活していく相談者がケアマネジメントの効果を実感しエンパワメントされていくことを忘れないようにしてほしい。

以下にモニタリングの留意点について整理する。

＜モニタリングの留意点＞

1. 再アセスメント・評価の視点
   ・状況確認（情報更新）…見立て直しができる
   ・アセスメントの更新、深化
2. 変更は前提
   ・経験等により本人は変わる
3. チームによる評価
   ・多様な視点（多角的・総合的）をもつ
   ・連携の一助（情報と方向性の共有）
   ・サービス担当者会議等を活用する

§3では、ケアマネジメントプロセスの一連の流れのなかで終結となるタイミング等を演習のなかで考えていくこととなる。

演習
1

第
2
節
§
2

配布資料3

モニタリングの整理票

①これまで（前回まで）と比べてどのような変化があったか（本人・環境）。

・体験談を聞いたり、見学や体験利用を行った。
　→本人に具体的な一人暮らしのイメージがわいてきた。
　→支援を受ける必要もあるが、一人暮らしに向けた意欲と自信が生まれた。
　→家族がその姿を見て、本人には一人暮らしができるかもしれないという気持ちになってきた。
・お金のやりくりを自分で試してみることとし、その使途を可視化した。
　→まとまったお金の管理や1万円を超えるお金の計算には継続的な支援が必要と本人も周囲も実感した。
　→周囲を喜ばせようと買い物をする姿がみられた（高価な菓子など）。
　→Suicaは入金のルールを決める、履歴印字をして可視化するなどで問題なく使えている。

②本人のゴールは達成されているか。ゴールに向かって進んでいるか。

・まだ準備期間は必要であるが、ゴールに向けた具体的なショートステップの切り方がわかってきた（本人・家族・支援者）。

③本人の満足度はどうか。

・自信もついてきたが、新しいことを短期間にいろいろと経験し、負担感も感じている様子である。

④本人の想いやゴール設定に変化はあるか。

・特に変化はなく、目標がより具体化されてきている様子である。

⑤アセスメントを大きく整理しなおしたり、計画を修正する必要はあるか。

・グループホームの体験利用をしてみたが、最初から一人暮らしに向けて準備に入っても十分可能そうである。

⑥サービス等利用計画のモニタリング頻度は適切か。

・大きく生活に変化をもたらそうとしている時期であり、当面は毎月モニタリングが必要である。

※　上記の視点をもとに、より具体的に記入する。

講師向け
　本票は、平成30年度障害者総合福祉推進事業「相談支援従事者研修ガイドラインの作成及び普及事業」のモデル研修で配布されたものです。実際の研修では、演習1の配布資料1・2と同じく地域の実例を用いるとよいでしょう。

§3 終結

講師：市村　綾子

1. 講義編の振り返り（導入講義 1）

　繰り返しとなるが、演習に入る前に、講義編の内容をあらためて確認しておく。相談支援の目的や相談支援の基本的視点はケアマネジメント手法においても変わらない[*1]。演習においても、原則として立ち戻ることのできる価値観・倫理、視点である。何度も何度も、そのつど復習していこう。

　講義2−1「相談支援におけるケアマネジメントの手法とプロセス」にて、相談支援専門員がどのような視点で相談支援を展開しているのかについて学んだ。本人主体のケアマネジメントプロセスの一連の流れのなかで、ここでは終結のタイミングを学んでいくことになる。

　講義編の事例では相談者が自分の生活のあり方を自分で判断し、コントロールできていたが、それはセルフマネジメントを行っているということである。相談支援の目的、基本的視点の価値を実践の根拠として据える相談支援専門員として、すべての支援対象者について目指すべきところである（講義2−1の2.（4）の「②　ケアマネジメントにおける終結」（96頁）を参照）。

　ケアマネジメントにおける終結にはいくつか考えられるが、計画相談支援が終結した後も本人が希望すれば相談支援の再開が可能であることを相談者に伝えておくことも重要である。

　インテーク・アセスメント・プランニング・モニタリングというケアマネジメントプロセスごとの実践を丁寧に行うことで、相談者の生活全般や関係性も広がり、フォーマルサービス以外にも地域生活に欠かせないインフォーマル資源を含めた支援ネットワークが拡充していくことに気づきを得たい。

*1　相談支援の目的のポイントは講義1−1の学習のポイント（20頁）を、基本的視点のポイントは演習1第1節§1の1.に掲載の表4-1（203頁）を参照してください。

2. 演習で展開するポイント（導入講義 2）

　本節§2では、相談支援専門員の業務のなかで最も頻度が高いモニタリング業務を行う際のサービス担当者会議の活用方法を、チームアプローチの重要性も含め体験的に学んだ。ここからの流れはケアマネジメントプロ

セスのなかで最終の部分になる。サービス等利用計画に基づきモニタリングを繰り返し行うなかで、障害福祉サービスが終了しても地域のインフォーマル資源を活用し、生き生きと生活していけることの重要性を学ぶ。相談支援専門員は、サービスをずっと使い続ける支援ではなく、むしろ終結を目指してかかわる専門性をもっていてほしい。

　終結する際は途切れない相談支援が重要であり、計画相談支援事業所がサービスを終了するときにどこに引き継ぎをすればよいかも講義事例を通じて修得してもらいたい。

＜演習のポイント＞

> 1．モニタリングの結果、支援が終結に至ることの意義を理解する。
> 2．ケアマネジメントの基本に基づいた終結を体験する。
> 3．計画相談支援事業所が地域のどこに引き継ぎができるかを理解する。

3．演習の流れと進め方

　これまでの演習で検討を行ってきたモデル事例をもとに終結のタイミングを考える。

１ 個人ワーク

　どの時点が終結のタイミングか個人で考える。

２ グループワーク

　個人ワークの結果をグループで共有し、あらためてケアマネジメントにおける終結について考える。

＜終結のタイミング＞

> 1．プランに設定した目標が達成され、目標を更新する必要がなくなった（ニーズの充足）。
> 2．支援対象者である本人が希望しなくなった。
> 3．支援機関としての役割を終えた（転居、死亡等）。

3 全体共有とまとめ

1．グループワークの結果を全体で共有し、本演習のまとめを行う。一連のケアマネジメントの流れにおいては完全な終結とはなりづらいことを理解する。

2．研修のまとめと次回研修内容（実習1－1及び実習2の課題）の説明を行う。

　実習1－1の概要については実習ガイダンス「実習1－1　相談支援（ケアマネジメント）の基礎技術に関する実習1」（261頁）を参照。実習2の概要については、実習ガイダンス「実習2　地域資源に関する情報収集」（268頁）を参照。

＜全体共有のポイント＞

・合議による終結の判断を考える。
・終結してもいつでも再開できることの必要性について認識する。

4．まとめ

　最後に終結におけるポイントをおさえ直そう。

　ケアマネジメントプロセスは本人との信頼関係の構築から、本人の思いを実現するためのアセスメント、本人主体・本人中心のサービス等利用計画作成、と進んでいく。チームアプローチによるサービス担当者会議の手法を取り入れ、サービス等利用計画の進捗情報をモニタリングした結果、障害福祉サービスの利用が終結となるタイミングがあることを理解していってほしい。そのタイミングは人によって異なる。

　また、相談者を支援する際、サービスを開始する当初より終結があることを意識しよう。相談支援を行うなかで相談者がエンパワメントされ、サービスを使わなくても地域の社会資源としてインフォーマルな資源を活用し、自分のありたい姿・生き方に近づくことで生き生きと生活していけることを目指していく必要がある。そのためには、支援者も地域の資源を知っておくべきである。

　終結のタイミングについては、支援者が一方的に終結の判断をせず相談者としっかり合議して決めていくことが重要となる。計画相談支援事業所の場合、障害福祉サービスが終了した場合に自身の機関から引き継げるところとして、委託相談支援事業所や基幹相談支援事業所などの機関を知っておく必要がある。

演習
1

第
2
節
§
3

以下に終結の留意点について整理する。

＜終結の留意点＞

1. 合議による終結を行う。
2. 役割を終えても希望されれば再開可能である。
3. 途切れない相談支援のために引き継げる資源を知っておく必要がある。

　演習1ではモデル事例を通じて、相談支援におけるケアマネジメントの手法とプロセスについて学んできた。

　演習2-1以降では自身が支援している相談者のサービス等利用計画を作成し、グループで振り返りを行うこととなる。

　計画作成に当たっては、地域のあらゆる資源の活用を視野に入れ、相談者が暮らす地域の資源として何があるか、またはどんな資源を利用できるか地域診断も併せて行ってほしい。

演習 2-1

実践研究 1

実践例の共有と相互評価1（スーパービジョンの体験）

> **科目のねらい**
>
> ☐ 自ら実施したアセスメントやプランニング等について、その根拠を踏まえてわかりやすく説明で
> きる技術を修得する。
>
> ☐ 他者からの多角的な意見により視点が広がり、アセスメントが深まることを理解する。

> **学習のポイント**
>
> ☐ 相談支援の目的に立脚した実地でのケアマネジメントプロセスごとの実践
>
> ☐ 相談支援（ケアマネジメント）の基本的な視点に立脚した実地でのケアマネジメントプロセスご
> との実践
>
> ☐ 実地でのケアマネジメントプロセスごとの留意点を踏まえた実践（Ⅰ　関係性の構築　／Ⅱ　イ
> ンテーク・アセスメント）
>
> ☐ グループ討議への主体的・積極的な参加
>
> ☐ チームでの支援の重要性と効果の理解とグループ討議の基礎的技術に基づいた実践

講師：小川　陽

1．講義編の振り返り（導入講義1）

　演習に入る前に講義編の内容を振り返っておく。講義1-1「相談支援
（障害児者支援）の目的」、また、講義2-1「相談支援におけるケアマネジ
メントの手法とプロセス」にて相談支援の目的、基本的視点、ケアマネジ
メントプロセスについて学んだ[*1]。

　個別の相談においては、本人が自ら希望するその人らしい生活の実現に
向け、ニーズに基づく生活支援の提供、社会参加促進、さらに自己決定
（意思決定）支援、権利擁護実践が具体的な中身となる。また、個別相談と
同時並行的に、生活者である本人が暮らし、活動する地域や環境との相互
作用や影響を踏まえた地域へのはたらきかけ（地域づくり）を行うことも
重要であり、ケアマネジメントがこれらの目的を達成するための手法（イ

*1　相談支援の目的の
ポイントは講義1-1
の学習のポイント
（20頁）を、基本的視
点のポイントは演習1
第1節§1の1. に掲載
の表4-1（203頁）を参
照してください。

ンテーク・アセスメント・プランニング／介入・モニタリング／評価・終結といった一連のプロセス）であることを確認しよう。そのうえで、本演習においては実践事例を活用しながら学習を深めていく。

2. 演習で展開するポイント（導入講義 2）

図 4-5　ケアマネジメントプロセス

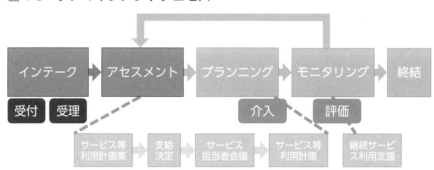

　本演習では、インテークからアセスメント・ニーズ整理までの部分に焦点化する。この過程は、初期相談として支援対象者との関係性を構築し、相談面接等から得た主訴や情報を社会生活ニーズへと整理し、明らかにする重要な局面である。

　アセスメントの視点やニーズ整理の方法について単元を区切りながら確認を行い、理解を深める。また支援実践においては意思表出の弱い人等、本人の希望等を見出しにくい人もおり、チームアプローチを展開しながら本人ニーズを推測していくことが必要になる。相談員だけでなく、関係者や機関と連携しながら本人の生活を支えていく、という重要性と方法についても理解を深める。

　また、本演習は構造化されたグループ討議の方法で行う。ステップ（手順）と役割（事例提供者・グループメンバー）がリンクして構造化されていることを確認しよう。

<演習のポイント>

1. アセスメントの意味とその視点を理解する。
2. 情報の収集と整理の視点を体験する。
3. チームアプローチの重要性とその方法について体験する。

講師向け
　構造化されたグループ討議の具体的な展開方法については、参考資料4-2（242頁）に一例をまとめました。実際の研修進行にあたって、参加人数等、実情に合わせた工夫を行ってください。

3. 演習の流れと進め方

> ■ 用意する書式
> ワークシート3（ニーズ整理票）（書式3 [*2]）
> 実践例の概要（書式7 [*2]）
> 一次アセスメント票（書式8 [*2]）
> グループ討議（スーパービジョンの体験）記録票／演習振り返り票（書式9：305頁）

講師向け

　本演習では、特にアセスメントに焦点を当てて、グループ討議により検討を行うことを再確認してください。また、身近にグループスーパービジョンを実践している地域があれば紹介してください。

*2 　実習1-1で記入したものを用います。

1 グループにおける導入

　演習のポイントと進行方向の説明を受け、グループでの役割分担と発表の順番を決める。

2 報告セッション

　報告者は主にワークシート3（ニーズ整理票）を用いて、単なるシートの読み上げとならないよう端的に報告する。報告は7分間で行う（時計・タイマー等で正確に測る）。

＜報告のポイント＞

> 1．本人像の要約（状況を簡潔に）　←100字要約
> 2．本人とのかかわり（経緯）
> 3．本人の（と）定めたゴール
> 4．本人のゴール達成に向けての課題・スモールステップ
> 5．本人のストレングス
> 6．実践例の選定理由（自らの課題意識）

3 質問セッション

　報告に対し、これまでの講義や演習1で提示された視点に沿って質問を行い、ケアマネジメントプロセスごとのチェックポイントの確認をする。一問一答を基本とし、報告者はわからないことはわからないと回答する。

＜質問のポイント＞

> 1．関係性の構築
> ・エンゲージメント（強い信頼関係）ができているか。

・共感的理解、生活の視点による本人理解ができているか。
・本人にとってよい環境や方法で面接等ができているか。
　2．インテーク・アセスメント
・適切な受理判断や支援方法の選択をしているか（ケアマネジメントの対象者か、緊急性の判断は適切か）。
・本人の思いは聞けているか、主訴や課題感は本人のものになっているか。
・本人の意思や目標・希望が明確になる（焦点化される）支援ができているか。
・本人の意思形成や伝達、選択に困難がある場合の支援ができているか。
・本人の目標・希望の実現に向け、必要な情報が収集できているか。
・さまざまな情報源からの多角的な情報収集（共有）ができているか。
・障害や疾病、問題・課題よりも、本人のストレングスに着目できているか。

4 ブレインストーミング（バズセッション）

　質問とそれに対する回答をブレインストーミング（複数人でアイデアを出し合うこと）を行う。この時、事例報告者はグループ討議（スーパービジョンの体験）記録票／演習振り返り票の上段左側の記録者の項を下を向いて記載する（反応をしない）。

＜ブレインストーミングのポイント＞

・水平の立場で発言。他人の批判をしない。
・積極的に発言する。
・端的にテンポよく発言する。
・事例報告者のほうを向かずに発言する。
・より具体的・創造的な発言が望ましい。

5 応答セッション

　報告者は出された本人像やアイデア、解釈や意見に対し、応答する。その際、次回に向け、どのようなかかわりをするかを具体的に表明する。

2 ～5の流れを人数分行う。

6 まとめ・リフレクション

　演習のポイントやグループ討議の方法を再確認する。グループスーパービジョンは繰り返しの実践が重要であることを確認する。

1．個人で振り返りを行う

　　グループ討議（スーパービジョンの体験）記録票／演習振り返り票の上段右の欄ならびに下段（左の欄)を記入する（下段右の欄の「結果」については実践結果となる)。

2．研修のまとめと次回研修内容 (実習1－2の課題) の説明を行う

　　実習1－2の概要については実習ガイダンス「実習1－2　相談支援（ケアマネジメント）の基礎技術に関する実習2」(266頁) を参照。

4.　まとめ

　本人が自ら希望するその人らしい生活の実現に向け、インテークからアセスメント・ニーズ整理までの部分が、その後のプランニングに大きく影響する。

　本人との関係構築の過程であることを意識し、相談支援の目的や基本的な視点を踏まえつつ、本人像を多角的にとらえるために多様な手段や情報源を活用した丁寧なアセスメント・ニーズ整理が重要である。その一つの手法である構造化されたグループ討議で体験したように、他者の視点や意見から得られる気づきや学びは個別の相談支援の質的向上に寄与するだけでなく、相談員相互の支え合いへとつながっていく。本演習を踏まえ、積極的にインターバルで行う取り組みを実践してほしい。

演習
2
－
1

参考資料 4-2　構造化されたグループ討議の方法

	ステップ	事例報告者	グループメンバー (事例提供者以外の参加者全員)
		全体を通して、よい雰囲気づくりにつとめる。	
1	準備 配布	・グループ人数分配布資料を用意し、配布。	
2	報告セッション 報告　7分 読み込み　3分	・主にニーズ整理票を用いて報告する。 ・単なるシートの読み上げとならないよう、端的に説明する(「簡素なスケッチ」)。 ・報告内容は6点	・報告の間は発言しない(黙って聴く)。
3	質問セッション 質問　10分	・グループメンバーからの質問に端的にテンポよく答える(原則一問一答)。 ・質問された内容以上の回答や説明は控える。 ・わからないことはわからないと答えてよい(推測による回答は避ける)。	・実践例の要点、判断理由などの欲しい追加情報や不明点等について、簡潔に質問する(原則一問一答)。 ・提出意図に焦点を当て、自分なりの本人像の組み立てのために(意図・根拠をもって)質問。 ・ただし、質問の根拠は省略し、求めたい内容のみ質問する。 ・これまでの講義や演習1で提示された視点に沿って質問する。
4	ブレインストーミング 〈バズセッション〉 本人像の共有　5分 討議	・このセッションでは発言・反応しない。 ・黙って聴き、出された発言(本人像・アイデア等)を記録票に記録する。	・水平の立場で発言。他人の批判をしない。 ・積極的に発言する。自分の発言が少ないと感じたら、思ったことを口にしてみるとよい。 ・端的にテンポよく発言する。 ・事例報告者のほうを向かずに発言する。 ・より具体的・創造的な発言がよい。 ほかの人のよい着眼点やアイデアをさらに展開させたり、今まで提示されていない視点・ストレングスに転換してみることも効果的。
5	応答 今後の取り組み 講師コメント含む 5分	・出された本人像やアイデア、解釈や意見に対し、応答する。 ・次回の課題に向け、次いつ会うか、どのようなかかわりをしてみようと思うか具体的に表明する。	気づきはありましたか?

出典:「相談支援従事者研修ガイドラインの作成及び普及事業(平成30年度障害者総合福祉推進事業)」初任者モデル研修資料(5〜7日目)、8頁、2019. を一部改変

演習 2-2

実践研究 2

実践例の共有と相互評価 2（ケースレビューの体験）

科目のねらい

☐ 自ら再実施したアセスメントやプランニング等について、その根拠を踏まえてわかりやすく説明
できる技術を修得する。

☐ 他者からの多角的な意見により視点が広がり、アセスメントが深まることを理解する。

学習のポイント

☐ 相談支援の目的に立脚した実地でのケアマネジメントプロセスごとの実践

☐ 相談支援（ケアマネジメント）の基本的な視点に立脚した実地でのケアマネジメントプロセスご
との実践

☐ 実地でのケアマネジメントプロセスごとの留意点を踏まえた実践（Ⅲ プランニング、モニタリ
ング）

☐ グループ討議への主体的・積極的な参加

☐ チームでの支援の重要性と効果の理解とグループ討議の基礎的技術に基づいた実践

講師：小川 陽

演習 2-2

1. 講義編の振り返り（導入講義 1）

　演習に入る前に講義編の内容を振り返っておく。講義1－1「相談支援
（障害児者支援）の目的」、また、講義2－1「相談支援におけるケアマネジ
メントの手法とプロセス」にて相談支援の目的、基本的視点、ケアマネジ
メントプロセスについて学んだ[*1]。

　ケアマネジメント実践において重要な点は、①個別性を重視した援助、
②利用者のニーズが中心になる考え（利用者中心）、③生活者として障害
者をとらえる考え（QOL（生活の質）の重視）、④利用者自身が問題解決能
力をつけていく考え（エンパワメント）、⑤意思決定を中心に据えた自立
の考え、⑥利用者の権利擁護の視点であり、特に④⑤⑥の3点が重要であ
ることを再確認する。

*1 相談支援の目的の
ポイントは講義1－1
の学習のポイント
（20頁）を、基本的視
点のポイントは演習1
第1節§1の1.に掲載
の表4-1（203頁）を参
照してください。

　また、意思決定と選択権が最大限尊重されていることを自立としてとらえると、自立生活とは利用者の意思決定に基づいた生活の主体的な営みとして考えられ、それをさまざまな側面に応じて支援していくことを自立生活支援ということができる。このことを相談支援の基本的な理念の一つとして考え、実践できるように学びを深めていく。

2. 演習で展開するポイント（導入講義2）

図4-6　ケアマネジメントプロセス

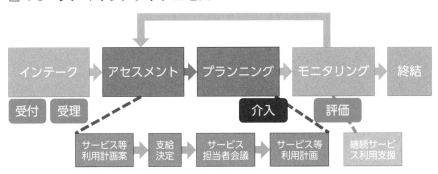

　本演習は、アセスメント・ニーズ整理からプランニングまでの流れに沿って実施する。いわゆる「見立て」「思考の整理」「手立て（プランニング）」というプロセスを踏まえ、プランニングに重要な視点の確認を、演習2-1同様に構造化されたグループ討議の方法（参考資料4-2（242頁）参照）を用いて行う。

　また、プランニングの根拠を踏まえてわかりやすく説明できる技術を修得することもポイントとする。これらの学習が実践場面における「サービス担当者会議」等において重要な技術であることを確認する。

＜演習のポイント＞

1. プランニングの意味とその視点を理解する。
2. チームアプローチの重要性とその方法について体験する。
3. 根拠の明確化とわかりやすく説明することの重要性を理解する。

3. 演習の流れと進め方

■ 用意する書式
実践例の概要（書式7 [*2]）
一次アセスメント票（書式8 [*2]）
ワークシート3（ニーズ整理票）（書式3 [*2]）
サービス等利用計画・障害児支援利用計画案（書式5-1 〜 5-4 [*3]）
グループ討議（ケースレビューの体験）記録票／演習振り返り票（書式11：307頁）
記録・振り返りシート（書式10：306頁）[*3]

 グループにおける導入

演習のポイントと進行方向の説明を受け、グループでの役割分担と発表の順番を決める。

⬇

 報告セッション

報告者は主に記録・振り返りシートとサービス等利用計画・障害児支援利用計画案を用いて、単なるシートの読み上げとならないよう端的に報告する。報告は7分間で行う（時計・タイマー等で正確に測る）。

＜報告のポイント＞

1. 再アセスメントの結果、変化したところとその要因
2. サービス等利用計画案作成の際、留意した視点
   ・社会資源やチームメンバーの選定意図や留意した点
   ・基本的視点と照らし合わせ留意した点
3. 再アセスメント、プラン作成にあたり、困難・疑問を感じた点

⬇

質問セッション

報告に対し、これまでの講義や演習1第2節で提示された視点に沿って質問を行い、ケアマネジメントプロセスごとのチェックポイントの確認をする。一問一答を基本とし、報告者はわからないことはわからないと回答する。

＜質問のポイント＞

1. プランニング

講師向け

本演習では、演習2−1からの連続性について受講者が意識できるように促してください。また、身近にグループスーパービジョンを実践している地域があれば紹介してください。

*2 実習1−2で見直したものを用います。

*3 実習1−2で記入したものを用います。

演習
2
|
2

・本人が決定し、共有されているゴールに向けてのプランであるか（本人が前向きになれるプランであるか）。

・その実現に必要な地域の社会資源が柔軟にとらえられているか。

・その実現に必要な人材がチームに参画しているか、役割分担がなされているか。

・本人にとってわかりやすい言葉で書かれているか。

・本人が前向きになれるプランか／なれる言葉で書かれているか。

・達成できる可能性の高いプランであるか（スモールステップが刻まれているか）。

・時宜にかなったプランになっているか。

・達成したかどうかがわかるプランになっているか。

・アセスメント結果を活かし、矛盾のないプランであるか。

・プランの実現や本人への支援に必要なモニタリング期間を設定できているか。

・関係者も含めた複数の視点からのモニタリングができているか。

・必要に応じ、サービス担当者会議を開催できているか。

2. 多職種連携・チームアプローチの視点

・必要な人材をチームにしているか／役割分担ができているか。

・会議の目的と議題を明確にして会議を運営できているか。

・本人が参加した会議を開催しているか。

・必要な参加者を会議に招集しているか。

・全員が主体的に参加できる会議運営をしているか。

・決定事項を共有し、役割分担する会議運営ができているか。

・次の開催を決めて終了しているか。

3. 地域への視点

・地域課題が意識できるよう、基幹相談支援センターと連携したり、スーパービジョンや地域の合議の場に参加しているか。

・一人や自分の事業所では本人と定めたゴールが達成できない場合、そのままにせず地域の協議の場に課題を提出しているか。

・実践例のクライエント本人だけでなく、複数の利用者に共通する課題がないか意識できているか。

・地域課題を抽出し、その背景（理由）を分析できているか。

・どのような資源があると、その課題は解決するか考えているか。

・その資源を生み出したり、アクセスできるようにするためにはどのようにしたらよいか考えているか。

4 ブレインストーミング（バズセッション）

　質問とそれに対する回答をブレインストーミング（複数人でアイデアを出し合うこと）を行う。この時、事例報告者はグループ討議（ケースレビューの体験）の記録票／演習振り返り票の上段左側の記録者の項を下を向いて記載する（反応をしない）。

＜ブレインストーミングのポイント＞

・水平の立場で発言。他人の批判をしない。
・積極的に発言する。
・端的にテンポよく発言する。
・事例報告者のほうを向かずに発言する。
・より具体的・創造的な発言が望ましい。

5 応答セッション

　報告者は出された本人像やアイデア、解釈や意見に対し、応答する。その際、次回に向け、どのようなかかわりをするか具体的に表明する。

2 ～5の流れを人数分行う。

6 まとめ・リフレクション

　演習のポイントやグループ討議の方法を再確認する。グループスーパービジョンは繰り返しの実践が重要であることを確認する。

　その後、個人で振り返りを行い、グループ討議（ケースレビューの体験）の記録票／演習振り返り票の上段右の欄ならびに下段を記入する。

4. まとめ

　本人が自ら希望するその人らしい生活の実現に向け、本人との関係性を構築しながら、個別性の高い生活ニーズに基盤をおいたニーズ把握を行うことが重要である。

　次に把握されたニーズを充足するために適切な社会資源（サービス）と結びつける取り組みへと進むが、障害者の場合は高齢者に比べて社会資源やサービスが量的に少ないことが指摘されており、適切な社会サービスが見つからない場合も想定される。公的な社会資源やサービスだけでなく、

地域にあるさまざまな資源を活用していく視点が重要になることから、地域診断の取り組みや、資源情報の共有化など、地域のネットワークを活用した実践を展開してほしい。

演習 3-1

実践研究 3-1

実践研究とサービス等利用計画作成1（グループによる再アセスメント）

科目のねらい

☐ グループによる事例研究を通じて、サービス等利用計画作成についての理解を深め、技術を修得する。

学習のポイント

☐ 相談支援の目的に立脚したケアマネジメントプロセスごとの実践

☐ 相談支援（ケアマネジメント）の基本的な視点に立脚したケアマネジメントプロセスごとの実践

☐ ケアマネジメントプロセスごとの留意点を踏まえた実践（Ⅰ　関係性の構築／　Ⅱ　インテーク・アセスメント）

☐ グループ討議への主体的・積極的な参加

☐ チームでの支援の重要性と効果の理解と、グループ討議の基礎的技術に基づいた実践

講師：山下　浩司

1. 講義編の振り返り（導入講義1）

　演習に入る前に講義の内容を振り返っておく。相談支援は、必要な公的福祉サービスの受給量の根拠を明確にするためのサービス等利用計画を作成する計画相談支援のイメージが強く感じられるが、それは相談支援事業の業務としては一部でしかないことをきちんと理解する。そのなかで、「相談支援の目的」や「相談支援の基本的な目的」について、再確認するとともに、相談支援事業におけるアセスメントとモニタリングの重要性について理解する[*1]。アセスメントでは本人との関係性を構築し、面接技術を活用しながら多様な情報（根拠）を収集していく。情報を記録し、活用できるように整理・分析し構成する相談支援における基本技術である。モニタリングは支援が計画どおりに進んでいるか、その結果、本人はどう感じているか、新たなニーズは発生していないか、支援目標は達成されつつあるのかなど、評価・確認をするという意味で重要である。

＊1　相談支援の目的のポイントは講義1－1の学習のポイント（20頁）を、基本的視点のポイントは演習1第1節§1の1.に掲載の表4-1（203頁）を参照してください。

2. 演習で展開するポイント（導入講義 2）

図 4-7　ケアマネジメントプロセス

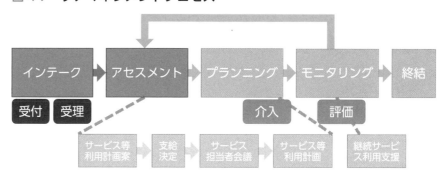

　本演習では、実習で作成した事例に対してグループによる再アセスメントを行うことで関係性の構築、インテーク及びアセスメントの重要性についての理解を深める。

　関係性の構築については、相談者の言葉と相談の内容に共感しながら、生活の視点により理解を行うことが重要である。

　本人にとってよい環境や方法での面接について、相談室だけではなく、相談者の安心できる相談の場の設定をする必要のあることもきちんと理解したい。

　また、インテーク及びアセスメントの段階では、最初から福祉サービスの説明に終始し、本人の想いの部分の聞き取りがおろそかにならないように、相談当初の段階で、何を聞き取るかに注意が必要である。

　相談に来る人は、他機関等での相談でなかなか想いの部分にふれられないまま、心が傷ついている可能性もあるので、相談員として発する言葉や、本人の態度を含めた観察を適切に行うように気をつけよう。

　その他のインテーク・アセスメントに関する留意点は下記の表を参考にしてほしい。

＜インテーク・アセスメントに関する留意点＞

・受理判断と適切な支援方法の選択
　相談を受けた段階で、適切な支援機関について判断を行う。他機関が適切と判断された場合には、スムーズに他機関の相談につながるようにする支援を心がけているか。
・本人の思いを聞き、主訴や課題を本人のものにする支援
・本人の意思形成と伝達・選択が困難な場合の支援

・必要な情報の収集

・さまざまな情報源からの多角的な情報収集と共有

・本人のストレングスに着目する視点

　本人のストレングスを大切にし、スモールステップでその実現に努める。

＜演習のポイント＞

1．利用者との関係性の構築の重要性を理解する。

2．インテーク・アセスメントの視点と方法について理解する。

3．演習の流れと進め方

■　用意する書式
　ワークシート3（ニーズ整理票）（書式3 [＊2]）
　実践例の概要（書式7 [＊2]）
　一次アセスメント票（書式8 [＊2]）

---

1 討議する実践例の選定

　討議する実践例を1例選定する。

＜選定のポイント＞

・事例の本人像を的確に把握しているか。

・事例の生活史と今の状況が的確に理解されているか。

2 概要の再説明

　事例提供者は以下に基づき、要点の再説明を行う。その際、本人のニーズを正確に整理する必要がある。単に希望を形にするだけではなく、本人の意思決定を促し、課題の整理を行う。

　また、アセスメント結果から課題の抽出まで本人の意思を尊重し、他者の意見や個人の価値観に引っ張られた課題の整理とならないようにする。

＊2　実習1−2で見直したものを用います。また、個人の手元用に未記入のものも配布します。

演習 3−1

＜実践例の説明のポイント＞

① 本人像の要約（状況を簡潔に）
② 本人とのかかわり（経緯）
③ 本人の（と）定めたゴール
④ 本人のゴール達成に向けての課題・スモールステップ
⑤ 本人のストレングス
⑥ 実践例の選定理由（自らの課題意識）

❸ 実践例の再読み込み

❷を踏まえて各人で実践例を再度読み込む。

❹ 本人像の共有ならびに論点の整理

以下の手順でグループ討議を行い、ニーズ整理をする。

1．各自のとらえた本人像の共有
2．本人の表出している希望、本人の目指すゴールの確認
3．支援のポイントと各自の考える点とその根拠の共有・討議
　　本人の希望・ゴールと現実のズレやその原因について話し合う。
4．本人像のグループでのまとめ
5．本人のニーズ、解決したい課題のグループでのまとめ
6．手立て（どのような支援が必要か）のグループでのまとめ
　グループ討議は以下の視点に基づいて行う。

1．関係性の構築
・エンゲージメント（強い信頼関係）ができているか。
・共感的理解、生活の視点による本人理解ができているか。
・本人にとってよい環境や方法で面接等ができているか。
2．インテーク・アセスメント
・支援方法の選択は適切か（ケアマネジメントの対象者か）、緊急性の判断は妥当か。
・本人の思いは聞けているか、主訴や課題感は本人のものか。
・本人の意思・目標は明確になっているか、ゴールに向けて焦点化されているか。
・上記の実現に向けて必要な情報が取れているか、さまざまな情報源からの情報を取っているか。
・上記に向けて必要な本人の能力や経験などが把握されているか。

・本人の意思決定に困難がある場合、そこへの支援が行われている
　か。
・本人の障害や疾病、問題・課題ではなく、ストレングスに着目でき
　ているか。
・本人をストレングス視点でとらえられているか。

5 演習の振り返り

4. まとめ

　本演習で行ったように、個々の実践例に基づき、ケアマネジメントプロ
セスにおけるインテーク・アセスメントの重要性を理解し実践できること
が重要である。特に、本人との信頼関係を構築し、本人の想いを実現する
ための情報を収集し整理・分析するためにも、インテーク・アセスメント
のなかで本人の理解を十分に行うプロセスは最も重要であり、その後の支
援の基礎になるものである。

演習
3
—
1

演習 3-2

実践研究 3-2

実践研究とサービス等利用計画作成 2（グループによる再プランニング）

科目のねらい

☐　グループによる事例研究を通じて、サービス等利用計画作成についての理解を深め、技術を修得する。

学習のポイント

☐　相談支援の目的に立脚したケアマネジメントプロセスごとの実践

☐　相談支援（ケアマネジメント）の基本的な視点に立脚したケアマネジメントプロセスごとの実践

☐　ケアマネジメントプロセスごとの留意点を踏まえた実践（Ⅲ　プランニング、モニタリング）

☐　地域への視点をもったマネジメントの展開

☐　グループ討議への主体的・積極的な参加

☐　チームでの支援の重要性と効果の理解と、グループ討議の基礎的技術に基づいた実践

講師：山下　浩司

1. 講義編の振り返り（導入講義 1）

　　演習に入る前に講義編の内容を振り返っておく。地域のさまざまな人と人を結び付け、相互の関係性をつくり出していくことが相談支援の大きな目的である。そのために家族支援やほかの事業所との連携、地域資源の把握やネットワークづくりが重要であり、途切れのない相談支援体制を地域につくり、育てていくことを学んできた。また、まだ存在しない社会資源は開発する必要があることも学習したと思う。

　　グループにより個々の地域の障害福祉の現状を見つめ直していく、また、ほかの地域の状況を共有化することにより地域課題を見つめ直す機会にし、グループワークのなかで見えてきた「共通の課題」が、ほかの関係者も同様に感じているかどうかを確認していくというプロセスを丁寧に踏んでいく。そのなかで、関係機関とチームとしての意識付け、チームで動く意味について、体感できるグループワークになるように配慮する。

2. 演習で展開するポイント（導入講義 2）

図 4-8　ケアマネジメントプロセス

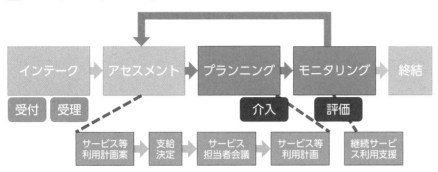

　本演習では、演習3－1で明確になったニーズへの支援の検討とプランの作成を行う。

　事例提出者の地域を想定して具体的な地域資源を入れた支援計画を検討・作成する。単なるサービス計画作成ではなく、本人の意思と同意が適切に反映され、アセスメントの課題から本人が行うことを含めた生活の支援の計画として作成を行うことが重要である。

　地域への視点をもったケアマネジメントの展開として、地域のとらえ方とコミュニティソーシャルワークの視点や日頃からの地域との関係の構築についても考える。

＜演習のポイント＞

1．本人が決定し、共有されているゴールに向けてのプランが作成できる。
2．ゴールの実践に必要な社会資源を柔軟にとらえる。
3．社会資源を活用したプランが作成できる。
4．評価可能なプランが作成できる。
5．アセスメントと矛盾のないプランを本人の同意で作成できる。

演習
3
－
2

3.　演習の流れと進め方

*1　未記入のワーク
シート（個人用（A4）
とグループワーク用
（A3））を配布します。

*2　個人用（A4)とグ
ループワーク用（A3）
を配布します。

■　用意する書式
　ワークシート4（ゴール設定）（書式4[*1]）
　サービス等利用計画・障害児支援利用計画案（書式5-1〜5-4[*1]）
　ワークシート5（書式12[*2]：308頁）

１ 演習3−1のまとめと導入

演習3−1の概要を振り返り、本日の内容を解説する。

２ 資源活用のストレッチ

１．演習1同様、柔軟に社会資源を発想できるよう、ワークシート4を用
いて柔軟な発想で資源のアイデア出しをする。

２．地域特性や社会資源の状況等を確認したうえで、１．の演習を継続す
る。

３ サービス等利用計画の作成

グループで支援方針を確認し、サービス等利用計画を作成する。その
際、具体的にどのような資源がよいかまでイメージして作成する。

４ チーム支援・他職種連携、地域づくりの視点と地域課題の検討

１．選定した実践例について、課題と考えたことを付箋に記入する（1項
目につき付箋は1枚）。

２．課題の原因がどれかに基づき、グループ用のワークシート5に付箋を
分類して貼る。

３．グループ討議を行い、課題の解決方法を付箋に記入し、ワークシート
5に貼る。

４．自分の実践例について、ワークシート5に課題を整理する。地域資源
の調査についても、ここで簡単にふれる。

５．全体共有をし、何名か自分の課題について発表する。

５ まとめ

演習3全体のまとめを行う。

4. まとめ

　本演習により、ケアマネジメントプロセスのうち、プランニングにおける基礎的実践を行えるようになることが重要である。特に社会資源を柔軟にとらえ、サービスのみを念頭においたプランにならないために、日頃から地域課題の抽出など地域づくりの視点をもてるように配慮する必要がある。特にインフォーマルなものを含めた社会資源の活用や地域づくりの重要性について意識付けを図ることが大切である。

演習
3
―
2

演習 | 4

研修全体を振り返っての意見交換、講評及び ネットワークづくり

> **科目のねらい**
>
> ☐ 研修全体の振り返りを行うことで、今後の学習課題を認識し、自己研鑽意欲を高める。
> ☐ 研修受講者間でのネットワークの構築を図る。
>
> **学習のポイント**
>
> ☐ 相談支援の目的に立脚したケアマネジメントプロセスごとの実践
> ☐ 相談支援（ケアマネジメント）の基本的な視点に立脚したケアマネジメントプロセスごとの実践
> ☐ ケアマネジメントプロセスごとの留意点を踏まえた実践
> ☐ 地域への視点をもったマネジメントの展開
> ☐ グループ討議への主体的・積極的な参加

講師：長谷川　さとみ

1．研修の振り返り（導入講義）

　本演習では、研修全体の振り返りとネットワークの構築を図ることを目的としている。初任者研修の位置づけを再度理解し、今後の学びとネットワークづくりにつなげる。

　まず、初任者研修の位置づけ、獲得目標・内容を振り返る。相談支援の目的、ケアマネジメントプロセス、ケアマネジメントの展開について、7日間で学んだことの再確認を行う。

　研修全体を通し、相談支援の目的、ケアマネジメントプロセスの実践が強く示されている。実務経験を重ね、相談支援従事者研修を受講するため、すでに知識や技術を習得しているところである。しかし、客観的に振り返る機会がどの程度あっただろうか。

　事前課題の作成、演習を通し、個別ケース、地域について、他者からの助言や意見を聴くことは、個人や事業所のなかで解決策が見出しにくいケースにも有効である。また、新たな角度から個別ケース、地域課題を検証することで、気づきが広がることを期待している。

徹底した相談支援の目的と基本的視点[*1]の確認を経ることで、体験、経験として得ることができる。

日々の業務に追われ、相談支援の基本的視点が欠けることはないか、相談支援専門員として、常に自己の支援のあり方、軸がぶれていないか、他機関との連携の仕方、地域課題への取り組みを行っているか自己検証を継続する必要性がある。

*1 相談支援の目的のポイントは講義1－1の学習のポイント（20頁）を、基本的視点のポイントは演習1第1節§1の1．に掲載の表4-1（203頁）を参照してください。

2．演習の流れと進め方

> ■ 用意する書式
> 初任者研修振り返りシート（書式13：309頁）

1 個人ワーク

振り返りシートを活用して、これまでの研修を自己点検、自己確認する。初任者研修を受講しての気づき、得た学び、今後、相談支援専門員として従事する際に大切にしたいこと、地域課題などを記入する。7日間の研修の学びを、明日から具体的に実践できるか、自分自身と真摯に向き合うことが重要である。

2 グループワーク

個人ワークでまとめた振り返りシートをもとに、項目ごとに共有を行う。さらに、今後に向けて実施したい取り組み、向き合う課題について、グループで話し合う。最後の演習であり、より主体的に端的に時間を意識してグループワークを進行する。

相談支援専門員自身の力を伸ばすためにも、他者とつながることが必須である。チームで支援するという視点に立つと、関係機関との連携が不可欠となる。演習のグループワークにおいても他者との関係の構築が必要であるため、円滑な進行のために、自身の立ち位置、周囲との関係性を意識することが重要である。

プレゼンテーションのスキルは、相談支援専門員にももちろん必要である。自身のサービス等利用計画案を対象者、関係機関に説明する際等にその力は発揮される。グループワークでも自身の意見をまとめること、わかりやすい伝え方を意識すると有意義である。

3 全体共有・まとめ

グループで共有した学びや課題を、全体で共有する。各グループもしくは数グループから発表し、演習講師からのコメントを行う。グループから

演習
4

講師向け
演習講師からのコメントは、今後受講者が実務に戻った際に、前向きになれる内容とします。晴れて相談支援専門員として活躍する受講者への期待と励まし、研修の気づきや学びを促すコメントを心がけしましょう。

の発表は、できなかったこと、難しかったところというよりは、これから相談支援専門員としてどうありたいか、明日から具体的に何に取り組むかなどの決意表明とする。

3．まとめ

　相談支援従事者初任者研修の演習も、ネットワークづくりの一つである。地域づくり、ネットワークづくりの際には、ミクロ、メゾ、マクロの概念が示される。演習はミクロに当てはまる。演習の場でも、相手の雰囲気や話し方、業務内容、経験数など複数の情報を得たなかでどのような人か見立てをして、こちらの話し方を変えることはないだろうか。日々の業務でも同様のことがいえる。対象者、家族、関係機関と面談、会話をする際にも複数の事柄に留意しているはずである。ただ話を聞く（聴く）ことが相談支援ではないことは既知のはずである。

　演習で知り合った人（受講者だけでなく演習講師も含む）も、社会資源の一つとなる。6名グループであれば、新たな社会資源が五つ増えたということになる。そう考えるとネットワークづくりは難しい話ではない。個々の支援を通して、知り合った人とつながっていくことがネットワークの始まりである。きれいに網羅しなくてもよい。個別の支援を増やすことで、関係機関はおのずと増えていく。チーム支援のコーディネートを担うのは、相談支援専門員である。個別の支援のチームをつなげていくことでネットワークは形成される。誰のために、何のために、相談支援専門員は活動しているのか、個々への支援、地域への支援、専門職への支援、やるべきことはたくさんある。

　チームで支援するという視点に立つと、関係機関との連携が不可欠となる。お互いの得意、不得意を知ることが必須である。また、対象者のみならず関係機関との信頼関係の醸成も不可欠である。

　研修修了後、地域で具体的にどう業務を行うか、地域へ向けた発信を行っていくかを意識した演習のまとめとし、できないことをどうしたらできるのかという、意識への転換をし、これから相談支援専門員として活躍することを期待して、お互いを労い、励まして、研修を修了とする。

実習ガイダンス

科目のねらい

☐ 研修における実習の位置付けと目的、実施方法を理解し、効果的な実習に結びつける。

実習の意義

　受講生が集合する研修会場から地元の実践の現場へと場を移し、実際の事例や社会資源を学習するこのカリキュラムを、本研修のなかで「実習」と位置付けている。

　研修日程の中間に実施され、インターバル中のカリキュラムとなる。研修全体の学習効果を高めるために、研修期間中に地域の実践の場に戻り、講義や演習で受講したものを、実践の場で試してみて、その効果を実感して、知識や技術の定着を図ることを目的としている。さらに、インターバル後に再開された研修には、受講者自身の地域の事例や社会資源を持ち込み、実践に近い現実感や臨場感をもって後の受講に臨むことが可能になるため、非常に重要である。

　新カリキュラムにおいては、継続的な学びの場が必要とされる専門職の教育の場にあって、本研修終了後の相談支援専門員の生涯学習においても、地域で教育を受けるために基幹相談支援センターなどの事業所や先輩や指導者につなぐことを目的として、実地研修（OJT）との連動が初任者研修の段階から導入されている。

　受講者にとっては、地元の相談支援専門員や地域の支援者等の仲間や連携先を知る機会ともなる。そのため課題を仕上げることだけに注目するのではなく、「実習」を通じて、地域の仲間と出会い、地域の社会資源を知り、研修受講後に働く現場を体験するよい機会となるように心がけてもらいたい。

実習の実施時期

実習1　相談支援（ケアマネジメント）の基礎技術に関する実習
　　　　実習1－1／演習1と演習2－1の間のインターバル期間
　　　　実習1－2／演習2－1と演習2－2の間のインターバル期間
実習2　地域資源に関する情報収集
　　　　演習1と演習2－1の間のインターバル期間

実習 1-1　相談支援（ケアマネジメント）の基礎技術に関する実習 1

講師：臼井　潤一郎

1.　はじめに

　　実習の現場で、相談支援（ケアマネジメント）のプロセスをより現実的に体感するために実際の事例にあたり、また、その事例にあたった経験を通じて継続して受講する本研修の今後の学習課題を考える機会をもつ。

　　方法は、実践例を1例選定し、ケアマネジメントの一連の流れを実際に行ってみて、実践の現場のなかで学ぶ。

2.　実習のポイント

|講師向け|

　「実習」は、相談支援の実践現場でさまざまなことを学ぶ機会であるとともに、これまでの研修で身に付けた知識や技術を試行する機会でもあるため、効果的な「実習」になるように講義を行ってください。

(1)　実践例の選定と訪問・書類の起票

　　実践例を選び、実際に訪問し記録を取り、ケアマネジメントプロセスに沿って書類を起票してみる。

　　障害福祉サービス等を利用する障害児者への居宅への訪問を行い、面接による情報収集・アセスメントを実施し、プランニングまで行う。手順は以下①〜③のとおり。

①利用者本人等とかかわり、アセスメントを行う

　　事例を選定し、できれば実際に本人に会ってアセスメントを行う。もともとかかわっている利用者に、実習を通じてあらためてかかわることで、そのかかわりを振り返ることにつながる。研修を受講してみてあらためてその利用者に対して何か新たに気づくことができれば、受講した学習効果がすでに出ている証拠である。実習後の研修でその効果をさらに高めていくために、実習と研修のつながりを意識して実施する。

②以下のⅠ〜Ⅷの8種の様式中、Ⅰ〜Ⅳに記入する

＜概要に関する様式＞

　　Ⅰ　実践例の概要（書式7：300頁）

＜アセスメントに関する様式＞

　　Ⅱ　ワークシート2（本人像・ストレングス整理票）（書式2：292頁）

　　Ⅲ　一次アセスメント票（書式8：301頁）

　　Ⅳ　ワークシート3（ニーズ整理票）（書式3：293頁）

＜プランニング（サービス等利用計画案）に関する様式＞[*1]

　　Ⅴ　サービス等利用計画・障害児支援利用計画案（書式5-1：295頁）

　　Ⅵ　サービス等利用計画・障害児支援利用計画案【週間計画表】（書式

＊1　Ⅴ〜Ⅷの様式については実習1−2で記入することになります。

5-2：296頁)

Ⅶ　申請者の現状 (基本情報) (書式5-3：297頁)

Ⅷ　申請者の現状 (基本情報)【現在の生活】(書式5-4：298頁)

③今後の研修における報告の準備を行う

　実習後再開される研修カリキュラム「実践研究1」において、実習でかかわった事例を使い、グループでの検討を行う。それに向け、7分間で以下の要領で概要を発表できるように準備しておく。

1．本人像の要約 (状況を簡潔に、100字要約など)

2．本人とのかかわりの経緯

3．本人の (と)定めたゴール

4．本人のゴール達成に向けての課題・スモールステップ

5．活かそうと考えた本人のストレングス (支援の根拠)

6．実践例の選定理由 (自らの課題意識)

　報告の時の留意点は、主にワークシート3 (ニーズ整理票)を用いて、所内の会議で簡潔に報告する設定であると想定して、単なるシートの読み上げとならないよう、端的に報告する。

(2)　実践例の選定方法

　以下の1．～3．のすべてに該当する利用者を選定すること。

1．実際に自分自身が現在進行形でかかわっている利用者であること

　　どうしても自分の実践例が選定できない受講者は、地域の基幹相談支援センター等において実際の事例で実習させてもらえるよう相談する。

2．ケアマネジメント技法を用いた支援に適する利用者であること

　・地域生活 (在宅生活)、入所・入院からの地域移行に関する支援の対象者であること

　・実習期間内にゴール設定ができるか、あるいはすでにできている利用者であること

　・地域の複数の社会資源を活用している (したい)利用者であること

　・一つ以上の障害福祉サービスを利用している (したい)利用者であること

3．自らが何らかの課題意識でアセスメントを (再)検討してみたい、アセスメントについて他者の意見を聞いてみたい利用者であること

　　逆に、以下にあげる利用者を選定することは避けること。実践例の再選定のうえ再提出となることもある。

　・入所・入院にむけた支援、入所・入院の継続支援に関する実践例

　　→地域生活・地域移行について学んでもらいたい。

実習ガイダンス

263

・緊急性の高い事例、危機介入の必要な事例、虐待が疑われる事例など

　→ゆっくりじっくり寄り添い、伴走型支援ができることを学んでもらいたい。

・研修の期間中に関係性の構築が困難な利用者、研修の期間中に会うことが困難な利用者

　→実習においては実際に会ってみて、話してみることが重要。

・現在のところ本人のゴールがない、本研修の期間中に定まりがたいと想定される利用者

　→意思決定支援の基本を体験するために、意思決定支援の場面が実感できる事例がよい。

　実際の支援のなかでは上記のような選定を避けてほしい利用者とかかわることも当然にあるが、本研修における受講者の獲得目標から外れるために選定を避けるべきである。

⑶　注意事項

1．実践例提出にあたっては本人等の同意を得る

　　本人と実際に会い話して同意を書面で取っておくか、支援の記録にその経緯を残しておくとよい。

2．提出書類作成に当たっては、本人等が特定できる可能性のある情報をすべて伏せる [*2]

【例】

・本人、家族、関係機関はすべて仮名（例：「○○さん」や「○○病院」）にする。

・住所は「○○市」や「○○町（○○郡は記載しないこと）」とする。

・生年月日は生年のみ（例：昭和30年）とする。

・電話番号は一切記入しない。

　　研修において、実際の事例提供の表記や表現について、仮の名前や仮の電話番号を記載している例がよくあるが、誤って実際の本名や電話番号等を記載してしまうリスクがあるため表記には注意を払いたい。

3．本課題の実習もカリキュラムの一環であり、必須の科目であり、修了要件の一つ。法定内研修の一部である

4．以下の場合は本課題を修了したと認定できないので、注意したい

・指定された課題様式を提出しない場合（課題を期日までに提出しない場合を含む）

・提出した課題様式に不足があった場合

・課題様式について再提出の指示を受け、従わなかった場合（例：空欄が多すぎる場合等）

＊2　巻末に掲載している書式8（301頁）では、この点に留意してあらかじめ住所・生年月日・連絡先の欄に斜線を引いてあります。

・この「実習」に基づく発表を今後の「実践研究1」「実践研究2」において行
　わなかった場合
・提出にあたっては、所属長もしくは地域の基幹相談支援センター等の確
　認を受けるとよい。参考様式の送付票に確認のサインをもらうとよい。

実習ガイダンス

実習 1-2　相談支援（ケアマネジメント）の基礎技術に関する実習 2

講師：臼井　潤一郎

1.　はじめに

　　実習1－1にて提出した事例については、インターバル後に再開した研修会で、カリキュラム演習2－1の「実践研究1」（実践例の共有と相互評価1）で相互評価を行った。

　　その相互評価を踏まえ、再度地域に帰って、必要に応じて追加の情報収集や再アセスメントを実施し、プランニング内容の修正を行い、「実習1－1」で作成した書類の加筆修正を行う。

2.　実習のポイント

(1)　課題の内容

　　実習1－2の現実的な目標は、実習1－1の事例を再度見直し、サービス等利用計画案を作成することにある。

　　実習1－1ではⅠ〜Ⅳの4種の様式に記入し、演習2－1で理解を深めた。実習1－2においては先に述べたとおり実習1－1の書類に加筆修正を行う。修正にあたっては、実習1－1と文字色を変える、削除を見え消しとするなど変化が可視化できるようにする。

　　また、先に実施された演習2－1を踏まえ「記録・振り返りシート」（書式10：306頁）を用いて演習2－1の振り返りを行う。さらに実習1－2では、演習2－2までのインターバル期間中に以下の書式を用いて、新たにサービス等利用計画案の作成を行う。

＜プランニング（サービス等利用計画案）に関する様式＞

　Ⅴ　サービス等利用計画・障害児支援利用計画案（書式5-1：295頁）

　Ⅵ　サービス等利用計画・障害児支援利用計画案【週間計画表】（書式5-2：296頁）

　Ⅶ　申請者の現状（基本情報）（書式5-3：297頁）

　Ⅷ　申請者の現状（基本情報）【現在の生活】（書式5-4：298頁）

⑵ 発表の準備

　「実習」を行うインターバル後、再度研修に戻って行うカリキュラム演習
2−2の「実践研究2」において、ケースレビューを行う。その際、7分間で
以下の要領で概要を発表できるよう準備しておく。
1．再アセスメントの結果、変化したところとその要因
2．サービス等利用計画案作成の際、留意した視点
　　・社会資源やチームメンバーの選定意図や留意した点
　　・基本的視点と照らし合わせ留意した点
3．再アセスメント、プラン作成にあたり、困難や疑問を感じた点
　　　単なるシートの読み上げとならないよう、端的に報告できるよう準備
　　する。

実習2　地域資源に関する情報収集

講師：徳山　勝

1.　はじめに

講師向け
　地域の相談支援体制の担い手として連携を始めていくきっかけづくりとなるよう、受講者と地域の相談支援事業者との共同作業として本実習を位置付けてください。

　本実習では、相談支援（ケアマネジメント）に活用する地域資源の実際について理解するため、地域（市町村・障害保健福祉圏域等）における地域資源（公的機関、障害福祉サービス・障害児支援サービス提供事業所、自立支援協議会など）に関する情報を収集し、所定の書式に記録する。実習を通じて、地域ごとの社会資源の状況や現場での倫理的課題などについても意識を向けてほしい。

　相談支援（ケアマネジメント）の活動の場である地域の現状を把握することは、業務を行うにあたって必要不可欠な事柄である。実習では実際に相談支援（ケアマネジメント）の活動を行うとともに地域資源の情報収集を行って現状の把握を行ってもらいたい。その方法としては、活動する地域の状況を関係者に聞き取ることや実際に協議会等に参加して情報収集を行う、集取した情報を社会資源調査票等を活用してまとめる、研修会場にて各自社会資源調査票等を持ち寄りほかの参加者に自身の地域の情報を伝えたり、ほかの地域の状況も共有して知識を深めたり見聞を広める、といったことがあげられる。

　ケアマネジメントを行うにあたり地域の環境を把握することは大切な業務である。環境とは、福祉サービスを含むその地域の社会資源・人材や地域課題とそのことに取り組んでいる自立支援協議会の状況だけでなく、さまざまなインフォーマルな資源も含まれる。研修で学んだ知識を地域の実践に結びつける機会として実習を活用してもらいたい。

2.　実習のポイント

(1)　地域を知る（自立支援協議会への参加）

　自身の活動地域の自立支援協議会の内容を知ることは、ケアマネジメントを行ううえで重要な事柄である。実際に自立支援協議会に参加して、地域課題として何が協議されているのか。また、誰が委員として招集されているのかを知る。さらに、1回の参加で自立支援協議会全体を把握することは困難であるため、これまでの経過や部会の活動などを聞き取っておく

必要がある。また、日程の都合などで直接自立支援協議会への参加がかなわない場合も同じように聞き取りを行う。手順は以下1.～3.のとおり。

1. 自立支援協議会の実施主体である市区町村の担当窓口に問い合わせる

　　自立支援協議会の体制や運営は市区町村によってまちまちである。「行政機関が中心に行っている所」「民間が中心的に行っている所」「官民共同で行っている所」など、その地域の実情に応じての体制がとられているので、まずはどこに行けば自立支援協議会の詳しい情報がもらえるのかを市区町村で確認する。

2. 情報を聞き取り「社会資源調査票（初任者研修）」（書式14：311頁）に記入して、「わがまち（地域）」の特徴（強みと課題）を知る

3. 研修にて報告を行う

　　実習後再開される研修において、実習で調べた社会資源を社会資源調査票を使ってグループ内で報告し合い（グループワーク）、ほかの地域の状況と比較することによって、あらためて「わがまち（地域）」の理解を深める。ここで受講者には、「社会資源がないから仕方がない」とあきらめるのではなく、今ある社会資源を工夫して活用したり、「ない」や「足らない」を地域課題として自立支援協議会で検討して改善していくことが相談支援専門員として社会に求められていることと自覚してもらいたい。

　　以下にある地域での本実習の実践例を示すので参考にしてほしい。

地域での実習～ある地域での実践例～

（時間は90分程度で一つのグループ人数は4人～6人が好ましい）

1. 実習の日時・場所を決めて対象地域の受講者全員に参加してもらう。[＊1]

2. 開催当日は社会資源調査票の「1　地域の特徴（産業、地理、歴史、特産物など）」までを可能な範囲で自ら調べて記入し持参する。市区町村のホームページ等を活用。

3. 「2　地域の相談支援体制」から「5　市町村地域生活支援事業の実施状況や特徴・課題」までを行政職員や基幹・委託相談職員が講師として役割分担をして説明する。

4. 「6　地域の障害福祉サービス事業所の状況（強みと課題）」はグループワークを行って、情報のやり取りをして深めたい。同じ地域なので各地で作成している「福祉資源マップ」を写しても薄い知識だけになる。現場で使える濃い情報とするために、お互いがすでに知っている現場の情報を分かち合う。例えば、各受講者は以前または現在相談支援以外の地域の福祉サービスに従事している人も少な

＊1　そのメリットは以下のとおり。

・全員が一同に集まることで、適任者が情報の質を担保した説明を行いやすい（早めの案内だと予定が組みやすい）。

・受講者が誰に相談すればよいかわかりやすい。

・受講者、行政、基幹または委託相談が顔を合わせて知り合うよい機会となる。

・今回の受講者以外（新任や他部署など）でも、オブザーバーとして参加していただくことで、地域の社会資源や自立支援協議会のことなどを知るよい機会に活用できる。

実習ガイダンス

くない。その従事している事業所の情報やかかわりのある事業所の情報共有でも濃い情報となる。グループワークにすることで、そういった受講者が数人グループに入っていれば、全くの新人が居ても問題なく情報を濃くすることができる。また、現任者がファシリテーターやアドバイザーとしてグループに入ってもよい。

5．さあ、共生の社会を目指して、わが地域から新たに仲間となる相談支援専門員を送り出そう。[*2]

コラム　受け入れ側のポイント

　市区町村内の複数の受講者からまちまちに自立支援協議会についての問い合わせがあると、限りのある業務時間では対応が困難となるおそれが大いに予測される。受講者を早期の段階で把握して、実習期間内に自立支援協議会の概要や社会資源の情報を伝える機会を設定しておく。そうすることで自立支援協議会への参加を計画的に実施することや、新たに相談支援専門員になる人の把握が可能となる。

　また、当たり前のことではあるが、課題は受講者が行うものであって、間違っても地域の行政や事業所が行うものではないことは言うまでもない。したがって社会資源調査票にある項目の示し方にも工夫が必要となる。直接数字を伝えるのではなく項目によっては「どこを見れば調べることができるのか」を伝えることも大切である。特に「6　地域の障害福祉サービス事業所の状況（強みと課題）」などは、地域でも数人の受講者でグループワークを行い、お互いの情報交換をして共有する方法も効果的である。

III

資　料

資料1

参考スケジュールと各科目の関連

具体化・統合化

講義

理論 理念

	区分		本書における科目区分名^(注1)
1日目		―	研修受講ガイダンス
	講義	講義 1-1	相談支援（障害児者支援）の目的
		講義 1-2	相談支援の基本的視点（障害児者支援の基本的視点）
		講義 1-3	相談支援に必要な技術

具体化・統合化

	区分		本書における科目区分名^(注1)
2日目		講義 3-1	障害者総合支援法等の理念・現状とサービス提供プロセス及びその他関連する法律等に関する理解
	講義	講義 3-2	障害者総合支援法及び児童福祉法における相談支援（サービス提供）の基本
		講義 2-1	相談支援におけるケアマネジメントの手法とプロセス
		講義 2-2	相談支援における家族支援と地域資源の活用への視点
		―	研修のまとめ

実践 実際

提示　例示　活性化

注1：「平成30年度障害者総合福祉推進事業「相談支援従事者研修ガイドラインの作成及び普及事業」のモデル研修」における研修ガイダンス資料例をもとに、本書の科目構成等に合わせた改変を行い作成しています。
注2：実習の内容については、本書では「実習ガイダンス」に集約しています。

演習・実習

	区分		本書における科目区分名(注1)	
3日目	演習	演習1	相談支援の実際(ケアマネジメント手法を用いた相談支援プロセスの具体的理解)	第1節§1受付及び初期相談並びに契約 第1節§2アセスメント(事前評価)及びニーズ把握
4日目				第2節§1目標の設定と計画作成
				第2節§2評価／第2節§3終結
			実習ガイダンス	

例示体験

実習(注2)	実習1-1	相談支援(ケアマネジメント)の基礎技術に関する実習1	
	実習2	地域資源に関する情報収集	

応用統合

5日目	演習	演習2-1	実践研究1	実践例の共有と相互評価1 (スーパービジョンの体験)
			実習ガイダンス	

省察

実習(注2)	実習1-2	相談支援(ケアマネジメント)の基礎技術に関する実習2

応用統合

6日目	演習	演習2-2	実践研究2	実践例の共有と相互評価2 (ケースレビューの体験)
		演習3-1	実践研究3-1	実践研究とサービス等利用計画作成1 (グループによる再アセスメント)
7日目		演習3-2	実践研究3-2	実践研究とサービス等利用計画作成2 (グループによる再プランニング)
		演習4	研修全体を振り返っての意見交換、講評及びネットワークづくり	

省察

概念化定着

資料2

サービス等利用計画案作成上の留意点

サービス等利用計画案・障害児支援利用計画案

計画案作成日		モニタリング期間（開始年月）		利用者同意署名欄	

利用者及びその家族の生活に対する意向（希望する生活）

○利用者が希望する生活の全体像を記載する（「こんなふうに生活したい」「こんなことをやってみたい」等）。
○利用者の困り感を利用者と共有した上で、できるだけ利用者の言葉や表現を使い、前向きな表現で記載する。
○抽象的な表現は避ける（例「安定した生活がしたい」）。
○家族の意向を記載する場合、利用者の意向と明確に区別し誰の意向か明示する。内容的に家族の意向に偏らないように記載し、特に利用者と家族の意向が異なる場合には留意する。
○利用者・家族が希望する生活を具体的にイメージしたことを確認した上で記載する。

総合的な援助の方針

○アセスメントにより抽出された課題をふまえ、上記の意向を相談支援専門員の立場から捉えなおしたもので、計画作成の指針となるものである。
○支援にかかわる関係機関に共通の最終的に到達すべき方向性や状況として記載する。
○利用者や家族が持っている力、強み、できること、エンパワメントを意識し、一方的に援助して終わるのではなく、援助することで強みやできることが増える方針を記載する。
○表現が抽象的でなく、サービス提供事業所が個別支援計画の方向性やサービス内容を決める際にも参考にしやすいように記載する。

長期目標

○総合的な援助の方針をふまえた長期目標を記載する。
○短期目標を一つずつ解決した積み上げの結果として実現できる目標を記載する。
○単なる努力目標でなく、利用者が希望する生活に近づくための目標を記載する。
○アセスメント結果や利用者の意向からみて妥当な（高すぎない、低すぎない）目標を記載する。
○利用者、家族にわかりやすい（抽象的でない、曖昧でない）目標を記載する。
○支援者側の目標を設定したり、サービス内容を目標に設定しない。
○半年から1年をめどに記載する。

短期目標

○総合的な援助の方針をふまえた短期目標を記載する。
○長期目標実現のための段階的で具体的な目標を記載する。
○利用者、家族が見ても具体的に何をするかわかり、目標達成したかどうか判断できる目標、できるだけ実現可能な目標を設定する。
○当面の生活の安定に向けて、利用者ニーズに即し、具体的支援の内容が明確になる目標を設定する。
○サービス提供事業所が作成する個別支援計画を立てる際の指標となることを意識して記載する。
○支援者側の目標を設定しない。
○モニタリング頻度も視野に入れ、直近から3か月までをめどに記載する。

優先順位	解決すべき課題 (本人のニーズ)	支援目標	達成時期	福祉サービス等 種類・内容・量(頻度・時間)	課題解決のための 本人の役割	評価時期	その他留意事項
1							

優先順位	○緊急である課題、利用者の動機づけとなる課題、すぐに効果が見込まれる課題、悪循環を作り出す原因となっている課題、医師等の専門職からの課題等を関連づけ、まず取り組むべき事項から優先順位をつける。 ○利用者、家族が優先的に解決したいと思う課題や取り組みたいと思う意欲的な課題から優先するなど、利用者、家族の意向を十分汲み取って記載する。
解決すべき課題 (本人のニーズ)	○「利用者及びその家族の生活に対する意向」「総合的な援助の方針」と連動して記載する。 ○生活する上でサービス利用の必要性がない課題(ニーズ)についても網羅し、単にサービスを利用するためではなく、利用者が希望する生活を実現するための課題を記載する。 ○利用者が理解しやすいように難しい専門用語は避ける。 ○漠然としたまとめかたではなく、利用者の言葉や表現を適宜引用しながら意欲を高め、利用者が自分のニーズとして捉えられるように記載する。 ○抽象的で誰にでも当てはまるような表現は極力避け、相談支援専門員がアセスメント等を通じた専門職の視点として、その人にとって必要なことは何かを考え、具体的にその内容を表現する。 ○課題(ニーズ)の中にサービスの種類は記載しない。
支援目標	○「解決すべき課題(本人のニーズ)」を相談支援専門員の立場から捉えなおしたもので、支援にかかわる側からの目標として記載する。 ○短期目標からさらに細分化した具体的な支援目標を記載する。
達成時期	○段階的に達成できる達成時期を記載する。
福祉サービス等	○利用するサービスの内容を単に記載するのではなく、具体的な支援のポイント等も記載する。 ○公的支援(障害福祉サービス、介護保険等)とその他の支援(インフォーマルサービス)を必要に応じて盛り込む。 ○インフォーマルサービスが含まれていない場合、直ちに不適切ということではないが、含まれていない理由や、支援の導入を検討することが重要である。 ○支援にあたっては、福祉サービス等導入するとともに、本人のできていること、強みを活かした計画作成を心がける。 ○特定のサービスによる偏りがないように作成する。 ○すべてのサービス種類・内容が同時並行で導入されるとは限らないので、導入順序についても計画性をもつ。

課題解決のための本人の役割	○利用者が取り組むべきことをできるだけ具体的に記載する。 ○利用者が理解しやすいように難しい専門用語を避ける。 ○利用者の言葉や表現を適宜引用しながら意欲を高め、利用者が自分のこととして主体的に取り組もうと思えるように記載する。 ○実効性を適切にアセスメントして、利用者に無理な負担がかからないように留意する。
評価時期	○設定した支援の達成時期をふまえ、適切な評価時期を設定する。 ○サービス導入後の変化についてあらかじめ見通しをもち、適切な評価時期を設定する。 ○サービスが効果的に機能しているかについて初期段階での確認が大切であるため、サービス導入直後のモニタリングは特に留意が必要である。 ○過剰なサービスにより利用者のエンパワメントが妨げられないよう、適切な時期に必要性の再評価が必要である。
その他留意事項	○項目で記載しきれない具体的な取り組み等について記載する。 ○関係機関の役割分担等、サービス提供にあたっての留意事項を記載する。 ○スケジュールや見通しに対して、対応方法の一貫性が必要な利用者に対しては、家族、事業所間での密な連携が必要であるため、必要に応じて、支援方法を統一するためのサービス等調整会議の開催が求められる。

【サービス等利用計画案全般】
　○支給決定に直結する項目であるため、解決すべき課題（本人のニーズ）に対応する公的支援、その他の支援を網羅して検討する。
　○支援を受けながらも利用者が役割をもつこと、エンパワメント支援を意識して記載する。
　○サービス提供事業所が作成する個別支援計画を立てる際の基礎情報となることを意識して記載する。
　○関係機関が役割分担を明確にし、利用者の希望や支援の必要性を理解して支援できるよう、計画作成時にはできる限り利用者も含めたサービス等調整会議を開催する。
　○単に利用者や家族の要望だけに合わせて計画作成するのではなく、相談支援専門員が専門職として利用者の希望する生活を実現するために必要なことは何かを考えて記載する。

注：日本相談支援専門員協会「平成23年度厚生労働省障害者総合福祉推進事業─サービス等利用計画の実態と今後のあり方に関する研究事業─報告書」『サービス等利用計画作成サポートブック』20～23頁、平成25年5月（改訂第2版）より作成
出典：「相談支援従事者研修ガイドラインの作成及び普及事業（平成30年度障害者総合福祉推進事業）」初任者モデル研修資料（2日目）、134～136頁、2018.

資料3

「障害福祉サービス等の提供に係る意思決定支援ガイドライン」の概要

趣 旨

○障害者総合支援法においては、障害者が「どこで誰と生活するかについての選択の機会が確保」される旨を規定し、指定事業者や指定相談支援事業者に対し、「意思決定支援」を重要な取組として位置付けている。

○意思決定支援の定義や意義、標準的なプロセスや留意点を取りまとめたガイドラインを作成し、事業者や成年後見の担い手を含めた関係者間で共有することを通じて、障害者の意思を尊重した質の高いサービスの提供に資することを目的とする。

意思決定支援の定義／意思決定を構成する要素

《意思決定支援の定義》

意思決定支援とは、自ら意思を決定することに困難を抱える障害者が、日常生活や社会生活に関して自らの意思が反映された生活を送ることができるように、可能な限り本人が自ら意思決定できるよう支援し、本人の意思の確認や意思及び選好を推定し、支援を尽くしても本人の意思及び選好の推定が困難な場合には、最後の手段として本人の最善の利益を検討するために事業者の職員が行う支援の行為及び仕組みをいう。

《意思決定を構成する要素》

（1）本人の判断能力

障害による判断能力の程度は、意思決定に大きな影響を与える。意思決定を進める上で、本人の判断能力の程度について慎重なアセスメントが重要。

（2）意思決定支援が必要な場面

① 日常生活における場面（食事・衣服の選択・外出・排せつ・整容・入浴等基本的生活習慣に関する場面）

② 社会生活における場面（自宅からグループホームや入所施設、一人暮らし等に住まいの場を移す等の場面）

（3）人的・物理的環境による影響

意思決定支援は、本人に関わる職員や関係者による人的な影響や環境による影響、本人の経験の影響を受ける。

意思決定支援の流れ

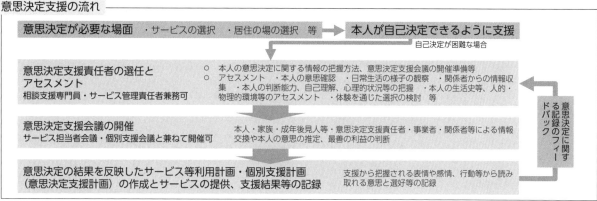

出典：厚生労働省資料

資料4

地域生活支援事業等

1．地域生活支援事業の個別事業一覧（令和2年度）

① 市町村事業

必須事業
1　理解促進研修・啓発事業
2　自発的活動支援事業
3　相談支援事業
(1)　基幹相談支援センター等機能強化事業
(2)　住宅入居等支援事業（居住サポート事業）
4　成年後見制度利用支援事業
5　成年後見制度法人後見支援事業
6　意思疎通支援事業
7　日常生活用具給付等事業
8　手話奉仕員養成研修事業
9　移動支援事業
10　地域活動支援センター機能強化事業

任意事業
1　日常生活支援
(1)　福祉ホームの運営
(2)　訪問入浴サービス
(3)　生活訓練等
(4)　日中一時支援
(5)　地域移行のための安心生活支援
(6)　巡回支援専門員整備
(7)　相談支援事業所等（地域援助事業者）における退院支援体制確保
(8)　協議会における地域資源の開発・利用促進等の支援
(9)　児童発達支援センターの機能強化
2　社会参加支援
(1)　レクリエーション活動等支援
(2)　芸術文化活動振興
(3)　点字・声の広報等発行
(4)　奉仕員養成研修
(5)　複数市町村における意思疎通支援の共同実施促進

(6)　家庭・教育・福祉連携推進事業

3　就業・就労支援

(1)　盲人ホームの運営

(2)　知的障害者職親委託

(3)　雇用施策との連携による重度障害者等就労支援特別事業

② 都道府県事業

必須事業

1　専門性の高い相談支援事業

(1)　発達障害者支援センター運営事業

(2)　高次脳機能障害及びその関連障害に対する支援普及事業

2　専門性の高い意思疎通支援を行う者の養成研修事業

(1)　手話通訳者・要約筆記者養成研修事業

(2)　盲ろう者向け通訳・介助員養成研修事業

(3)　失語症者向け意思疎通支援者養成研修事業

3　専門性の高い意思疎通支援を行う者の派遣事業

(1)　手話通訳者・要約筆記者派遣事業

(2)　盲ろう者向け通訳・介助員派遣事業

(3)　失語症者向け意思疎通支援者派遣事業

4　意思疎通支援を行う者の派遣に係る市町村相互間の連絡調整事業

5　広域的な支援事業

(1)　都道府県相談支援体制整備事業

(2)　精神障害者地域生活支援広域調整等事業

(3)　発達障害者支援地域協議会による体制整備事業

任意事業

1　サービス・相談支援者、指導者育成事業

(1)　障害支援区分認定調査員等研修事業

(2)　相談支援従事者等研修事業

(3)　サービス管理責任者研修事業

(4)　居宅介護従業者等養成研修事業

(5)　障害者ピアサポート研修事業

(6)　身体障害者・知的障害者相談員活動強化事業

(7)　音声機能障害者発声訓練指導者養成事業

(8)　精神障害関係従事者養成研修事業

(9)　精神障害者支援の障害特性と支援技法を学ぶ研修事業

(10)　その他サービス・相談支援者、指導者育成事業

2　日常生活支援

(1)　福祉ホームの運営

(2)　オストメイト（人工肛門、人工膀胱造設者）社会適応訓練

(3)　音声機能障害者発声訓練

(4)　児童発達支援センターの機能強化

(5)　矯正施設等を退所した障害者の地域生活への移行促進

(6)　医療型短期入所事業所開設支援

(7)　障害者の地域生活の推進に向けた体制強化支援事業

3　社会参加支援

(1)　手話通訳者設置

(2)　字幕入り映像ライブラリーの提供

(3)　点字・声の広報等発行

(4)　点字による即時情報ネットワーク

(5)　都道府県障害者社会参加推進センター運営

(6)　奉仕員養成研修

(7)　レクリエーション活動等支援

(8)　芸術文化活動振興

(9)　サービス提供者情報提供等

(10)　障害者自立（いきいき）支援機器普及アンテナ事業

(11)　企業CSR連携促進

4　就業・就労支援

(1)　盲人ホームの運営

(2)　重度障害者在宅就労促進（バーチャル工房支援）

(3)　一般就労移行等促進

(4)　障害者就業・生活支援センター体制強化等

5　重度障害者に係る市町村特別支援

6　障害福祉のしごと魅力発信事業

2．地域生活支援促進事業の個別事業一覧（令和2年度）

都道府県事業
1　発達障害児者地域生活支援モデル事業
2　かかりつけ医等発達障害対応力向上研修事業
3　発達障害者支援体制整備事業
4　障害者虐待防止対策支援事業
5　障害者就業・生活支援センター事業
6　工賃向上計画支援等事業（※）
7　就労移行等連携調整事業

8　障害者芸術・文化祭開催事業（※）

9　障害者芸術・文化祭のサテライト開催事業

10　医療的ケア児等総合支援事業

11　強度行動障害支援者養成研修事業（基礎研修、実践研修）

12　障害福祉従事者の専門性向上のための研修受講促進事業

13　成年後見制度普及啓発事業

14　アルコール関連問題に取り組む民間団体支援事業

15　薬物依存症に関する問題に取り組む民間団体支援事業

16　ギャンブル等依存症に関する問題に取り組む民間団体支援事業

17　「心のバリアフリー」推進事業

18　身体障害者補助犬育成促進事業

19　発達障害児者及び家族等支援事業

20　発達障害診断待機解消事業

21　精神障害にも対応した地域包括ケアシステムの構築推進事業

22　障害者ICTサポート総合推進事業

23　意思疎通支援従事者キャリアパス構築支援事業

24　聴覚障害児支援中核機能モデル事業（※）

25　地域における読書バリアフリー体制強化事業

26　地域生活支援事業の効果的な取組推進事業（※）

注）（※）の事業は定額（10／10相当）補助を含む。

市町村事業

1　発達障害児者地域生活支援モデル事業

2　障害者虐待防止対策支援事業

3　医療的ケア児等総合支援事業

4　成年後見制度普及啓発事業

5　発達障害児者及び家族等支援事業

6　地域生活支援事業の効果的な取組推進事業（※）

7　重度訪問介護利用者の大学修学支援事業

注）（※）の事業は定額（10／10相当）補助を含む。

出典：厚生労働省資料より作成

資料5

運営基準一覧

サービス区分	法区分	省令名（公布番号）
計画相談支援	障害者総合支援法	障害者の日常生活及び社会生活を総合的に支援するための法律に基づく指定計画相談支援の事業の人員及び運営に関する基準（平成24年3月13日厚生労働省令第28号）
障害児相談支援	児童福祉法	児童福祉法に基づく指定障害児相談支援の事業の人員及び運営に関する基準（平成24年3月13日厚生労働省令第29号）
地域相談支援	障害者総合支援法	障害者の日常生活及び社会生活を総合的に支援するための法律に基づく指定地域相談支援の事業の人員及び運営に関する基準（平成24年3月13日厚生労働省令第27号）
障害福祉サービス	障害者総合支援法	障害者の日常生活及び社会生活を総合的に支援するための法律に基づく指定障害福祉サービスの事業等の人員、設備及び運営に関する基準（平成18年9月29日厚生労働省令第171号）
障害者支援施設	障害者総合支援法	障害者の日常生活及び社会生活を総合的に支援するための法律に基づく指定障害者支援施設等の人員、設備及び運営に関する基準（平成18年9月29日厚生労働省令第172号）
障害児通所支援	児童福祉法	児童福祉法に基づく指定通所支援の事業等の人員、設備及び運営に関する基準（平成24年2月3日厚生労働省令第15号）
障害児入所施設等	児童福祉法	児童福祉法に基づく指定障害児入所施設等の人員、設備及び運営に関する基準（平成24年2月3日厚生労働省令第16号）

資料6

参照規定（計画相談支援・障害児相談支援にかかる運営基準）

計画相談支援 [＊1]	障害児相談支援 [＊2]
第2章 指定計画相談支援の事業の人員及び運営に関する基準	**第2章** 指定障害児相談支援の事業の人員及び運営に関する基準
第1節 基本方針	**第1節** 基本方針
第2条 指定計画相談支援の事業は、利用者又は障害児の保護者（以下「利用者等」という。）の意思及び人格を尊重し、常に当該利用者等の立場に立って行われるものでなければならない。	**第2条** 指定障害児相談支援の事業は、障害児又は障害児の保護者（以下「障害児等」という。）の意思及び人格を尊重し、常に当該障害児等の立場に立って、行われるものでなければならない。
2 指定計画相談支援の事業は、利用者が自立した日常生活又は社会生活を営むことができるように配慮して行われるものでなければならない。	2 指定障害児相談支援の事業は、障害児が自立した日常生活又は社会生活を営むことができるように配慮して行われるものでなければならない。
3 指定計画相談支援の事業は、利用者の心身の状況、その置かれている環境等に応じて、利用者等の選択に基づき、適切な保健、医療、福祉、就労支援、教育等のサービス（以下「福祉サービス等」という。）が、多様な事業者から、総合的かつ効率的に提供されるよう配慮して行われるものでなければならない。	3 指定障害児相談支援の事業は、障害児の心身の状況、その置かれている環境等に応じて、障害児等の選択に基づき、適切な保健、医療、福祉、教育等のサービス（以下「福祉サービス等」という。）が、多様な事業者から、総合的かつ効率的に提供されるよう配慮して行われるものでなければならない。
4 指定計画相談支援の事業は、利用者等に提供される福祉サービス等が特定の種類又は特定の障害福祉サービス事業を行う者に不当に偏ることのないよう、公正中立に行われるものでなければならない。	4 指定障害児相談支援の事業は、当該障害児等に提供される福祉サービス等が特定の種類又は特定の障害児通所支援事業を行う者に不当に偏ることのないよう、公正中立に行われるものでなければならない。
5 指定特定相談支援事業者は、市町村、障害福祉サービス事業を行う者、指定居宅介護支援事業者（介護保険法（平成9年法律第123号）第46条第1項に規定する指定居宅介護支援事業者をいう。）、指定介護予防支援事業者（介護保険法第58条第1項に規定する指定介護予防支援事業者をいう。）その他の関係者との連携を図り、地域において必要な社会資源の改善及び開発に努めなければならない。	5 指定障害児相談支援事業者は、市町村、障害児通所支援事業を行う者等との連携を図り、地域において必要な社会資源の改善及び開発に努めなければならない。
6 指定特定相談支援事業者は、自らその提供する指定計画相談支援の評価を行い、常にその改善を図らなければならない。	6 指定障害児相談支援事業者は、自らその提供する指定障害児相談支援の評価を行い、常にその改善を図らなければならない。
第3節 運営に関する基準	**第3節** 運営に関する基準

計画相談支援[＊1]	障害児相談支援[＊2]
（内容及び手続の説明及び同意）	（内容及び手続の説明及び同意）
第5条 指定特定相談支援事業者は、計画相談支援対象障害者等が指定計画相談支援の利用の申込みを行ったときは、当該利用の申込みを行った計画相談支援対象障害者等（以下「利用申込者」という。）に係る障害の特性に応じた適切な配慮をしつつ、当該利用申込者に対し、第19条に規定する運営規程の概要その他の利用申込者のサービスの選択に資すると認められる重要事項を記した文書を交付して説明を行い、当該指定計画相談支援の提供の開始について当該利用申込者の同意を得なければならない。	第5条 指定障害児相談支援事業者は、障害児相談支援対象保護者が指定障害児相談支援の利用の申込みを行ったときは、当該利用の申込みを行った障害児相談支援対象保護者（以下「利用申込者」という。）に係る障害児の障害の特性に応じた適切な配慮をしつつ、当該利用申込者に対し、第19条に規定する運営規程の概要その他の利用申込者のサービスの選択に資すると認められる重要事項を記した文書を交付して説明を行い、当該指定障害児相談支援の提供の開始について当該利用申込者の同意を得なければならない。
2 指定特定相談支援事業者は、社会福祉法（昭和26年法律第45号）第77条の規定に基づき書面の交付を行う場合は、利用者の障害の特性に応じた適切な配慮をしなければならない。	2 指定障害児相談支援事業者は、社会福祉法（昭和26年法律第45号）第77条の規定に基づき書面の交付を行う場合は、利用申込者に係る障害児の障害の特性に応じた適切な配慮をしなければならない。
（契約内容の報告等）	（契約内容の報告等）
第6条 指定特定相談支援事業者は、指定計画相談支援の利用に係る契約をしたときは、その旨を市町村に対し遅滞なく報告しなければならない。	第6条 指定障害児相談支援事業者は、指定障害児相談支援の利用に係る契約をしたときは、その旨を市町村に対し遅滞なく報告しなければならない。
2 指定特定相談支援事業者は、サービス等利用計画を作成したときは、その写しを市町村に対し遅滞なく提出しなければならない。	2 指定障害児相談支援事業者は、障害児支援利用計画を作成したときは、その写しを市町村に対し遅滞なく提出しなければならない。
（提供拒否の禁止）	（提供拒否の禁止）
第7条 指定特定相談支援事業者は、正当な理由がなく、指定計画相談支援の提供を拒んではならない。	第7条 指定障害児相談支援事業者は、正当な理由がなく、指定障害児相談支援の提供を拒んではならない。
（サービス提供困難時の対応）	（サービス提供困難時の対応）
第8条 指定特定相談支援事業者は、指定特定相談支援事業所の通常の事業の実施地域（当該指定特定相談支援事業所が通常時に指定計画相談支援を提供する地域をいう。第12条第2項及び第19条第5号において同じ。）等を勘案し、利用申込者に対し自ら適切な指定計画相談支援を提供することが困難であると認めた場合は、適当な他の指定特定相談支援事業者の紹介その他の必要な措置を速やかに講じなければならない。	第8条 指定障害児相談支援事業者は、指定障害児相談支援事業所の通常の事業の実施地域（当該指定障害児相談支援事業所が通常時に指定障害児相談支援を提供する地域をいう。第12条第2項及び第19条第5号において同じ。）等を勘案し、利用申込者及び利用申込者に係る障害児に対し自ら適切な指定障害児相談支援を提供することが困難であると認めた場合は、適当な他の指定障害児相談支援事業者の紹介その他の必要な措置を速やかに講じなければならない。
（指定計画相談支援の具体的取扱方針）	（指定障害児相談支援の具体的取扱方針）
第15条 指定計画相談支援の方針は、第2条に規定	第15条 指定障害児相談支援の方針は、第2条に規

計画相談支援[*1]	障害児相談支援[*2]
する基本方針に基づき、次の各号に掲げるところによるものとする。 一　指定特定相談支援事業所の管理者は、相談支援専門員に基本相談支援に関する業務及びサービス等利用計画の作成に関する業務を担当させるものとする。 二　指定計画相談支援の提供に当たっては、利用者等の立場に立って懇切丁寧に行うことを旨とし、利用者又はその家族に対し、サービスの提供方法等について理解しやすいように説明を行うとともに、必要に応じ、同じ障害を有する者による支援等適切な手法を通じて行うものとする。 2　指定計画相談支援における指定サービス利用支援（法第51条の17第1項第1号に規定する指定サービス利用支援をいう。）の方針は、第2条に規定する基本方針及び前項に規定する方針に基づき、次に掲げるところによるものとする。 一　相談支援専門員は、サービス等利用計画の作成に当たっては、利用者の希望等を踏まえて作成するよう努めなければならない。 二　相談支援専門員は、サービス等利用計画の作成に当たっては、利用者の自立した日常生活の支援を効果的に行うため、利用者の心身又は家族の状況等に応じ、継続的かつ計画的に適切な福祉サービス等の利用が行われるようにしなければならない。 三　相談支援専門員は、サービス等利用計画の作成に当たっては、利用者の日常生活全般を支援する観点から、指定障害福祉サービス等又は指定地域相談支援に加えて、指定障害福祉サービス等又は指定地域相談支援以外の福祉サービス等、当該地域の住民による自発的な活動によるサービス等の利用も含めてサービス等利用計画上に位置付けるよう努めなければならない。 四　相談支援専門員は、サービス等利用計画の作成の開始に当たっては、利用者等によるサービスの選択に資するよう、当該地域における指定障害福祉サービス事業者等又は指定一般相談支援事業者に関するサービスの内容、利用料等の情報を適正に利用者又はその家族に対して提供しなければな	定する基本方針に基づき、次の各号に掲げるところによるものとする。 一　指定障害児相談支援事業所の管理者は、相談支援専門員に障害児支援利用計画の作成に関する業務を担当させるものとする。 二　指定障害児相談支援の提供に当たっては、障害児等の立場に立って懇切丁寧に行うことを旨とし、障害児又はその家族に対し、サービスの提供方法等について理解しやすいように説明を行うとともに、必要に応じ、同じ障害を有する障害児の家族による支援等適切な手法を通じて行うものとする。 2　指定障害児相談支援における指定障害児支援利用援助（法第24条の26第1項第1号に規定する指定障害児支援利用援助をいう。）の方針は、第2条に規定する基本方針及び前項に規定する方針に基づき、次に掲げるところによるものとする。 一　相談支援専門員は、障害児支援利用計画の作成に当たっては、障害児等の希望等を踏まえて作成するよう努めなければならない。 二　相談支援専門員は、障害児支援利用計画の作成に当たっては、障害児の自立した日常生活の支援を効果的に行うため、障害児の心身又は家族の状況等に応じ、継続的かつ計画的に適切な福祉サービス等の利用が行われるようにしなければならない。 三　相談支援専門員は、障害児支援利用計画の作成に当たっては、障害児の日常生活全般を支援する観点から、指定通所支援に加えて、指定通所支援以外の福祉サービス等、当該地域の住民による自発的な活動によるサービス等の利用も含めて障害児支援利用計画上に位置付けるよう努めなければならない。 四　相談支援専門員は、障害児支援利用計画の作成の開始に当たっては、障害児等によるサービスの選択に資するよう、当該地域における指定障害児通所支援事業者等に関するサービスの内容、利用料等の情報を適正に障害児又はその家族に対して提供しなければならない。

計画相談支援[*1]	障害児相談支援[*2]
らない。	
五　相談支援専門員は、サービス等利用計画の作成に当たっては、適切な方法により、利用者について、その心身の状況、その置かれている環境及び日常生活全般の状況等の評価を通じて利用者の希望する生活や利用者が自立した日常生活を営むことができるよう支援する上で解決すべき課題等の把握（以下この項及び第30条第2項第2号ロにおいて「アセスメント」という。）を行わなければならない。	五　相談支援専門員は、障害児支援利用計画の作成に当たっては、適切な方法により、障害児について、その心身の状況、その置かれている環境及び日常生活全般の状況等の評価を通じて障害児の希望する生活や障害児が自立した日常生活を営むことができるよう支援する上で解決すべき課題等の把握（以下この項及び第30条第2項第2号ロにおいて「アセスメント」という。）を行わなければならない。
六　相談支援専門員は、アセスメントに当たっては、利用者の居宅等を訪問し、利用者及びその家族に面接しなければならない。この場合において、相談支援専門員は、面接の趣旨を利用者及びその家族に対して十分に説明し、理解を得なければならない。	六　相談支援専門員は、アセスメントに当たっては、障害児の居宅を訪問し、障害児及びその家族に面接しなければならない。この場合において、相談支援専門員は、面接の趣旨を障害児及びその家族に対して十分に説明し、理解を得なければならない。
七　相談支援専門員は、利用者についてのアセスメントに基づき、当該地域における指定障害福祉サービス等又は指定地域相談支援が提供される体制を勘案して、当該アセスメントにより把握された解決すべき課題等に対応するための最も適切な福祉サービス等の組合せについて検討し、利用者及びその家族の生活に対する意向、総合的な援助の方針、生活全般の解決すべき課題、提供される福祉サービス等の目標及びその達成時期、福祉サービス等の種類、内容、量、福祉サービス等を提供する上での留意事項、法第5条第23項に規定する厚生労働省令で定める期間に係る提案等を記載したサービス等利用計画案を作成しなければならない。	七　相談支援専門員は、障害児についてのアセスメントに基づき、当該地域における指定通所支援が提供される体制を勘案して、当該アセスメントにより把握された解決すべき課題等に対応するための最も適切な福祉サービス等の組合せについて検討し、障害児及びその家族の生活に対する意向、総合的な援助の方針、生活全般の解決すべき課題、提供される福祉サービス等の目標及びその達成時期、福祉サービス等の種類、内容、量、福祉サービス等を提供する上での留意事項、法第6条の2の2第9項に規定する厚生労働省令で定める期間に係る提案等を記載した障害児支援利用計画案を作成しなければならない。
八　相談支援専門員は、サービス等利用計画案に法第5条第8項に定める短期入所（以下「短期入所」という。）を位置付ける場合にあっては、利用者の居宅における自立した日常生活又は社会生活の維持に十分に留意するものとし、利用者の心身の状況等を勘案して特に必要と認められる場合を除き、短期入所を利用する日数が年間180日を超えないようにしなければならない。	
九　相談支援専門員は、サービス等利用計画案に位置付けた福祉サービス等について、法第19条第1項に規定する介護給付費等の対象となるかどう	八　相談支援専門員は、障害児支援利用計画案に位置付けた福祉サービス等について、法第21条の5の5第1項に規定する障害児通所給付費等の

計画相談支援 [*1]	障害児相談支援 [*2]
かを区分した上で、当該サービス等利用計画案の内容について、利用者又はその家族に対して説明し、文書により利用者等の同意を得なければならない。	対象となるかどうかを区分した上で、当該障害児支援利用計画案の内容について、障害児及びその家族に対して説明し、文書により障害児等の同意を得なければならない。
十　相談支援専門員は、サービス等利用計画案を作成した際には、当該サービス等利用計画案を利用者等に交付しなければならない。	九　相談支援専門員は、障害児支援利用計画案を作成した際には、当該障害児支援利用計画案を障害児等に交付しなければならない。
十一　相談支援専門員は、支給決定又は地域相談支援給付決定を踏まえてサービス等利用計画案の変更を行い、指定障害福祉サービス事業者等、指定一般相談支援事業者その他の者との連絡調整等を行うとともに、サービス担当者会議（相談支援専門員がサービス等利用計画の作成のために当該変更を行ったサービス等利用計画案に位置付けた福祉サービス等の担当者（以下この条において「担当者」という。）を招集して行う会議をいう。以下同じ。）の開催等により、当該サービス等利用計画案の内容について説明を行うとともに、担当者から、専門的な見地からの意見を求めなければならない。	十　相談支援専門員は、通所給付決定を踏まえて障害児支援利用計画案の変更を行い、指定障害児通所支援事業者等その他の者との連絡調整等を行うとともに、サービス担当者会議（相談支援専門員が障害児支援利用計画の作成のために当該変更を行った障害児支援利用計画案に位置付けた福祉サービス等の担当者（以下この条において「担当者」という。）を招集して行う会議をいう。以下同じ。）の開催等により、当該障害児支援利用計画案の内容について説明を行うとともに、担当者から、専門的な見地からの意見を求めなければならない。
十二　相談支援専門員は、サービス担当者会議を踏まえたサービス等利用計画案の内容について、利用者又はその家族に対して説明し、文書により利用者等の同意を得なければならない。	十一　相談支援専門員は、サービス担当者会議を踏まえた障害児支援利用計画案の内容について、障害児及びその家族に対して説明し、文書により障害児等の同意を得なければならない。
十三　相談支援専門員は、サービス等利用計画を作成した際には、当該サービス等利用計画を利用者等及び担当者に交付しなければならない。	十二　相談支援専門員は、障害児支援利用計画を作成した際には、当該障害児支援利用計画を障害児等及び担当者に交付しなければならない。
3　指定計画相談支援における指定継続サービス利用支援（法第51条の17第1項第2号に規定する指定継続サービス利用支援をいう。）の方針は、第2条に規定する基本方針及び前2項に規定する方針に基づき、次の各号に掲げるところによるものとする。	3　指定障害児相談支援における指定継続障害児支援利用援助（法第24条の26第1項第2号に規定する指定継続障害児支援利用援助をいう。）の方針は、第2条に規定する基本方針及び前2項に規定する方針に基づき、次に掲げるところによるものとする。
一　相談支援専門員は、サービス等利用計画の作成後、サービス等利用計画の実施状況の把握（利用者についての継続的な評価を含む。次号及び第30条第2項第2号ニにおいて「モニタリング」という。）を行い、必要に応じてサービス等利用計画の変更、福祉サービス等の事業を行う者等との連絡調整その他の便宜の提供を行うとともに、新たな支給決定又は地域相談支援給付決定が必要	一　相談支援専門員は、障害児支援利用計画の作成後、障害児支援利用計画の実施状況の把握（障害児についての継続的な評価を含む。次号及び第30条第2号ニにおいて「モニタリング」という。）を行い、必要に応じて障害児支援利用計画の変更、福祉サービス等の事業を行う者等との連絡調整その他の便宜の提供を行うとともに、新たな通所給付決定が必要であると認められる場合には、障害

計画相談支援 [* 1]	障害児相談支援 [* 2]
であると認められる場合には、利用者等に対し、支給決定又は地域相談支援給付決定に係る申請の勧奨を行うものとする。	児等に対し、通所給付決定に係る申請の勧奨を行うものとする。
二　相談支援専門員は、モニタリングに当たっては、利用者及びその家族、福祉サービス等の事業を行う者等との連絡を継続的に行うこととし、法第5条第23項に規定する厚生労働省令で定める期間ごとに利用者の居宅等を訪問し、利用者等に面接するほか、その結果を記録しなければならない。	二　相談支援専門員は、モニタリングに当たっては、障害児及びその家族、福祉サービス等の事業を行う者等との連絡を継続的に行うこととし、法第6条の2の2第9項に規定する厚生労働省令で定める期間ごとに障害児の居宅を訪問し、障害児等に面接するほか、その結果を記録しなければならない。
三　前項第1号から第8号まで及び第11号から第13号までの規定は、第1号に規定するサービス等利用計画の変更について準用する。	三　前項第1号から第7号まで及び第10号から第12号までの規定は、第1号に規定する障害児支援利用計画の変更について準用する。
四　相談支援専門員は、適切な福祉サービス等が総合的かつ効率的に提供された場合においても、利用者がその居宅において日常生活を営むことが困難となったと認める場合又は利用者が指定障害者支援施設等への入所又は入院を希望する場合には、指定障害者支援施設等への紹介その他の便宜の提供を行うものとする。	四　相談支援専門員は、適切な福祉サービス等が総合的かつ効率的に提供された場合においても、障害児がその居宅において日常生活を営むことが困難となったと認める場合又は障害児等が指定障害児入所施設等への入所又は入院を希望する場合には、指定障害児入所施設等への紹介その他の便宜の提供を行うものとする。
五　相談支援専門員は、指定障害者支援施設、精神科病院等から退所又は退院しようとする利用者又はその家族から依頼があった場合には、居宅における生活へ円滑に移行できるよう、あらかじめ、必要な情報の提供及び助言を行う等の援助を行うものとする。	五　相談支援専門員は、指定障害児入所施設等から退所又は退院しようとする障害児又はその家族から依頼があった場合には、居宅における生活へ円滑に移行できるよう、あらかじめ、必要な情報の提供及び助言を行う等の援助を行うものとする。
（記録の整備）	（記録の整備）
第30条　指定特定相談支援事業者は、従業者、設備、備品及び会計に関する諸記録を整備しておかなければならない。	第30条　指定障害児相談支援事業者は、従業者、設備、備品及び会計に関する諸記録を整備しておかなければならない。
2　指定特定相談支援事業者は、利用者等に対する指定計画相談支援の提供に関する次の各号に掲げる記録を整備し、当該指定計画相談支援を提供した日から5年間保存しなければならない。	2　指定障害児相談支援事業者は、障害児等に対する指定障害児相談支援の提供に関する次の各号に掲げる記録を整備し、当該指定障害児相談支援を提供した日から5年間保存しなければならない。
一　第15条第3項第1号に規定する福祉サービス等の事業を行う者等との連絡調整に関する記録	一　第15条第3項第1号に規定する福祉サービス等の事業を行う者等との連絡調整に関する記録
二　個々の利用者ごとに次に掲げる事項を記載した相談支援台帳	二　個々の障害児ごとに次に掲げる事項を記載した相談支援台帳
イ　サービス等利用計画案及びサービス等利用計画	イ　障害児支援利用計画案及び障害児支援利用計画
ロ　アセスメントの記録	ロ　アセスメントの記録

計画相談支援 [＊1]	障害児相談支援 [＊2]
ハ　サービス担当者会議等の記録	ハ　サービス担当者会議等の記録
ニ　モニタリングの結果の記録	ニ　モニタリングの結果の記録
三　第 17 条の規定による市町村への通知に係る記録	三　第 17 条の規定による市町村への通知に係る記録
四　第 27 条第 2 項に規定する苦情の内容等の記録	四　第 27 条第 2 項に規定する苦情の内容等の記録
五　第 28 条第 2 項に規定する事故の状況及び事故に際して採った処置についての記録	五　第 28 条第 2 項に規定する事故の状況及び事故に際して採った処置についての記録

＊1　平成24年3月13日厚生労働省令第28号「障害者の日常生活及び社会生活を総合的に支援するための法律に基づく指定計画相談支援の事業の人員及び運営に関する基準」(改正現在：平成30年1月18日厚生労働省令第2号)より、講義3－2の参照規定を抜粋

＊2　平成24年3月13日厚生労働省令第29号「児童福祉法に基づく指定障害児相談支援の事業の人員及び運営に関する基準」(改正現在：平成30年1月18日厚生労働省令第3号)より、左欄に対応する規定を抜粋

【書式1】 ワークシート1

① 自分のことを書いてみよう。

これまでに立てたことのある自分の目標

それを目標にした理由・背景

○ 自由に記入する（仕事でも私的なことでも可）。深刻過ぎない内容とする。

② 自分のことを書いてみよう。

自分が今目指していること／取り組んでいること

実現するための課題

○ 自由に記入する（仕事でも私的なことでも可）。深刻過ぎない内容とする。

【書式 2】　ワークシート 2　人となりの理解とストレングスに着目するためのストレッチ

① 　最初に大づかみにとらえた本人像・第一印象（端的に）

② 　ストレングスととらえたことをできるだけ数多くあげる。

性格・人柄／個人的特性	才能・素質
環境のストレングス	興味・関心／向上心

※ 　四つのマスのどこに入れる（分類する）かは、さほど重要な問題ではない。

【書式3】 ワークシート3 ニーズ整理票

インテーク	アセスメント			プランニング
情報の整理 (見たこと、聴いたこと、データなど：事実)	理解・解釈・仮説 (作成者のとらえかた、解釈・推測)	理解・解釈・仮説② (専門的アセスメントや他者の 解釈・推測)	支援課題 (支援が必要と作成者が思う こと)	対応・方針 (作成者がやろうと思うこと)
本人の表明している 希望・解決したい課題 ①	(作成者の) おさえておきたい情報 ②	本人 [生物的なこと] ・ [心理的なこと] ・ [社会性・対人関係の特徴] ・ 環境 ③	④	⑤	⑥

今回大づかみにとらえた本人像 (100 文字程度で要約する)

出典：近藤直司『医療・保健・福祉・心理専門職のためのアセスメント技術を高めるハンドブック 第2版――ケースレポートの方法からケース検討会議の技術まで』明石書店、42頁、2015. を一部改変により作成

【書式4】　ワークシート4　資源獲得・開発のストレッチ　―多様な地域資源を提案してみよう。

本人のゴール

↑

提案する資源の活用 （アイディア）	根　拠 （着目したストレングス）
	性格・人柄／個人的特性
	才能・素質
	環境のストレングス
	興味・関心／向上心

←

↑

本人のゴールを実現するためのショートステップ

※　根拠はもちつつ、できるだけ数多くあげる。

※　可能な限り自由に発想し、地域のありとあらゆるものを資源ととらえる。

【書式 5-1】 サービス等利用計画・障害児支援利用計画案

利用者氏名 (児童氏名)		障害支援区分		相談支援事業者名	
障害福祉サービス受給者証番号		利用者負担上限額		計画作成担当者	
地域相談支援受給者証番号		通所受給者証番号			
計画作成日		モニタリング期間(開始年月)		利用者同意署名欄	
利用者及びその家族の 生活に対する意向 (希望する生活)					
総合的な援助の方針					
長期目標					
短期目標					

優先順位	解決すべき課題 (本人のニーズ)	支援目標	達成時期	福祉サービス等 種類・内容・量 (頻度・時間)	課題解決のための本人の役割	評価時期	その他留意事項
1							
2							
3							
4							
5							
6							

【書式5-2】　サービス等利用計画・障害児支援利用計画案【週間計画表】

利用者氏名（児童氏名）		相談支援事業者名	
障害福祉サービス受給者証番号	障害支援区分	計画作成担当者	
地域相談支援受給者証番号	利用者負担上限額		
	通所受給者証番号		

計画開始年月

時間	月	火	水	木	金	土	日・祝	主な日常生活上の活動
6:00								
8:00								
10:00								
12:00								
14:00								
16:00								週単位以外のサービス
18:00								
20:00								
22:00								
0:00								
2:00								
4:00								

サービス提供によって実現する生活の全体像

【書式 5-3】　申請者の現状（基本情報）

作成日		相談支援事業者名		計画作成担当者	

1. 概要（支援経過・現状と課題等）

2. 利用者の状況

氏　名		生年月日		年　齢	
住　所				電話番号	
	[持家・借家・グループ／ケアホーム・入所施設・医療機関・その他（　　　　）]			FAX 番号	
障害または疾患名		障害支援区分		性　別	男　・　女

家族構成　※年齢、職業、主たる介護者等を記入	社会関係図　※本人とかかわりをもつ機関・人物等（役割）
生活歴　※受診歴等含む	医療の状況　※受診科目、頻度、主治医、疾患名、服薬状況等
本人の主訴（意向・希望）	家族の主訴（意向・希望）

3. 支援の状況

	名　称	提供機関・提供者	支援内容	頻　度	備　考
公的支援（障害福祉サービス、介護保険等）					
その他の支援					

【書式 5-4】　申請者の現状（基本情報）［現在の生活］

	月	火	水	木	金	土	日・祝	主な日常生活上の活動
6:00								
8:00								
10:00								
12:00								
14:00								
16:00								週単位以外のサービス
18:00								
20:00								
22:00								
0:00								
2:00								
4:00								

利用者氏名

障害支援区分

相談支援事業者名

計画作成担当者

【書式6】 ロールプレイの振り返り票

●以下のような視点を持ちながら、ロールプレイを振り返ってみてください。

□場面構成	
□座席や環境面の配慮はどうでしたか。	
□よい雰囲気を作るための工夫ができましたか。	
□会議を構造化して（次第を頭において）、会議に臨めましたか。	
□内容	
□本人を中心にした議論ができましたか。	
□本人の思いは本人らしく表現できていましたか。	
□本人が説明等難しいところは代弁できましたか。	
□各機関等からのさまざまな場面での状況を確認しましたか。	
□支援方針や支援内容は参加者に理解してもらえましたか。	
□討議のうえ、共通した方向性をもてましたか。	
□チームアプローチ	
□会議の目的（何のために集まるのか）は共有できましたか。	
□必要な情報の共有はできましたか。	
□参加者の役割分担はできましたか。	
□次回等の見通しは共有できましたか。	
□参加者それぞれの立場を尊重した会議ができましたか。	

【書式7】　実践例の概要

事例タイトル	
年齢・性別・家族構成・現在の地域の居住歴	さん　年齢（　）歳・性別（　男　・　女　） 家族構成（　　　　　　　　　　　　　　　　　　　　） 現在の地域の居住歴　　　年
手帳の種類と等級	
障害支援区分	
生活歴及び病歴	【生活歴】 【病歴】
相談に至る経緯	
望んでいる暮らし、訴え、困っていること	
本人や家族の問題	
本人の能力や環境的問題	
本人の趣味趣向、楽しみ、長所	
その他気がついたこと	

【書式8】 一次アセスメント票
(情報の整理票)

受講番号	氏名	作成日

ふりがな		性別		住所	
通称					

生年月日		歳	連絡先	

本人の要望・希望する暮らし、困っていること・解決したいこと

家族の要望・希望する暮らし、困っていること・解決したいこと

希望する一日の流れ

本人

平日
休日

```
     6        9       12       15       18       21       24        3
```

生活状況 [普通の 1 日の流れ]

本人

平日
休日

```
     6        9       12       15       18       21       24        3
```

〔その他の 1 日の生活の流れ〕　※いくつかの 1 日の生活があれば、別紙に記入

本人

```
     6        9       12       15       18       21       24        3
```

本人の概要

生活歴 (病歴含む)

[ジェノグラム]

[エコマップ]

Ⅲ　資料

利用者の状況（行の高さは適宜調整してかまわない。）

項　目	状況・意思			支援者の気づき	
	現状	本人の希望	本人の選好	記入者	記入者以外（専門的アセスメントを含む）
1　生活基盤・日常生活に関する領域					
住環境					
経済環境					
2　社会参加に関する領域（教育、就労を含む）					
趣味・旅行・レクリエーション					
当事者団体の活動					
自治会への参加					
その他各種社会的活動					
就労					
3　コミュニケーションや意思決定、社会生活技能に関する領域					
意思表明					
意思決定					
他者からの意思伝達の理解					

コミュニケーション ツールの使用(電話、 FAX、パソコン、タ ブレット、インター ネット)					
対人関係					
屋外移動やその手段 (長距離、遠距離)					
金銭管理					

4　日常生活に関する領域

身辺のこと					
調理					
食事					
入浴					
清掃・整理整頓					
洗濯					
書類整理・事務手続 き					

買い物					

5　健康に関する領域

体力					
健康状態					
医療機関利用状況					
医療費・健康保険					
障害					

6　家族支援に関する領域

対応者所見のまとめ
省略せずに記入すること

【書式9】 グループ討議（スーパービジョンの体験）記録票／演習振り返り票

記録者〔 今回の演習では発表者が記録 〕		発表者〔　　　　〕
項目	討議内容	発表者の考えたこと・思ったこと・気づき

やろうと思うこと	結果

【書式 10】　記録・振り返りシート

【1】ブレインストーミングで出された意見・アイディア

【2】実践例を提出してみての自分の気づき、得られた新たな視点や知識

【3】インターバルで行う取り組み

【4】その結果

【書式 11】 グループ討議（ケースレビューの体験）記録票／演習振り返り票

記録者〔　今回の演習では発表者が記録　〕		発表者〔　　　　　　〕
項目	討議内容	発表者の考えたこと ・思ったこと・気づき
ブレインストーミングで出された意見・アイデア		

実践例を提出してみての自分の気づき、得られた新たな視点や知識

【書式 12】　ワークシート 5

自分が課題と考えたこと	その原因	解決に向けた検討方法・体制、解決策

【書式 12】　ワークシート 5

自分が課題と考えたこと	その原因	解決に向けた検討方法・体制、解決策

【書式13】 初任者研修振り返りシート

受講番号：　　　　　　　氏名：

・以下にそれぞれの項目について自由に記入してください。

【1】　相談支援の目的、基本的視点について、本研修を受けて獲得したことや気づきを記入してください。

```



```

【2】　相談支援における相談援助技術（基本相談やケアマネジメント手法の各プロセス、地域を基盤としたソーシャルワーク全般）について、本研修を受けて獲得したことや気づきを記入してください。

```



```

【3】　計画相談（サービス等利用計画作成）について、本研修を受けて獲得したことや気づきを記入してください。

```



```

【4】　相談支援に関する研鑽の方法と自らの学びの構えについて、本研修を受けて獲得したことや気づきを記入してください。

```



```

Ⅲ　資料

【5】　スーパービジョンやケースレビューについて、本研修を受けて獲得したことや気づきを記入してください。

【6】　チーム支援や多職種連携について、本研修を受けて獲得したことや気づきを記入してください。

【7】　地域づくり・資源開発について、本研修を受けて獲得したことや気づきを記入してください。

【8】　本研修を受けて、今後に向けて取り組みたいことや大切にしたいこと、自分が研鑽を積まなければならないと思うことについて記入してください。

※　意識して演習した点とその結果、自分のできていた点、今後の課題などを記入する。

310

【書式14】 社会資源調査票（初任者研修）

課題実習　社会資源調査票（初任者研修）		受講番号		氏名	

市区町村名		人口		人	（　年　月現在）
高齢化率	％	合計特殊出生率	％	保護率	％
身体障害者手帳 交付者	人	療育(愛護)手帳 交付者	人	精神保健福祉手帳 交付者	人

障害保健福祉圏域名	圏域	管轄保健所名	
障害保健福祉圏域の構成 市町村名		管轄児童相談所名	
		管轄年金事務所名	

1　地域の特徴（産業、地理、歴史、特産物など）　　　　　→情報入手先（　　　　　　　　　）

2　地域の相談支援体制（複数箇所ある場合はそれぞれについて記入）

基幹相談支援センター	□ 設置済　□ 設置予定（　　年度）　□ 設置検討中　□ 設置予定なし

以下、設置済みの場合

形態	□ 委託　□ 直営　□ その他	自分の関わり	行ったことが　□ ある　□ ない	関わりの度合い （5段階で記入）	
業務 内容					

市町村地域生活支援事業の 相談支援	形態	□ 委託　□ 直営　□ その他（　　　　　）	箇所数	箇所
業務内容				
事業所と その特徴				

計画相談支援の事業所 （指定特定相談支援事業所） （指定障害児相談支援事業所）	箇所数	箇所	うち指定障害児相談支援事業所	箇所
	相談員数	人	特徴	
	兼務の 相談員数	人		

総合支援法（サービス等利用計画）			児童福祉法（障害児支援利用計画）		
対象者数	作成率	うちセルフプラン率	対象者数	作成率	うちセルフプラン率
人	％	％	人	％	％

指定一般相談支援事業所（地域相談）	箇所数	地域移行	箇所	地域定着	箇所
地域における精神科病院からの地域移 行の取り組みの概要・検討状況※					
地域生活支援拠点の概要・検討状況※					

※　自立支援協議会で検討している場合もここに記入する。

Ⅲ　資料

3　地域の自立支援協議会

名称		設置形態	□ 市区町村単独　□ 障害保健福祉圏域　□ その他
組織図			
最近検討したテーマや共有されている課題			
自身の関与度	定期的に参加している　・　担当者と話したことがある　・　名前しか知らない　・　全く知らない		

4　地域の障害福祉行政の特徴　　　　　　　　　→情報入手先（　　　　　　　　　　　）

5 市町村地域生活支援事業の実施状況や特徴・課題 （　　　年度）　　　→情報入手先 （　　　　　　　　　　　　　）

6 地域の障害福祉サービス事業所の状況 （強みと課題）　　　　　　　→情報入手先 （　　　　　　　　　　　　　）

居宅・居住系サービス	
通所系サービス	
入所系サービス（短期入所を含む）	

※　自治体や自立支援協議会、基幹相談支援センター等にて作成される事業所一覧等があれば1部添付してください。

資料8
サービス等利用計画作成例（書式 5-1 ～書式 5-4 関係）

	書式名	掲載頁
作成例 1	サービス等利用計画・障害児支援利用計画案（書式 5-1 関係）	315 頁
作成例 2	サービス等利用計画・障害児支援利用計画案【週間計画表】（書式 5-2 関係）	316 頁
作成例 3	申請者の現状（基本情報）（書式 5-3 関係）	317 頁
作成例 4	申請者の現状（基本情報）【現在の生活】（書式 5-4 関係）	318 頁
作成例 5	サービス等利用計画・障害児支援利用計画（書式 5-1 関係）	319 頁

注：本資料は「相談支援従事者研修ガイドラインの作成及び普及事業（平成 30 年度障害者総合福祉推進事業）」初任者
　　モデル研修で用いられた資料をもとに作成しています。

作成例 1　　サービス等利用計画・障害児支援利用計画案（書式 5-1 関係）

利用者氏名（児童氏名）	田中太郎	障害支援区分	区分 3	相談支援事業者名	A相談支援センター
障害福祉サービス受給者証番号		利用者負担上限額		計画作成担当者	○○○○
地域相談支援受給者証番号		通所受給者証番号			
計画案作成日	平成 29 年 11 月 20 日	モニタリング期間（開始年月）	1か月ごと（平成 29 年 12 月）	利用者同意署名欄	田中太郎

利用者及びその家族の生活に対する意向（希望する生活）	50 歳までに一人暮らしがしたい。 今のところで働き続けながら、一つずつ目標に向かいたい。 プラレールや電車の旅などの楽しみを続けたい。もっと楽しみたい。 太郎がひとりになっても、本人の住み慣れたところで、問題なく、姉を心配させることなく暮らし続けてほしい（両親）。
総合的な援助の方針	本人は安心して慣れた環境では、その力が存分に発揮できることも大きいことから、着実に目標に向かって進むことができるよう伴走する。
長期目標	現在の職場での就労を続けながら、両親から独立して暮らすことができるようなイメージやステップを本人とともに具体的に探す。
短期目標	住まいかたのイメージを見学や体験を通して具体的につく。家族の納得や安心も得られるように配慮する。

優先順位	解決すべき課題（本人のニーズ）	支援目標	達成時期	福祉サービス等 種類・内容・量（頻度・時間）	課題解決のための本人の役割	評価時期	その他留意事項
1	現在と同じような暮らしを続けたい。50 歳までに一人暮らしをしたい。	「現在と同じような暮らし」[独立]の具体的なイメージを作る。	2か月	・共同生活援助（体験利用）・△▽不動産（あんしん賃貸住まいサポート店・○○さん）・□□の会（先輩の体験談を聞く）・A相談支援センター	まずは相談員と一緒に積極的に動いてみる。わからない、やりたいと思ったことを周囲に伝える。	1か月	
2	仕事を続けたい。	この間の状況を共有し、今後連携できるよう、職場との関係構築を再検討する。	2か月	・○△物流（担当 ○○係長、○○氏）・□□就業・生活支援センター（○○氏）	今までどおり。	1か月	
3	プラレールや電車の旅などを楽しみたい。	これまで通り、本人の立てた予定を実現できるように一緒に確認をする。	1か月	・友だち（○○くん、○○くん）・母（お金の管理について）・A相談支援センター		1か月	Suicaの管理は、2週に1回家族と相談員が一緒に様子を確認する。
4							
5							
6							

作成例 2　サービス等利用計画・障害児支援利用計画案　[週間計画表]　(書式 5-2 関係)

利用者氏名 (児童氏名)	田中太郎	障害支援区分	区分 3	相談支援事業者名	A相談支援センター
障害福祉サービス受給者証番号		利用者負担上限額		計画作成担当者	○○○○
地域相談支援受給者証番号		通所受給者証番号			

計画開始年月　平成 29 年 12 月

	月	火	水	木	金	土	日・祝	主な日常生活上の活動
6:00	起床	起床	起床	起床	起床			・黒い太枠がグループホームでの暮らし(体験してみる)。それ以外は自宅。
8:00	朝食・洗面台でシャワー・準備 / ホームから通勤	朝食・シャワー・準備 / 通勤	朝食・シャワー・準備 / 通勤	朝食・シャワー・準備 / 通勤	朝食・シャワー・準備 / 通勤	起床 / 朝食	起床 / 朝食 / 二度寝	・姉一家が来る週は体験利用をせず、週末も自宅で過ごす。
10:00								・平日は今までのルーティンをそのままに、仕事にいそしむ。
12:00								
14:00	仕事	仕事	仕事	仕事	仕事	外出 部屋でのんびり楽しむ 月2回 ○○と面談や不動産屋巡りなどをする。	外出 部屋でのんびり楽しむ	
16:00								
18:00								週単位以外のサービス
20:00	通勤等 / 夕食・風呂	通勤等 / 夕食・風呂	通勤等 / 夕食・風呂	通勤等 / 夕食・風呂	通勤等 / 夕食・風呂	ホームへ・夕食 / サロンスペースでゆったり	ホームへ・夕食 / サロンスペースでゆったり	・一人暮らしに向けたイメージ作りを主に土曜日に相談支援専門員と行う。
22:00	テレビ 部屋で趣味など楽しむ	テレビ 部屋で趣味など楽しむ	テレビ 部屋で趣味など楽しむ	テレビ 部屋で趣味など楽しむ	テレビ ゲーム 部屋で趣味など楽しむ	風呂 / 自室で楽しむ	風呂 / 自室でゆっくり	・お金の確認や相談は平日夜に電話で○○と話し合って決める。
0:00	就寝	就寝	就寝	就寝	就寝	就寝	就寝	・家に帰ってから週末の楽しみの時間は自分なりに自由に過ごす。
2:00								
4:00								

サービス提供によって実現する生活の全体像

将来の両親から独立した暮らしに向けて、自信をもって暮らせる形をつくる。平日は仕事を今までどおり続け、今までどおりの余暇も楽しむ。新しいチャレンジは週末にする。まずは 3 か月くらい、いくつか試してみる。

申請者の現状（基本情報）（書式5-3関係）

作成日	平成29年11月20日	相談支援事業者名	A相談支援センター	計画作成担当者	○○○○

1. 概要（支援経過・現状と課題等）

　　前職を解雇となり、失業保険の終期もみえてきた頃、たまたま街で出会った中学時代の同級生が就業・生活支援センターの支援を受けていることを知り、自分も相談できないかと相談したことから福祉の支援とつながる。連戦連敗の就職活動に落ち込んでいたり、新しい職種への挑戦に恐怖感があったことから、就労移行支援を使うこととなった。また、この時期に成人判定を行わなかった療育手帳の再取得や障害年金の申請などを行うなかで、相談支援事業所の支援も開始される。
　　自信を取り戻した後は、現在の物流倉庫でのピッキングの仕事に就いて現在に至っている。就労も安定していることから、本人の希望もありいったん終結していた。
　　○年○月（2か月前）、本人が父母に連れられる格好で来所。父母は困った様子で「もう息子と一緒には暮らせない。自分たちは半年後を目途に田舎に帰る。息子（太郎）は施設に入れたい」「最近、お金の無心がひどい。拒否すると、執拗に要求したり、物にあたったりするようになってきた。自分たちに手をあげることはないが、体が大きいので怖い」と訴えたことから相談が再開。
　　話を整理するなかで、父母の主訴は自分たちが故郷に戻らなければならない事情があることがわかり、先行きの不安が最も強いことがわかった。また、これまでの生活はさまざまなことを親が抱えて支援しており、本人は自分の経済状況などを把握していなかったため現状の問題が起きていると整理された（経験していないだけで、さまざまなことが本人はできるようになると考えられる）。今後は両親からは独立して暮らせるような取り組みを本人と進め、それをそばで体感してもらうことで親の安心にもつながると考えられる。見通しが立つまでの期間、委託相談支援と併設の計画相談支援センターの担当が支援にあたる。

2. 利用者の状況

氏名	田中太郎	生年月日	昭和45年11月11日	年齢	47歳
住所	東京都○○市△▽ヶ丘1-2-3　都営住宅501			電話番号	090-0000-0000
	[持家・借家／グループ・ケアホーム・入所施設・医療機関・その他（　　　　）]			FAX番号	なし
障害または疾患名	知的障害（中度）	障害支援区分	区分3	性別	男 ・ 女

家族構成　※年齢、職業、主たる介護者等を記入	社会関係図　※本人とかかわりをもつ機関・人物等（役割）
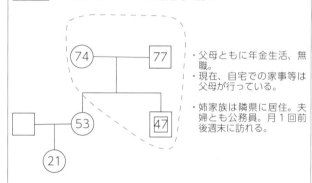 ・父母ともに年金生活、無職。 ・現在、自宅での家事等は父母が行っている。 ・姉家族は隣県に居住。夫婦とも公務員。月1回前後週末に訪れる。	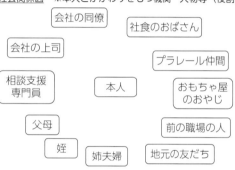 ・これまで本人は公的機関や公的支援ではなく、家族や会社、友人などとの関わりのなかで暮らしてきた。

生活歴　※受診歴等含む	医療の状況　※受診科目、頻度、主治医、疾患名、服薬状況等
○○市で出生。幼稚園から小学校では当初通常学級に在籍するが、4年次に勉強についていけなくなり、特別支援学級に移る。中学校は、特別支援学級に在籍し、楽しい学校生活を送った。いじめも多少は受けたが、ひどくはなかった。 　中学卒業後すぐ食品機械の部品製作メーカーに就職。工場での金型プレスやバリ取り、製品の箱詰めの仕事に従事していた。30年ほど勤務していたが、工場が海外移転することになり、人員整理で解雇となる。その後、失業給付を受けながらハローワークに通い、再就職を目指していたがうまくいかないことが続いた。そのため、福祉の支援とつながり、就労移行支援などを利用しながら再就職。物流倉庫でのピッキングの仕事に就いて現在に至っている。 　乳幼児期に数度てんかん発作があった。成人になってからはなし。	△△医院　内科　1/3M　K医師　高血圧服薬有

本人の主訴（意向・希望）	家族の主訴（意向・希望）
「仕事を続けたいです」 「プラレールや電車が好きです」 「（将来と言われても）よくわかりません」 「（今の生活は）このままでいいです」	「私たちがいなくても、姉に迷惑をかけず暮らせるようになってほしい（入所施設で暮らしてほしい）」 「（本人が大柄なため）最近は、執拗に何かを要求されると怖い」

3. 支援の状況

	名称	提供機関・提供者	支援内容	頻度	備考
公的支援（障害福祉サービス、介護保険等）	相談支援（委託）	A相談支援センター	本人及び父母の相談支援	週1〜10日に1回	
その他の支援	※会社や友人などのインフォーマルなものがほとんどである。				

作成例 4　　申請者の現状（基本情報）[現在の生活]（書式 5-4 関係）

利用者氏名	田中太郎	障害支援区分	区分 3	相談支援事業者名	A相談支援センター
				計画作成担当者	○○○○

	月	火	水	木	金	土	日・祝	主な日常生活上の活動
6:00	起床	起床	起床	起床	起床			・平日は仕事、週末は余暇を楽しむ。
	朝食・シャワー・準備	朝食・シャワー・準備	朝食・シャワー・準備	朝食・シャワー・準備	朝食・シャワー・準備			・楽しみの部分は自分でできる（あまりほかの人にはいってほしくない）。
8:00	通勤	通勤	通勤	通勤	通勤	起床	起床	
						朝食	朝食	
10:00								
12:00								
14:00	仕事	仕事	仕事	仕事	仕事	外出 部屋でのんびり楽しむ	外出 部屋でのんびり楽しむ	
16:00								
18:00	通勤等	通勤等	通勤等	通勤等	通勤等			週単位以外のサービス
20:00	夕食・風呂	夕食・風呂	夕食・風呂	夕食・風呂	夕食・風呂	夕食・風呂	夕食・風呂	・姉一家が訪ねてくる週末は、家族みんなで過ごし、夜は外食する。
22:00	テレビで趣味など楽しむ 部屋で趣味など楽しむ	テレビで趣味など楽しむ 部屋で趣味など楽しむ	テレビ 部屋で趣味など楽しむ	テレビ 部屋で趣味など楽しむ	テレビ、ゲーム 部屋で趣味など楽しむ	テレビ、ゲーム 部屋で趣味など楽しむ	テレビ 部屋で趣味など楽しむ	
0:00	就寝	就寝	就寝	就寝	就寝	就寝	就寝	
2:00								
4:00								

作成例5　サービス等利用計画・障害児支援利用計画（書式5-1 関係）

利用者氏名（児童氏名）	田中太郎	障害支援区分	区分3	相談支援事業者名	A相談支援センター
障害福祉サービス受給者証番号	0000000000	利用者負担上限額	9,300円	計画作成担当者	○○○○
地域相談支援受給者証番号		通所受給者証番号			
計画作成日	平成29年12月10日	モニタリング期間（開始年月）	1か月ごと（平成30年1月）	利用者同意署名欄	田中太郎

利用者及びその家族の生活に対する意向（希望する生活）	50歳までに一人暮らしがしたい。今のところで働き続けながら、一つずつ目標に向かいたい。プラレールや電車の旅などの楽しみを続けたい。もっと楽しみたい。 太郎ひとりになっても、本人の住み慣れたところで、問題なく、姉を心配させることなく暮らし続けてほしい（両親）。
総合的な援助の方針	本人は安心して慣れた環境では、その力が十分に発揮できるともえさいことから、着実に目標に向かって進むことができるよう伴走する。目標に向かうようなイメージやステップを本人とともに具体的に探す。
長期目標	現在の職場での就労を続けながら、両親から独立して暮らしていくことができることを見学や体験を通して具体的につくる。
短期目標	住まいかたのイメージを見学や体験を通して具体的につくる。家族の納得や安心も得られるように配慮する。

優先順位	解決すべき課題（本人のニーズ）	支援目標	達成時期	福祉サービス等 種類・内容・量（頻度・時間）	提供事業者名（担当者名・電話）	課題解決のための本人の役割	評価時期	その他留意事項
1	現在と同じような暮らしを続けたい。50歳までに一人暮らしをしたい。	「現在と同じような暮らし」「独立」の具体的なイメージを作る。	2か月	・共同生活援助（体験利用）・△▽不動産・□□の会・A相談支援センター	□□ホーム B氏 00-0000-0000	まずは相談員と一緒に積極的に動いてみる。わからないこと、やりにくいなと思ったことを周囲に伝える。	1か月	
2	仕事を続けたい。	その間の状況を共有し、今後連携できるよう、職場との関係構築を再度行う。	2か月	・職場・職場との調整	・○△物流 ○○係長 ○○氏・□□就業・生活支援センター（○○氏）	今までどおり。	1か月	
3	プラレールや電車の旅などを楽しみたい。	これまで通り、本人の立てた予定を実現できるように確認をする。	1か月	・友だち（○○くん、○○くん）・母（お金の管理について）・A相談支援センター			1か月	Suicaの管理は、2週に1回家族と相談員が一緒に様子を確認する。
4								
5								
6								

おわりに

　本書は、2020（令和2）年度からの相談支援従事者初任者研修の標準カリキュラムに沿って編集されており、初任者研修において求められている技能と専門性について、講義と演習（実習）を通して理解を深めるための教材として作成された。

　2020（令和2）年度からの初任者研修では、障害福祉分野にとどまらず、地域共生社会づくりの方向性に対応した相談支援従事者（相談支援専門員）の養成を目指すことが求められている。このため、ソーシャルワークに基づいたケアマネジメントの習得を初任者研修の目標として位置付けたことは非常に重要である。この目標に対応して、①地域を基盤としたソーシャルワークとしての障害者相談支援の価値と知識の理解、②基本相談支援の理論と実際を理解し障害者ケアマネジメントのスキルを獲得すること、③計画相談支援の実施に関する実務を理解し一連の業務ができること、④地域づくりとその核となる自立支援協議会の役割と機能の理解、の四つの柱に沿って、講義と演習（実習を含む）が組まれていることから、この流れに沿って段階的に理解しやすい構成に留意した。そのため本書では、講義と演習（実習）との整合性が研修受講者に十分伝わるように、執筆者間で調整しながら執筆作業を進めた。

　本書の構成は、初任者研修の講義の学びをより効果的に深めるために、講義1～3では、相談支援の基本的な価値とケアマネジメントに関する技術、相談支援の推進に必要な法制度の知識に焦点を当てて解説をしている。この講義1～3を受けて、演習1では、ケアマネジメント手法を用いた相談支援プロセスの具体的な理解をし、次に、学習者の地域の実践機関における実習として、実際の地域の事例を通してのケアマネジメント手法の理解、学習者が活動している地域資源の情報収集を行うことで、講義と演習1で得た学びを日常的な現場のなかでさらに深めていくことを目的としている。さらに、実習での学びを、演習2のスーパービジョン、ケースレビューを通して支援に関しての理解を深め、演習3のグループワークを通してアセスメントとサービス等利用計画作成の力を身につけることを狙っている。最後に、演習

4で、初任者研修全体の振り返りを行って、学習内容を再度確認するととも
に、研修を終えるにあたり、地域での相談支援実践の意欲と決意の再確認の
場とすることも重要な目的である。

　この初任者研修の流れは、講義―演習―実習―演習のステップによって、
学習効果を高めることを意図しており、本書は、このために十分有効に活用
できるものであると確信している。ただし、さらに学習効果の高い研修のた
めには、教材だけでは十分ではなく、地域で実習の助言指導できる体制が併
せて求められている。そのためには、基幹相談支援センター等での実地研修
（OJT）が可能な状況がある地域では、ぜひ、それを活用して実施していた
だきたい。その理由としては、研修修了後に身につけた能力の実効性の高さ
を維持、継続していくには、地域における継続的な助言・指導の体制を推進
する実地研修（OJT）の基盤を強化していくことが必要だからである。これ
らは、基幹相談支援センターや主任相談支援専門員の役割につながる課題で
あり、初任者研修による人材養成だけでなく地域の相談支援体制の向上につ
ながる全体的な取り組みが必要なことを初任者研修の実施の際には十分意識
してもらいたい。

　最後に、本書が有効に活用されることによって、研修実施者と研修受講者
にとって、地域の相談支援体制の基盤づくりに向けて意識を高める契機にな
れば、執筆者一同、このうえもない喜びである。

2020年7月

小澤 温

監 修 者

日本相談支援専門員協会

執 筆 者（五十音順）

(●編者)

市村綾子 （いちむら・あやこ） ································· 演習 1 第 2 節 §2・3
社会福祉法人高水福祉会北信圏域障害者総合相談支援センターぱれっと　副所長

臼井潤一郎 （うすい・じゅんいちろう） ················· 実習ガイダンス（実習 1-1・1-2）
一般社団法人ぎふケアマネジメントネットワーク　代表理事

梅田耕 （うめだ・こう） ······································· 演習 1 第 1 節 §1
社会福祉法人みぬま福祉会川口市障害者相談支援センターみぬま　主任相談支援専門員

大友崇弘 （おおとも・たかひろ） ······························· 演習 1 第 2 節 §1
社会福祉法人風祭の森地域支援センター　センター長

大平眞太郎 （おおひら・しんたろう） ····························· 講義 3-1
滋賀県健康医療福祉部障害福祉課　副参事

岡西博一 （おかにし・ひろかず） ······························· 講義 2-1 第 1 節
特定非営利活動法人かながわ障がいケアマネジメント従事者ネットワーク　理事長

岡村英佑 （おかむら・えいすけ） ······························· 演習 1 第 1 節 §2
社会福祉法人鶴ヶ島市社会福祉協議会　相談支援専門員

小川陽 （おがわ・あきら） ····································· 演習 2-1・2-2
社会福祉法人唐池学園カビーナ貴志園　施設長

●小澤温 （おざわ・あつし） ··································· 講義 1-1
筑波大学大学院人間総合科学学術院人間総合科学研究群リハビリテーション科学学位プログラム　教授

金丸博一 （かねまる・ひろかず） ······························· 講義 2-2
社会福祉法人柏学園柏学園相談支援事業所　相談支援専門員

熊谷晋一郎 （くまがや・しんいちろう） ························· 講義 1-2
東京大学先端科学技術研究センター当事者研究分野　准教授

小島一郎 （こじま・いちろう） ································· 講義 2-1 第 2 節
社会福祉法人名古屋市総合リハビリテーション事業団瑞穂区障害者基幹相談支援センター　所長

島村聡 （しまむら・さとる） ··································· 講義 1-3
沖縄大学福祉文化学科　教授／地域研究所長

徳山勝 （とくやま・まさる） ··································· 実習ガイダンス（実習 2）
社会福祉法人半田市社会福祉協議会半田市障がい者相談支援センター　副センター長

長谷川さとみ （はせがわ・さとみ） ····························· 演習 4
社会福祉法人藤聖母園相談支援事業所藤　管理者

藤川雄一 （ふじかわ・ゆういち） ····················· 研修受講ガイダンス、講義 3-2
厚生労働省社会・援護局障害保健福祉部障害福祉課地域生活支援推進室　相談支援専門官

山下浩司 （やました・ひろし） ································· 演習 3-1・3-2
社会福祉法人大村市社会福祉協議会　事務局次長

障害者相談支援従事者研修テキスト
初任者研修編

2020 年 8 月 25 日　初 版 発 行
2024 年 5 月 30 日　初版第 7 刷発行

監　修 …………………	日本相談支援専門員協会
編　集 …………………	小澤温
発行者 …………………	荘村明彦
発行所 …………………	中央法規出版株式会社
	〒 110-0016　東京都台東区台東 3-29-1 中央法規ビル
	TEL 03-6387-3196
	https://www.chuohoki.co.jp/
装幀・本文デザイン ……	ケイ・アイ・エス
印刷・製本 ………………	株式会社 アルキャスト

ISBN978-4-8058-8160-6